RAUE ZEITEN
NEUE MUSIK IN / ALS REIBUNG

Herausgegeben von Christa Brüstle, Marie-Anne Kohl
und Karolin Schmitt-Weidmann

SCHOTT

Mainz · London · Madrid · Paris · New York · Tokyo · Beijing

Inhalt

Christa Brüstle, Marie-Anne Kohl, Karolin Schmitt-Weidmann: Einführung   6

Ariane Jeßulat: Rauheit und Polyphonie: Zwischen Stimme, Atmosphäre,
Geräusch und Geste in experimenteller Musik   12

Mart*in Schüttler: Heterosonie. Über klingende Vielheit und tanzende Inseln   26

Rainer Nonnenmann: Renitenz und Resilienz. Musik und Gesellschaft
zwischen Reibung und Gleichklang   42

Martin Kaltenecker: Rosa, schwarz und grün. Bemerkungen zu rauer
Sanftheit und idyllischer Schwärze   62

Karolin Schmitt-Weidmann: Reibung und Verschleiß. Rauheit, Oberflächen
und Widerstände in der Musik von Carola Bauckholt, Vinko Globokar,
Robin Hoffmann und Hans-Joachim Hespos   86

Egbert Hiller: „… meine Gedanken in Klang verwandeln…" –
Die Komponistin Iris ter Schiphorst   102

Martina Seeber: Kann man Gedanken anfassen? Unter- und Oberflächen
bei Milica Djordjević   116

Raue Zeiten. Roundtable mit Iris ter Schiphorst und Milica Djordjević,
Moderation: Charlotte Seither   126

Clemens Rathe: Raue Oberflächen   145

Florian Köhl: Präzise Ungenauigkeit: eine Hommage an den freien Grundriss   154

Wolfgang Rüdiger / Karolin Schmitt-Weidmann: Werden von „Werken"
in Spiel und Gespräch. Das Darmstädter Hörlabor   164

Astrid Schmeling: Fundsache: Musik!   178

Autor:innen und Herausgeberinnen   182

Lieferbare Bände der Reihe „Veröffentlichungen des Instituts für Neue
Musik und Musikerziehung, Darmstadt"   188

Einführung

Beim Anfassen eines Stoffes oder einer Materialoberfläche und im Umgang mit Menschen weiß man relativ genau, wie sich „Rauheit" anfühlt. Doch worauf gründet sich dieser haptische Eindruck und die Empfindung einer kommunikativen Rauheit? Und können diese beiden unterschiedlichen Ebenen trotzdem Schnittmengen bilden? Ist Rauheit auch in der Neuen Musik von Bedeutung und in welcher Hinsicht? Diese Fragen bildeten bei der 76. Frühjahrstagung des Instituts für Neue Musik und Musikerziehung (INMM) Ausgangspunkte für eine Reihe von interdisziplinär angelegten Vorträgen, Workshops, Gesprächsrunden und Konzerten. Dabei wurde das ästhetische Phänomen der Rauheit in den Künsten ebenso wie die Beschaffenheit rauer Oberflächen oder die als rau erlebte soziale Umgebung thematisiert.

Rauheit im Sinne von Unebenheit oder Unregelmäßigkeit ist ein Phänomen, das einen gewissen Reiz des Ungewöhnlichen und der Störung mit sich bringt, also durchaus faszinierend und anziehend sein kann. Andererseits ist Rauheit auch mit unangenehmen Wahrnehmungen verknüpft, sie kann sogar nachhaltig verletzend oder gefährlich sein, man denke an Schmirgelpapier, Schotterpisten oder Reibeisen, aber auch an einen rauen Umgang gepaart mit Unfreundlichkeit und Rücksichtslosigkeit. Bei diesem letzten Punkt wird klar, dass sich eine gewisse Rauheit nicht nur an der Oberfläche abspielt, sondern dass Rauheit auch hergestellt und ausagiert wird, also eine bestimmte Funktion erfüllen soll und mit Absicht produziert werden kann, eine bestimmte Wirkung haben soll, um die Wahrnehmung und/oder weitere Reaktionen herauszufordern, sei es Wohlgefallen, Staunen einerseits, Ablehnung oder Abwendung andererseits. Rauheit polarisiert also auch, weil man sie nicht wirklich ignorieren kann, weil sie auffällt und aufhält, weil sie fasziniert oder stört und ärgert, weil sie Material und Medien befallen kann und damit nicht nur die Inhalte beeinflusst, sondern selbst signifikant wird. Unebenheit oder Unregelmäßigkeit stehen Glätte und Regelmäßigkeit gegenüber; im 19. Jahrhundert hätte man ohne Probleme von Hässlichkeit und Schönheit gesprochen. Heute sind mit diesen Polen ganz verschiedene Dinge verknüpft, und eine allzu glatte Schönheit kann durchaus ins Hässliche umkippen. Die Ästhetik der Rauheit ist demnach in unterschiedlichen Zusammenhängen in ihrer Ambivalenz zu diskutieren.

Im Bereich der Neuen Musik zeigt sich ein künstlerischer Gestus der Rauheit einerseits auf der innermusikalischen und materialbezogenen Ebene, gewissermaßen als musikalische Oberflächenstruktur, bei der klangliche Unreinheiten und energetische Auflösungsprozesse – im Sinne einer *musica impura* – im Vordergrund stehen. Andererseits wird Rauheit auch als Ausdruck einer gegenwärtig verstärkt hervortretenden künstlerischen Haltung und Erfahrung begriffen, als Antwort auf den Andrang einer als krisenhaft empfundenen Wirklichkeit. Dabei steht zur Diskussion, ob diese Antwort als Ausdruck kompositorischer Handlungsmächtigkeit (Agency) oder nicht doch eher als Zeichen einer künstlerischen Abwehrhaltung zu verstehen ist. Außerdem stellt sich die Frage nach Rauheit als Verweis auf die zunehmend prekären Rahmenbedingungen, die das Komponieren und Spielen Neuer Musik weltweit begleiten.

Eine Befragung von Rauheit als ästhetische Kategorie bietet Ariane Jeßulats Beitrag „Rauheit und Polyphonie. Zwischen Stimme, Atmosphäre, Geräusch und Geste in experimenteller Musik". Ausgehend von theoretischen Überlegungen zu Rauheit als musikalischem Strukturelement und der Kritik an einem westlich geprägten Verständnis von Mehrstimmigkeit bringt Jeßulats origineller Ansatz traditionelle Vorstellungen von tonal gebundenen polyphonen Strukturen in Bezug zur hybriden Klang-Geräusch-Polyphonie in zeitgenössischem Repertoire seit den 1950er Jahren. Ihr Beitrag untersucht geräuschhafte Klangschichten in Werken von Dieter Schnebel, Makiko Nishikaze sowie Christian Kesten und verfolgt im Vergleich mit tonalen Passagen die These, dass sie essenzielle Bestandteile einer polyphonen Struktur sind. Rauigkeiten etwa in Form von Rausch-, Schleif- und Reibeklängen entfalten demzufolge eine verbindende Wirkung, die ein Bezugssystem heterogener Stimmen und klanglicher Ereignisse überhaupt erst ermöglicht. Auch in Mart*in Schüttlers Beitrag „Heterosonie. Über klingende Vielheit und tanzende Inseln" spielen Vielstimmigkeit sowie die Kritik an einer westlichen Hierarchisierung, scheinbar systematischen Ordnung und der Kontrolle von Vielheit eine Rolle. Seine theoretische und kompositorische Auseinandersetzung mit Sound, genauer dem Sonischen in der Musik, erfordert ein „anderes Hören". Gesucht wird nach einem veränderten Denken von Pluralität und dem Umgang mit der Vielstimmigkeit und Komplexität der Gegenwart, die wie ein Rauschen unterschiedlichster miteinander verknüpfter oder nebeneinander existierender Erzählungen, Herkünfte oder Identitätserfahrungen erscheinen kann. Das Sonische als Hauptträger derartiger vielschichtiger Referenzsysteme in der musikalischen Gestaltung und ihrem Gehalt verstehend, prägt Schüttler den Neologismus Heterosonie – als „große Chance für das künstlerische Arbeiten", aus der „rauen Vielheit etwas Eigenes entstehen" zu lassen.

Rainer Nonnenmann diskutiert mit Beispielen aus Natur, Film, Kunst und Musik das Raue als haptische sowie übertragen als schroffe, widerständige, auch provokative Größe, die er in polarem Gegensatz zum Glatten, Geschliffenen und Bequemen sieht. Somit ist das Raue stets als relativ zu verstehen, abhängig zudem vom individuellen Erleben, von ästhetischen, kulturellen und historischen Zusammenhängen, so auch in der Kunst und in der Musik. Während Nonnenmann im Rauen das Potenzial zu kreativer Reibung „mit bestehenden Normen und Narrativen" erkennt, sieht er darin direkt die Überführung der als Negation intendierten Positionen in affirmative angelegt. Zudem beobachtet er eine Haltung, die auf ästhetische Konfrontationen oder gesellschaftliche Konflikte einerseits mit Rückzug und Abschottung in Safe Spaces, Bubbles und Communities Gleichgesinnter mit einem geglätteten Meinungsbild reagiert, andererseits mit rauer Aggression nach außen. Unter dem Titel „Renitenz und Resilienz. Zwischen Reibung und Gleichklang" diskutiert er Rauheit versus Glätte als einerseits antonyme Eigenschaften, die sich zugleich gegenseitig bedingen, und er fragt danach, wie sich „heute die Zeitkunst Musik so rau gestalten [lässt], dass sie die gegenwärtigen ‚Rauen Zeiten' erfahrbar macht".

Mit Blick auf die Adjektive „schön, hässlich, erhaben, kitschig, cute, interesting, zany" entwirft Martin Kaltenecker „ein *aggiornamento* nach Sianne Ngai". Der Begriff des „Rauen" wird dabei inmitten eines Gefüges aus Gegen- oder Parallelbegriffen betrachtet, die von schön versus hässlich (nach Henze und Lachenmann), über das Erhabene (nach Richard Taruskin) bis hin zum genussvollen Horror (nach Edmund Burke) reichen. Kaltenecker widmet sich dabei unter anderem der Frage, ob Kategorien wie *zany* („abgefahren") oder *cute* („hübsch"), wie sie die Literaturwissenschaftlerin Sianne Ngai 2012 untersucht hat, auf (Neue) Musik übertragen werden können, und er entführt uns dabei in ein Spiel mit Begriffen, die auch kuriose Kombinationen – wie beispielsweise „schwarzer" Kitsch – zu Tage fördern.

Die wesentliche Ursache für das Auftreten von Reibungskräften liegt physikalisch betrachtet in der Oberflächenbeschaffenheit von sich berührenden Körpern begründet. Auch das Spielen von Instrumentalmusik impliziert oft das Aneinanderreiben zweier Körper mitsamt ihren Oberflächen und Atemströmen. Der Musiker:innenkörper arbeitet nicht nur mit, sondern sich bisweilen auch an einem Instrument oder Material ab, wodurch Kräfte und Widerstände erfahrbar werden. Die künstlerische Erforschung von Widerständen zwischen verschiedenen menschlichen und klanglichen Körpern kann als eine wesentliche Facette Neuer Musik angesehen werden, die Karolin Schmitt-Weidmann in „Reibung und Verschleiß. Rauheit, Oberflächen und Widerstände in der Musik von Carola Bauckholt, Vinko Globokar, Robin Hoffmann und Hans-Joachim Hespos" betrachtet. Ihr Beitrag widmet sich der künstlerischen Verarbeitung verschiedener Oberflächenstrukturen von Materialien, Gegenständen und menschlichen Körpern, deren reibungsvolles Mit- und Gegeneinander gewohnte Wahrnehmungskategorien aufraut und bisweilen auch an existenziellen Grundfragen kratzt.

Egbert Hiller weist in „‚… meine Gedanken in Klang verwandeln …'. Die Komponistin Iris ter Schiphorst" auf, inwiefern ein solcher Ansatz – Gedanken in Klang zu verwandeln – zentral für das Komponieren sein kann, sofern der schöpferische Prozess über rein strukturelle Belange hinausgeht. Für Iris ter Schiphorst sieht er diese „Gedanken" eng mit gesellschaftspolitischen Fragestellungen verknüpft. In seinem Beitrag überlegt er, was Musik sagen und was sie in „rauen Zeiten" überhaupt bewirken kann. Er legt exemplarisch anhand des Ensemblestücks *Zerstören* und der Kurzoper *Undine geht* von ter Schiphorst dar, wie die Komponistin in ihren Werken darauf keine einfachen, sondern hochkomplexe Antworten gibt, die ästhetisch-stilistisch sehr verschieden ausfallen.

Materialbesessenheit, Vermittlung einer körperlich-sinnlichen Wahrnehmung und von Energie in Extremzuständen, Physis des Spiels, Überwältigtwerden – mit diesen Bildern an Intensitäten porträtiert Martina Seeber in ihrem Beitrag „Kann man Gedanken anfassen?" die Musik von Milica Djordjević und damit die „Unter- und Oberflächen" ihres kompositorischen Handelns. Wenn sich Energiewellen oder akustische Oberflächen, mit denen Djordjević arbeitet, als Gefühl von Wärme und Rauheit auf die eigene Haut übertragen, so zeigt Seeber, reichen Kategorien wie Tonhöhe, Intervall oder Rhythmus als Annäherung an diese Musik nicht aus. So rückt Seeber die Phänomene von Djordjevićs Musik ins Zentrum, „die den Hörenden buchstäblich zu Leibe rücken", einer Musik, die aus der Arbeit unmittelbar am Material, im unmittelbaren Bezug zum klingenden Objekt entsteht.

Die Arbeitsweisen der beiden Komponistinnen Iris ter Schiphorst und Milica Djordjević werden im dokumentierten gemeinsamen Gespräch mit Charlotte Seither genauer erläutert. Hier zeigen sich Schnittmengen und Unterschiede in ihren Tiefendimensionen, die bei Lebensumständen, Erfahrungen und Geschichten beginnen und bei direkten musikalischen und klanglichen Gestaltungen aktueller Wahrnehmungen nicht enden, sondern neue Schichten komplexer ästhetischer und inhaltlich vermittelnder Konstellationen öffnen.

Unmittelbare musikalische Erfahrungen mit den Werken der Komponistinnen konnten in Hörlaboren gewonnen werden, die Wolfgang Rüdiger und Karolin Schmitt-Weidmann in ihrem Beitrag „Werden von ‚Werken' in Spiel und Gespräch. Das Darmstädter Hörlabor" beschreiben. Sie haben ein offenes Format begründet, in dem Hörer:innen, Spieler:innen und Komponist:innen miteinander ins Gespräch über ausgewählte Werke kommen und ihre Eindrücke bei wiederholtem Spielen und Zuhören austauschen und diskutieren. Die Teilnehmenden werden dadurch Mitwirkende in einem unabschließbaren Interpretationsprozess, der die Bedeutung eines Werks immer wieder neu generiert.

Welche kommunikativen Potenziale Musikwerke als Angebote für einen ästhetischen, zum Teil auch streitbaren Diskurs und als Spielräume produktiver Rezeptionspraktiken enthalten können, wird hier näher beleuchtet.

Einen weiteren Zugang zu heterogenen Klangwelten ermöglichte ein Kompositionsworkshop bei der Tagung. „Überall hält sich Musik verborgen. Draußen auf der Straße, in der Küche und in der Werkstatt. In Musikinstrumenten, in der Heizung, in den Bäumen. In vielen Ecken in den Räumen von Häusern versteckt sie sich, ja – im Kopf! Dort wartet sie nur darauf, entdeckt zu werden. Und sie zeigt sich, wenn man horcht!" Mit diesen Sätzen wurde der Kompositionsworkshop der 76. Frühjahrstagung des INMM angekündigt, den Astrid Schmeling in ihrem Text „Fundsache: Musik!" im Nachgang der Tagung beleuchtet. Dabei richtet sie insbesondere den Blick auf die Ergebnisoffenheit, die ihre Arbeit und Herangehensweise ursächlich prägt.

Die ganz unterschiedlichen Einblicke in musikalische und klangliche Rauheiten werden gut ergänzt durch eine theoretische Auseinandersetzung mit den Eigenschaften von „rauen Oberflächen", mit denen sich Clemens Rathe in seinem Beitrag aus medienwissenschaftlicher Perspektive auseinandersetzt. Bevor Rathe sich den Eigenschaften von rauen Oberflächen widmet, werden zunächst einige Merkmale von Oberflächen im Allgemeinen erläutert mit dem Ziel, Oberflächen als Phänomene näherzubringen, die eine ambivalente Position zwischen Innen und Außen einnehmen und als Medien zu begreifen sind. Das Raue wird sodann als materielle Erscheinung beschrieben, wobei es sich auch bei der rauen Oberfläche um ein überaus komplexes, widersprüchliches und trügerisches Phänomen handelt, das in besonderem Maße das wechselvolle Verhältnis von Oberfläche und Tiefe erfahrbar macht, sowie – als äußere Grenze des Realen – als Ort imaginierter Zu- und Einschreibungen fungiert.

Auch der Beitrag des Architekten Florian Köhl über „Präzise Ungenauigkeit: eine Hommage an den freien Grundriss" erweist sich als ideale transdisziplinäre Erweiterung der Thematik der Rauheit. Florian Köhl lehnt seine Arbeit an Le Corbusier an, der 1914 für den kommenden Wohnungsbau den Begriff des „plan libre" einführte. Dieser „freie Grundriss" zog eine radikale Veränderung der Architektur nach sich, denn er bedeutete die räumliche Ermöglichung persönlicher Entfaltung. Ökonomische Verwertbarkeit und der fortschreitende Klimawandel jedoch verdrängen zunehmend den „freien Grundriss" durch effiziente Funktionsdiagramme. Florian Köhl zeigt mit seinen Projekten Architekturen für flexible Arbeits- und Lebensmodelle. Mit präziser Ungenauigkeit ermöglichen seine Entwürfe Gestaltungsfreiheit für die Nutzer:innen; diese werden sowohl in der Entstehung als auch im alltäglichen Gebrauch aktiver Teil seiner Architektur, wie seine Ausführungen plastisch zeigen.

Die Herausgeberinnen danken hiermit allen Autoren und Autorinnen für ihre Beiträge und für einen außerordentlich bereichernden Austausch bei der Tagung. Zu danken ist auch allen Vorstandsmitgliedern der INMM und vor allem der Akademie für Tonkunst Darmstadt und ihrem Leiter Thomas Bauer sowie Arne Gieshoff und der Geschäftsführerin des INMM Margret Poore für die hervorragende Organisation und Kooperation bei den Konzerten, Workshops und Vorträgen. Wir danken ferner dem Verlag Schott für die gute Zusammenarbeit und Friederike Lamberty für ihre stets sorgfältige und zuverlässige redaktionelle Betreuung des Buches. Für die finanzielle Unterstützung des Bandes danken wir herzlich der Pro Musica Viva – Maria Strecker-Daelen Stiftung.

Christa Brüstle, Marie-Anne Kohl, Karolin Schmitt-Weidmann
im Februar 2024

Ariane Jeßulat

Rauheit und Polyphonie
Zwischen Stimme, Atmosphäre, Geräusch und Geste in experimenteller Musik

I. Rauheit als Struktur

In der 1911 erschienenen *Harmonielehre*[1] von Arnold Schönberg sind zahlreiche Gedanken angesprochen, die erst in der Nachkriegsavantgarde als kompositorische Strategien explizit gemacht wurden. Nicht selten versteckt Schönberg innovative Ideen im Fließtext, ohne sie durch Überschriften anzukündigen, oder in ausufernden Fußnoten, deren Gedankentiefe die einer gewöhnlichen Anmerkung übersteigt.

So ist es auch Arnold Schönberg, der in einer Fußnote der *Harmonielehre* im Ausklang des Kapitels über „harmoniefremde Töne"[2] eine bemerkenswerte Anspielung auf Rauheit und Glätte macht:

> „Das Verständnis für die konstruktive oder sonstige Zweckmäßigkeit der Ornamente scheint leider auch in anderen Handwerken gering zu sein und veranlaßt die einen zu unüberlegter Weglassung, die anderen zu sinnloser Anbringung. Darum mußte mir eine neue Uhr erst mehreremale aus der Hand fallen, bis ich einsah, daß sie mir durch die Finger glitt, weil sie zwar modern aber zu glatt war und daß die Deckel meiner alten Uhr graviert waren, um durch eine etwas rauhe Oberfläche besser an der Hand zu haften. Im Gegensatz zu dieser Ornamentfeindlichkeit, steht die Ornamentfreudigkeit der Buchbinder. Diese halten scheinbar den Bucheinband überhaupt für nichts anderes als für eine Verzierung des Buches und er gefällt ihnen vielleicht als ‚künstlerischer' Einband, erst dann, wenn sie möglichst viel, das ihnen Mühe gemacht hat, als Zierde, also als sinnlos, ansehen dürfen. So kleben sie z. B. ein ‚fertiggewebtes' Kapitalband an die Buchenden, welches sogar ‚schöner' aussieht als das angenähte ‚handumstochene', aber natürlich den Zweck, das Buch oben und unten zusammenzuhalten, nicht erfüllt. Der Zweck ist ihnen unklar und darum unwichtig. Und das geht sehr weit, so weit, daß es sogar das Wort ‚aufkaschieren' gibt. Um Papier-, Stoff- und Fadenenden gegen Reibung und Ablösung zu schützen, hat man sie verborgen (kaschiert, von cacher – verbergen), was geschah, indem man eine oder meh-

rere Lagen Papier draufklebte. Wenn man nun heute auf die Pappe, welche leicht durch Reibung wellig wird, ein Blatt Papier aufklebt, nennt man das ‚aufkaschieren'!"[3]

Schönberg kritisiert hier die Unkenntnis des Verhältnisses von Struktur und Ornament und versteht dabei Strukturelemente als funktional. In diesem Sinne ist die Gravur der Taschenuhr ein als Ornament scheinendes Strukturelement, der aufgeklebte Bucheinband eine nicht mehr tragende Struktur, die nun auch als Ornament ihren Sinn und damit ihre Schönheit verloren hat. Das Kapitel über harmoniefremde Töne scheint in der *Harmonielehre* wie ein futuristischer Fremdkörper aus einer skrupulösen und detaillierten Diskussion tonaler Phänomene herauszustechen, bei genauer Lektüre des vorausgehenden Kapitels über „Choral-Harmonisierung"[4] wird aber deutlich, dass diese Gedanken über die Kriterien struktureller Relevanz von Stimmen aus der Choralanalyse logisch hervorgehen.

Im Kommentar zum Beispiel des Chorals „Mir hat die Welt trüblich gericht" aus der *Matthäus-Passion* BWV 244 von Johann Sebastian Bach sagt Schönberg:
„Wundervoll ist die Lösung, die Bach gefunden hat […]. Allerdings wäre die kaum möglich ohne Verwendung von Durchgangs- und Wechselnoten, die somit hier nicht ornamental, sondern konstruktiv, also nicht Zufälle, nicht harmoniefremd, sondern Notwendigkeiten, Akkorde sind."[5]

Auch hier richtet sich Schönbergs Kritik gegen eine metrisch fixierte und isolierende Definition von strukturellen Haupt- und Nebenstimmen. Es ist nicht abwegig, die fast 30 Seiten des Choralkapitels als Beweisführung im Zuge der Kritik an einer Chorallehre zu lesen, die – wie heute übrigens immer noch – nach rein metrischen Kriterien mechanisch zwischen nicht figurierten Gerüstsätzen und figurierten, quasi ‚ausgemalten' Stilkopien unterscheidet. Die Lehre war zu Beginn des 20. Jahrhunderts bereits so elaboriert und in ihren Kategorien verfestigt,[6] dass der vierstimmige Choralsatz gleichbedeutend mit avancierter Harmonielehre war, so dass Schönberg hier ein Hör- und Analyseverhalten kritisiert, welches progressive Tendenzen abwehrt.

Für die Bestimmung eines Zusammenhangs zwischen Rauheit und Polyphonie in zeitgenössischer Musik sind Schönbergs Kommentare insofern von Bedeutung, als er „Rauheit" aus einer Perspektive, die diese als sekundäre Kategorie wahrnimmt, korrigierend zu einer primären Kategorie macht. Im Zuge eines seit den 1920er Jahren mit der ‚Schönbergschule' entwickelten strukturanalytischen Paradigmas,[7] welches sogenannte konkrete Tonhöhen strukturell bevorzugt, haben sich Asymmetrien im Hör- und Analyseverhalten verfestigt, welche nicht mehr in dem Maße Töne als harmoniefremd erklären wie 1911, aber dennoch zwischen Klängen und Geräuschen trennen. Natürlich sprechen wir auch bei geräuschhaften Klängen von Polyphonie oder von polyphonen

Schichten, natürlich hat die Analysekultur von elektronischer und elektroakustischer Musik und von Klangkunst, von sogenannter Spektralmusik und von mikrotonaler Musik Methoden und Messinstrumente hervorgebracht, Mehrstimmigkeiten auch dort zu erfassen, wo diskrete Tonhöhen konzeptuell nicht im Vordergrund stehen. Dennoch bleibt der ‚raue' Raum zwischen strukturanalytischem Denken, in dem traditioneller Kontrapunkt seine Kategorien, Begrifflichkeiten und sinnlichen Entsprechungen findet, und einer Beschäftigung mit Klangfarben, Geräuschfarben, noise music, Klangkunst und experimenteller Musik kategorisch ein schwieriges Feld.[8] Es kommt hinzu, dass prominente Haltungen wie zum Beispiel das Narrativ, das von John Cage ausging, dass die Klänge und Geräusche bei ihrer Emanzipation von tonalen Bindungen traditionelle Harmonik verdrängen mussten,[9] und viele ähnliche Aussagen, die dem folgten, einen konzeptuellen Graben gezogen haben. Auf diese Weise wird meist kaum berücksichtigt, dass geräuschhafte Klänge und Rauigkeiten für das hörende Verständnis traditioneller Harmonik eine große Rolle spielen, und dass in neuerer und neuester Musik mit großem Aufwand entworfene flexible Kontrapunkte zwischen Geräuschen und Tonhöhen ausgehört werden, die weniger alte Strukturen wiederbeleben als polyphones Hören neu definieren.

Das 2019 erschienene *Oxford Handbook of Critical Concepts in Music Theory* nimmt auf Basis der Kritik an eurozentristischen Vorstellungen sogenannter elementarer musiktheoretischer Grundbegriffe Kategorien wie Mehrstimmigkeit erneut unter die Lupe.[10] Der Artikel „Polyphony"[11] von Michael Tenzer stellt dabei die normative Selbstverständlichkeit in Frage, mit der in herkömmlicher musiktheoretischer Tradition ein „Intervall" bestimmt wird, also eine der scheinbar einfachsten Methoden, Mehrstimmigkeit überhaupt zu bestimmen.

„Putting sound under the microscope, the guiding question is: what constitutes difference between two sounds? The answer is not at all obvious and depends on how ‚difference' is understood in music systems, in cultures, by performers, and by listeners. These can surely diverge. But if tones are heard as different, we want to know which combinations can go together or not, and in which situations. Any proscriptions would imply something like a concept of dissonance, possibly of different kinds or strengths. As pairs of sounds develop into lines with separate continuities, we will be curious about how far and much the lines can stray from each other, or from their individual starting points, and how to measure the distance. Are they equal or in a leader-follower relationship?"[12]

Tenzers postkoloniale Kritik ähnelt sehr den sechs Thesen, die Georg Friedrich Haas 2012 in dem Artikel „Grundlagen für eine neue Musiktheorie" aufstellte, heißt es da doch:

„Ich muss gestehen, ich habe in den letzten 25 Jahren keine einzige brauchbare Anregung aus den Fachbereichen der Musiktheorie, der Musikpsychologie oder der Musikästhetik bekommen, wohl aber sehr viele, sehr befruchtende Anregungen aus den Bereichen der Akustik, aus der Auseinandersetzung mit nicht-europäischen Musiktraditionen und vor allem aus dem direkten und unmittelbaren Studium von Kompositionen beziehungsweise Aussagen, die die Komponistinnen oder Komponisten über ihre Werke gemacht haben."[13]

Es ist vor allem Haas' erste These, dass die Einflüsse der Notation auf Hören, Aufführen und Komponieren von Musik in musiktheoretischer Tradition zu wenig reflektiert werden, und dass vor allem die Grenzen dessen, was Notation wiedergeben kann, unterschätzt werden, die für die Fragestellung meines Beitrags interessant ist, vor allem da, wo Haas' These selbst fragwürdig wird. „Das Objekt der musiktheoretischen Untersuchungen ist nicht mehr die Notation, sondern der Klang als unmittelbar wahrnehmbares akustisches Phänomen."[14] Haas' Idee, Klang könne unmittelbar akustisch wahrnehmbar sein, stellt sich als schwierig heraus, da gerade der Akt der Wahrnehmung im Zusammenhang einer Komposition durch die Komposition und durch die Wahrnehmung selbst vermittelt ist. Es ist klar, dass Haas es weniger grundsätzlich meint, dass er vor allem die Vermittlung über eine zum großen Teil an der Hörwirklichkeit vorbeigehende Normativität traditioneller Notation für hinderlich hält. Dass aber gerade neuere und neueste Musik im Übergang von diskreten Tonhöhen im herkömmlichen Sinne und geräuschhaften Klängen Formen erweiterten polyphonen Hörens anregen, die auch die – nach Haas – „unmittelbare klangliche Wahrnehmung" älterer Musik beeinflussen, und in deren Realisation Rauigkeit eine relevante Rolle spielt, sollen die folgenden Analysen zeigen.

Um in der Argumentation einen Übergang zwischen tonal gebundenen polyphonen Strukturen und der hybriden Klang-Geräusch-Polyphonie zu schaffen, beginnt die analytische Argumentation mit einer Komposition von Dieter Schnebel, die sich explizit auf tonale Musik bezieht, nämlich mit dem *Wagner-Idyll* von 1980 aus dem Zyklus *Re-Visionen*.

II. Analysen

1) Dieter Schnebel: *Wagner-Idyll* (1980)

Obwohl Dieter Schnebel an den Tonhöhen von Richard Wagners „Karfreitagszauber" aus dem dritten Akt des *Parsifal* kaum etwas verändert hat, beschreibt er das *Wagner-Idyll* nicht nur als aktualisierende Bearbeitung, sondern als „strukturelle Neukomposition". Schnebels kurze Selbstanalyse in der Partitur ist ebenso erhellend wie vereinfachend:

> „Die Be-arbeitung des ‚Charfreitagszauber' aus Wagners ‚Parsifal' ist eine strukturelle Neukomposition statt für großes Orchester für ein Kammerensemble der Art von Schönbergs ‚Herzgewächse' oder Boulez' ‚Marteau sans Maître'.
> Wagner-Idyll kann – sollte – bei einer Aufführung zweimal gespielt werden; zum ersten Mal nur mit Harfe (Gitarren), Harmonium und Schlagzeug, beim zweiten Mal mit allen Instrumenten.
> Bläser und Streicher spielen die Melodien des Wagnerschen Satzes. Hier ist zunächst auf sorgfältige dynamische Gestaltung zu achten, da dadurch das atmende Wesen der Melodik verdeutlicht wird. Außerdem werden mithilfe der Dynamik Übergänge zwischen verschiedenen Klangfarben gebildet. Überhaupt wären die melodischen Verläufe zugleich als Klangfarbenmelodien aufzufassen und zu formen – also: differenzierte Klanggestaltung."[15]

Der Verweis auf Schönbergs *Herzgewächse* wie auch auf den von Schönberg geprägten und in Bezug auf das dritte der *Fünf Orchesterstücke* Op. 5 exemplifizierten Begriff der ‚Klangfarbenmelodie' zeigen eine an Schönberg geschulte Ästhetik. Die Technik, ein großes Orchester auf ein Kammerensemble mit Harmonium zu reduzieren, geht allerdings fast noch etwas mehr auf Anton von Webern zurück, zum Beispiel auf die *Sechs Stücke* Op. 6 in der Version für Kammerorchester. An einigen Stellen ist die klangliche Ähnlichkeit zum *Wagner-Idyll* so ausgeprägt, dass man fast von einem Klangfarbenzitat sprechen kann.

Tatsächlich hat Dieter Schnebel etwas untertrieben, als er die Prinzipien der Uminstrumentierung beschrieben hat, denn es ist deutlich mehr als das. Rauigkeit ist bei dieser strukturellen Neukomposition die wichtigste Leitlinie. Am offensichtlichsten wird das in der Rhythmusgruppe, wenn der Hörnersatz bei Wagner und ein Teil der tiefen Streicher vom Harmonium übernommen werden. Der Klangkörper des Orchesters mit seinen Geräuschanteilen wie etwa Atmen sowie Hin- und Herstreichen, Klappen- und Saitengeräuschen wird in dem rauschend-atmenden und immer etwas entfernt-verstimmten und dynamisch ungeheuer flexiblen Klang des Harmoniums wie ein transformiertes Echo des Orchesters gespeichert. Die Schlagzeugstimme verlängert die Basstöne und verstärkt damit die etwas weniger deutliche Orgelpunkt-Harmonik des Originals. Zudem wird eine Reibe- und Rausch-Spur in den Klang hineingezogen, die alle funktional gebundenen Rauigkeiten eines Sinfonieorchesters, die dem Kammerensemble entzogen sind, synthetisch wieder hinzufügt. Schnebel sagt dazu:

> „Im Schlagzeugpart [...] erscheint die offenkundige oder imaginäre Grundtönigkeit (auch Geräuschhaftigkeit) der Wagnerschen Musik – die wie in der neueren Minimal Music über lange Strecken hinweg durchgehaltenen Basisklänge. Die sind dem Frühlingscharakter der Musik entsprechend den Glockentönen von Vibraphon und Röhrenglocken anver-

traut. Die tiefen Töne der Röhrenglocken sind meist gleichzeitig mit dem Tamtam zu spielen; dann ist ein Mischklang zu erzeugen. Im übrigen sollten die Vibraphon- und Glockenklänge zwar dezent, aber eben doch als Grund-Töne und entsprechend tragend in den Gesamtklang eingemischt werden."[16]

Schnebels Technik geht allerdings über die Implantation einer zusätzlichen Reibe-Spur im Schlagzeug und die Verteilung der Harmonie-Stimmen auf das Harmonium weit hinaus. Er selbst spricht ja auch über die polyphone Melodik des Originals, und so kann es nicht bei zwei so schlichten Eingriffen bleiben, wenn die polyphone Anlage erhalten bleiben soll.

Erstaunlich ist, dass Schnebel – wie in allen anderen seiner ‚Moment-Kompositionen'[17] im Übrigen auch – nichts Neues hinzufügt, sondern eher verstärkt, was im Original bereits angelegt ist. Die Behandlung der Solostimmen kommt dem sehr nahe, was Schönberg mit „kaschieren" gemeint haben könnte. Dieses Verfahren bearbeitet sowohl Klangfarbe als auch die mehrstimmige Organisation und betrifft kritische Momente wie den Neueintritt von Stimmen oder melodische Höhepunkte:

– Die Originalinstrumente werden durch ähnliche, aber rauere, das heißt durch Instrumente mit höherem Geräuschanteil und tendenziell etwas dunklerem Klang ersetzt, so die Violine durch die Viola, die Klarinette durch das Sopran-Saxofon und die Oboe durch die Altflöte. Die tiefen Streicher, die das triolische Gewebe spielen, werden durch die wesentlich geräuschhaftere Harfe ersetzt.

– Die Stimmeintritte werden ziemlich stark verändert. Zunächst sieht es aus, als würden sie im traditionellen Sinne polyphoner gemacht: Ist es schon in Wagners Original so, dass der Neueintritt einer Stimme mit dem Ende einer anderen Stimme überlappt, so verlängert und verstärkt Schnebel diese Überlagerungen. Bei Wagner zum Beispiel entsteht für die Dauer von fünf Achtelnoten auf dem Ton *gis* ein Mischklang zwischen der ersten Violine und der Oboe, die die Hauptmelodie weiterführt. Dieser Mischklang ist durch das Fagott vorbereitet, welches mit der tieferen Oktave *fis* den vorausgehenden Ton etwas synthetischer klingen lässt. Bei Schnebel ist dieser Abschnitt um zwei Takte verlängert: Das Sopransaxofon übernimmt die Hauptmelodie von der Viola und überlappt um zwei Töne mehr. (NB 1 und 2, Seite 18 und 19)

– Auch Wagner arbeitet in den Unisoni-Passagen besonders des *Parsifal* ausgiebig mit Verfahren, die Schönbergs Idee der „Klangfarbenmelodie" vorformulieren. Eine Instrumentenmischung beginnt eine Phrase, während in einer gemeinsamen Hüllkurve eine andere Instrumentenmischung übernimmt und dann die Phrase weiterführt oder beendet. Auch in Dieter Schnebels Musik

Notenbeispiel 1: Richard Wagner: *Parsifal*, 3. Akt „Karfreitagszauber"

spielt dieses Verfahren eine relevante Rolle, so dass es nicht verwundert, dass er gerade hier über Wagners Vorbild hinausgeht. So wechselt die Hauptmelodie im „Karfreitagszauber" im Anfangsabschnitt bei Wagner einmal zwischen Oboe und Klarinette, wobei die Oboenstimme allerdings erhalten bleibt und in einer doppelten Kantilene den rhythmisch weniger aktiven Part übernimmt (siehe NB 1). Bei Schnebel gibt es vier Wechsel, nämlich von der Viola auf das Sopransaxofon und vom Sopransaxofon auf die Altflöte, wieder auf das Sopransaxofon zurück und dann auf die gedämpfte Trompete. Die erste Übergabe vom Sopransaxofon auf die Altflöte verlängert den Takt 6, der dem Wagnerschen Original entspricht, um einen Takt nach vorn. Dieser Takt 5 existiert nicht bei Wagner, sondern ist aus einem unscharfen Unisono der Stimme des Altsaxofons nachgebildet (siehe NB 2). Eine ebenso interessante Nachbildung einer polyphonen Stimme aus dem unscharfen Unisono ist der Wiedereinsatz des Sopransaxofons in Takt 10, welches ab Takt 11 die Hauptstimme von der Altflöte übernimmt: Die Stimme existiert nicht bei Wagner, sondern ist aus der Fagottstimme bei Wagner nachgebildet. Die Altflöte blendet sich bei Schnebel ebenfalls mit einem überlappenden Gemisch aus, indem sie die ersten drei Töne der neu einsetzenden Trompete mitspielt.

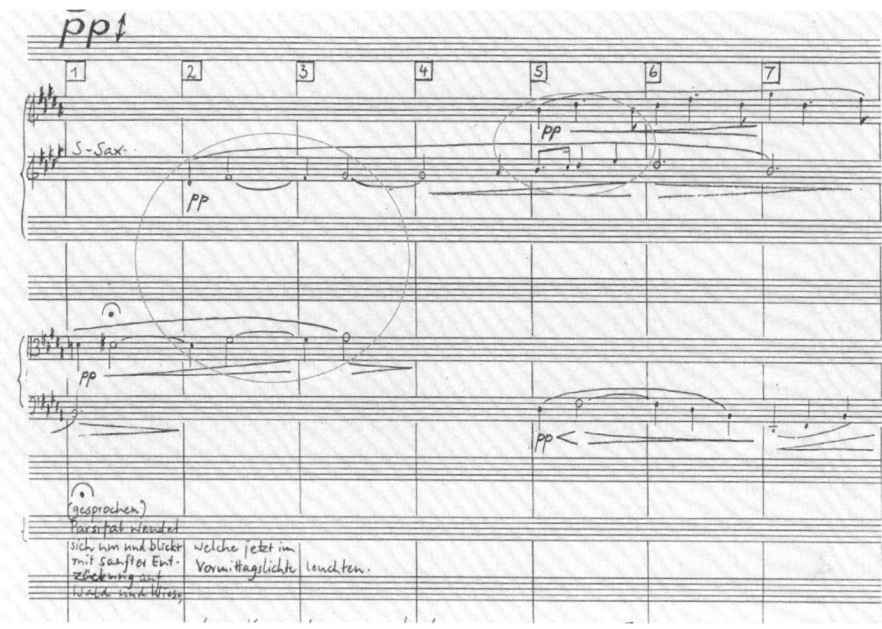

Notenbeispiel 2: Dieter Schnebel: *Wagner-Idyll*, T. 1–7

© Schott Music, Mainz

Die Technik des unscharfen Unisono wird auch bei Haas als noch zu erforschende Unschärfe zwischen strukturellen und klingenden Phänomenen angesprochen, und auch er weist auf die ästhetische Relevanz dabei entstehender Rauigkeiten hin:

„Aber auch in der europäischen Musik verschwindet die Konsonanz sehr schnell, wenn wir uns vom Notierten entfernen und uns genau anhören, was tatsächlich erklingt. Warum benötigen unsere Klaviere (ab der Mittellage) für jeden Ton drei Saiten, die immer ein bisschen voneinander abweichen müssen – es geht technisch gar nicht anders –, die daher immer zu Schwebungen führen müssen? Warum werden die Oktaven der Klaviere ein bisschen weiter gespreizt, ein wenig auseinander gestimmt, damit sie eben nicht mehr präzise verschmelzen können? Warum spielen Streicher im Orchester zu vierzehnt, zu sechzehnt dieselbe Melodie, wobei es ausgeschlossen ist, dass sie alle genau dieselbe Tonhöhe präzise treffen? Es sind Menschen, die da spielen, nicht Maschinen. Da muss es ja zwangläufig zu minimalen Abweichungen und zu Reibungen kommen. Warum ist es ein Charakteristikum des Symphonieorchesterklangs, dass Unisoni zwischen Instrumenten komponiert werden, deren Teiltonspektren geringfügig voneinander abweichen, so dass die Menschen, die diese Unisoni zu spielen versuchen, sich entscheiden müssen, in welchen der Partialtöne sie eine Identität herstellen, und in welchen der Partialtöne sie es geniessen, dass es zu Reibungen, zu Schwebungen kommt?"[18]

Den Terminus „Unscharfes" bzw. „ungenaues Unisono" verwendete Adorno als Metapher für Einklangs- und Oktavparallelen, deren „Ungenauigkeit" durch Verschiebungen in Zeit und Tonhöhe zustande kommt, für akzidentelle Verschiebungen, die mit den strukturgebenden Koordinaten des Tonsatzes nicht kommensurabel sind. Anlass für die Bildung der Metapher waren Passagen aus Weberns Op. 3, 1 und aus Mahlers *Lied von der Erde*.[19] Reinhold Brinkmann hat die Metapher dann 1997 auf Robert Schumanns Klavierlied *Zwielicht* angewandt und stilgeschichtlich mit Beispielen von Hugo Wolf und Arnold Schönberg skizziert, dass „ungenaues Unisono" ins Zentrum romantischer Musikästhetik gehört und Stil und Ästhetik der frühen Moderne beeinflusst.[20] Bei Haas scheint der Begriff ganz etabliert zu sein, allerdings ist auch in seinem Text der Reflex auf große romantische Sinfonieorchester zu erkennen.

Im *Parsifal* sind diese Praxis der Mischung im Unisono und die damit verbundenen Rauigkeiten und Mischklänge ein Phänomen des wandernden Klangkörpers, das heißt Rauheit hat eine entschieden räumliche Komponente. Auch in Dieter Schnebels Kompositionen spielt Rauheit eine wesentliche Rolle bei der Übertragung von Klängen auf den Raum, sei es der Aufführungsraum oder ein eher virtueller Hör-Raum. In der Regel ist es eine in der Komposition angelegte Mischung aus beidem.

In Schnebels ‚Moment-Kompositionen', zu denen das *Wagner-Idyll* trotz des anders lautenden Titels eine gewisse Affinität aufweist, spielt die hörende Erinnerung als Medium eine wichtige Rolle. Schnebel sprach selbst davon, Momente, die er intim verinnerlicht hatte, als diese leicht überwirkliche Realität in der erinnernden Wiederbegegnung mit dem Original hörbar zu machen. In diesem Sinne können die Schleif- und Reibegeräusche, die er seiner Neukomposition hinzufügt, auch der Klang des erinnernden Trägermediums sein, eine Spur des hörenden Erinnerns.[21]

2) Makiko Nishikaze: *ppt* (2013)

Die Komponistin Makiko Nishikaze versteht die musiktheatrale Komposition *ppt* als Aktion erweiterten und erweiternden Hörens.[22] Sie sagt:

„*ppt* ist eine den Raum einbeziehende Komposition, die durch den prophetischen Kontext des Alten Testaments und die Reminiszenz an ein Motiv aus einer alten japanischen Legende über akustische und visuelle Mittel erweiterte Hörerlebnisse ermöglicht.

Es gibt keine Bühne als Zentrum, der Raum verändert seinen Charakter: er ist nicht bloß Ort einer Aufführung, er ist eher ein Klangkörper. Viele verschiedene Gegenstände aus dem täglichen Leben werden als Klangmaterialien genutzt. Die Texte bzw. Textfragmente werden gesprochen oder gesungen, dabei werden experimentelle Vokaltechniken angewandt. Alle Aktionen sind Bestandteil der Komposition."[23]

In der Eröffnungspassage der 60-minütigen Komposition wird der Raum exponiert, wobei die Performer:innen Objekte und Materialien mit schleifenden Geräuschen durch einen großen Raum bewegen und damit visuell und akustisch einen Spiel-Raum im engsten Wortsinn definieren.[24] In meinem Beispiel beziehe ich mich auf eine Aufführung in der Berliner Elisabethkirche am 4. September 2013 mit dem Ensemble Maulwerker.

Die Reibe- und Schleifgeräusche der Papierbahnen und Papp-Blöcke korrespondieren mit den tiefen Vokalaktionen der Performer:innen und scheinen sich in der Mischung gegenseitig zu verorten. Was in der halligen Akustik der Kirche sonst gar nicht möglich wäre, nämlich den präzisen Weg des Schalls aus einer Klangquelle zu verfolgen, wird durch dieses visuell-akustisch-szenische Gemisch möglich. Die spezifische Qualität reibender und schleifender Klänge bindet durch die Rauheit der Einzelklänge die Mischung zusammen und lässt genug Zwischenräume für die hörende Fantasie.

Es ist an dieser Stelle sinnvoll, über die Vereinbarkeit von Reibung, Rauigkeit und Harmonik zu sprechen. In Dieter Schnebels *Wagner-Idyll* ist es die tatsächlich über lange Zeit stehende Harmonie, zum Beispiel auf *H* oder *Fis*, die Schnebel im Schlagzeugpart noch verstärkt, sodass sich ein Obertonspektrum entwickeln kann und benachbarte Töne mit einem gewissen Abstand zum Baston tatsächlich keine Dissonanz im traditionellen Sinne darstellen, dass also Platz für Reibungen ist. Zu Beginn von Nishikazes *ppt* liegt eine große Sekunde zwischen den tiefen Singstimmen, die – ähnlich wie im „Accord sur Dominante"[25] in der Tonsprache Olivier Messiaens – so etwas wie ein pentatonisches Feld darüber öffnet, welches ebenfalls eine gewisse Rauigkeit zulässt und mehr Klänge verschmelzen lässt als das bloße Grundrauschen des Raums.

Nishikazes Komposition kleidet jedes zu hörende Ereignis in einen Teppich aus Rausch-, Schleif- und Reibeklängen ein, um die hörende Aufmerksamkeit durch diese verschiedenen Filter und Anti-Filter sowohl fokussiert als auch weit zu halten, denn die geräuschhaften Klänge thematisieren immer den Raum. Ihre auditive Verfolgung muss mit dem gezielten Hören von Einzelklängen in Balance gebracht werden.

3) Christian Kesten: *Spacing Places* (2021)

Christian Kestens Komposition *Spacing Places* geht noch einmal gezielter mit den räumlichen Qualitäten von Mischklängen aus Reibegeräuschen und diskreteren Tonhöhen um. Das Stück transformiert eine frontale Hörsituation in einen multiperspektivischen Klangraum, wobei die Zuhörenden ihre Position nicht wechseln, die fünf Ausführenden aber sehr wohl. Oberflächlich zum Teil ähnliche, aber in ihrem Verlauf eher verschiedene Klangfarben und Attacken, nämlich Klarinette, Akkordeon, Taschentrompete, Viola und Snare-Drum, bilden eine Raumpolyphonie, die vor allem aus den verschiedenen Klangfarben, Intensitäten und einer zum Teil kalkulierten, zum Teil offen gelassenen Klangmischung erzeugt wird, die sich bei jeder Aufführung neu zusammenfügt. Auf sprachliche Kommentare, die das Hören befördern wie in Nishikazes *ppt*, sowie auf eine zeigende Gestik wird verzichtet, dafür haben Publikum und Ausführende mehr Zeit und tatsächlich auch Aushandlungsspielraum, um sich mit den einzelnen Klangaktionen zu befassen. Sprache wird hier anders verwendet, nämlich als Randphänomen auf einer Skala zwischen diskreten Tonhöhen, präzise beschriebenen Rausch- und Reibeklängen wie Klangrauschen durch Atem-, Streich-, Reibe- oder Schabegeräusche und eben sprachlichen Äußerungen, die wie Fill-in-Harmonien in die stehenden Klänge gegeben werden und auch tatsächlich semantisch nicht verstanden werden sollen.

Der hier analysierte Akkord aus dem ersten Abschnitt des Stücks[26] stimmt den Raum – wieder der Innenraum der Elisabethkirche bei einer Aufführung am 28. August 2021 – für die Klang-Geräusch-Harmonien des Stücks ein und beginnt mit Atem- und Balggeräuschen, die sich mit dem Raumrauschen mischen. Der gemeinsame Ton e^2, die Oktave d^1–d^2 mit ihren mikrotonalen Abweichungen zwischen den ähnlich klingenden Instrumenten Akkordeon und Klarinette sowie ein zusätzlicher Ton h^4, welcher das Obertonspektrum des tiefen *des* in der Viola zusammen mit dem es^3 im Akkordeon andeutet, generieren – wegen der Atem- und Reibegeräusche – eine Verbindung zu einer physikalischen Präsenz des Klangs, aber auch zum Grundrauschen des Kirchenraums. Interessant ist das Reibegeräusch der Snaredrum, unter dem Ton der Viola, welches aber sympathetisch zwischen dem großen *F* und dem großen *Ges* zu schwanken scheint, wobei nicht klar ist, ob das Geräuschspektrum diese Töne privilegiert anbietet oder ob die Wahrnehmung der übrigen Klänge dazu anhält, diese herauszufiltern.

Ähnlich verhält es sich mit dem gesprochenen Beitrag der Bratschistin, die – ohne tatsächlich den Sprechmodus zu verlassen – im Raum einer erkennbaren Oktave unter dem d^1 der Klarinette spricht.

Ein ähnlicher Raumeffekt entsteht durch halbtönige Abweichungen. Zum einen sind diese einkomponiert, indem zum Beispiel im Repertoire der festen

Töne im ersten Abschnitt neben den gemeinsamen Tönen auch halbtönige Alternativen wie zum Beispiel *d* und *des* zu spielen sind, zum anderen ergeben sich diese Abweichungen auch annähernd aus dem Nachhall, das heißt eine gewisse Indifferenz der Tonhöhen ist durch das Verhalten der Klänge im Raum gegeben. Genau das wird durch die Tonauswahl unterstützt, als wäre der Parameter Tonhöhe – trotz der klassischen Instrumente – ebenso wenig stabil oder strukturell von der Aufführung unabhängig wie Klangfarbe, mikrotonale Abweichungen oder alle anderen atmosphärischen Geräusche einer spezifischen Aufführung.

Fazit

Das strukturanalytische Paradigma hat auch in der Analyse zeitgenössischer Musik dazu geführt, dass geräuschhafte und in der Tonhöhe fixierte Klänge selten in derselben Kategorie behandelt werden. Das entspricht nicht den räumlich polyphonen Prozessen in neueren Kompositionen, in denen Rauheit und Geräuschhaftigkeit sowohl emanzipiert als Stimmen einer Polyphonie, aber auch als Funktionen auftreten, die denen der harmonischen Verbindungen in Musik mit ausschließlich fixierten Tonhöhen entsprechen. Rauigkeiten binden Klänge zusammen. Pauline Oliveros' berühmtes Zitat, das Rauschen des Tonbandes hätte die Klänge der Umgebung auf eine gemeinsame Ebene gezogen und durch den Rauschwiderstand konzentrierteres Hören ermöglicht,[27] gilt in flexibler Form auch für die verbindende Wirkung von Rausch- und Reibeklängen, die ein kontrapunktisches Bezugssystem höchst heterogener und zeitlich oft unabhängiger Ereignisse überhaupt erst möglich machen.

[1] Arnold Schönberg: *Harmonielehre*, Wien ³1922 [1911].
[2] Ebd., S. 374–415.
[3] Ebd., S. 415, Anmerkung.
[4] Ebd., S. 345–373.
[5] Ebd., S. 364.
[6] Vgl. Ernst Friedrich Richter: *Lehrbuch der Harmonie*, Leipzig 1853.
[7] Vgl. Ariane Jeßulat: „Musikalische Normen analysieren – Implizite und explizite Normativität am Beispiel der ‚Strukturanalyse' ", in: Tobias Janz / Jens Gerrit Papenburg: *Ästhetische Normativität in der Musik*, Frankfurt am Main 2023, S. 157–180, hier S. 159–173.
[8] Vgl. Lukas Haselböck: „Zwischenklänge, Teiltöne, Innenwelten: Mikrotonales und spektrales Komponieren", in: Jörn Peter Hiekel / Christian Utz (Hg.): *Lexikon Neue Musik*, Kassel 2016, S. 103–115.
[9] Vgl. John Cage: „Lecture on Nothing", in: *Silence. Lectures and Writings*, London ᴿ2015, S. 109–127, hier S. 115–118.
[10] Alexander Rehding / Steven Rings: „Introduction", in: dies. (Hg.): *The Oxford Handbook of Critical Concepts in Music Theory*, New York 2019, S. XV–XVIII, hier S. XV–XVI.
[11] Michael Tenzer: „Polyphony", in: *The Oxford Handbook of Critical Concepts in Music Theory*, a. a. O.,

S. 602–647.

[12] Ebd., S. 606.

[13] Georg Friedrich Haas: „Grundlagen für eine neue Musiktheorie. Sechs Thesen", in: *Dissonance* 117, 3/2012, S. 15–21, hier S. 15.

[14] Ebd., S. 16.

[15] Dieter Schnebel: *Wagner-Idyll für Kammerorchester und Singstimme ad. lib.*, Mainz 1980, Legende (ohne Paginierung).

[16] Ebd.

[17] So vor allem im *Mahler-Moment*, im *Mozart-Moment* und im *Schumann-Moment*.

[18] Haas: „Grundlagen für eine neue Musiktheorie …", a. a. O., S. 19.

[19] Siehe Theodor W. Adorno: *Mahler. Eine musikalische Physiognomie*, Frankfurt am Main 1960, S. 292, wo es heißt: „Weiter ist in dem Mittelsatz auf ein besonderes Kunstmittel zu achten, das gelegentlich schon in Schönbergs Georgeliedern, übrigens auch in Mahlers *Lied von der Erde* und anderen dessen späten Werken vorkommt, das ungenaue Unisono. Begleitung und Singstimme sind an solchen Stellen zwar in ihren charakteristischen Tönen identisch, weichen aber in ihren rhythmischen Werten um ein Geringes voneinander ab, fallen nicht zusammen – eine Praxis der östlichen Musik, die wohl über den Exotismus in die europäische Kunstmusik drang. Die Funktion dieses Verfahrens ist es, noch da, wo Stimmen einander am nächsten kommen, eine gewisse improvisatorische Lockerheit, prosahafte Unverbindlichkeit zu bewahren. Solche intendierte Ungenauigkeit erheischt selbstverständlich besondere Genauigkeit der Wiedergabe; nur wenn die rhythmischen Längen derselben Töne deutlich in Gesang und Klavier verschieden sind, werden die rhythmischen Schwebungen fühlbar." Und ders.: *Der getreue Korrepetitor*, Frankfurt am Main 1963, S. 255–256, mit der Formulierung: „Das unscharfe Unisono, in dem miteinander identische Stimmen rhythmisch ein wenig divergieren – seit den *Kindertotenliedern* improvisatorisches Korrektiv der allzu ausgefegten Kunstlieder – ist im *Lied von der Erde* mit voller Konsequenz gebraucht."

[20] Reinhold Brinkmann: *Schumann und Eichendorff*, München 1997 (= Musik-Konzepte 95), S. 49–70.

[21] Vgl. Ariane Jeßulat: „Handwerk als Text. Zu Dieter Schnebels *Kontrapunkt*", in: dies. (Hg.): *Mythos Handwerk. Zur Rolle der Musiktheorie in aktueller Komposition*, Würzburg 2015, S. 317–344.

[22] Zur hier analysierten Passage siehe Makiko Nishikaze: „Raum hören. Makiko Nishikaze im Gespräch mit Christian Kesten und Ariane Jeßulat", in: Jeßulat (Hg.): *Mythos Handwerk*, a. a. O., S. 69–91, hier S. 78–79.

[23] Makiko Nishikaze: Projektbeschreibung auf der Website des Ensembles maulwerker, http://www.maulwerker.de/repertoire/ppt.html (zuletzt aufgerufen am 3. Oktober 2023).

[24] Siehe hierzu die Minuten 0–1.47 min des Videos der Aufführung vom 4. September 2013. https://www. youtube.com/watch?v=W9oKWfkH5Lw (zuletzt aufgerufen am 3. Oktober 2023).

[25] Olivier Messiaen: *Technique de mon langage musical*, Band 2, Paris 1944, S. 37, Bsp. 201–207.

[26] Siehe hierzu die Minuten 0–5.14 min des Videos der Aufführung vom 28. August 2021. http://www.christiankesten.de/compositions_spacing.htm (zuletzt aufgerufen am 3. Oktober 2023).

[27] Vgl. Steve Smith, „Strange Sounds Led a Composer to a Long Career", in: *The New Yorker*, 10. August 2012.

Mart*in Schüttler

Heterosonie
Über klingende Vielheit und tanzende Inseln

1. Anderes Hören

Dieser Text soll mit einer Erinnerung aus meiner Jugend beginnen. Ich war ungefähr elf oder zwölf Jahre alt, es war Mitte der 1980er Jahre und gemeinsam mit zwei Schulfreunden beschlossen wir, eine Pop-Band zu gründen. – Es dauerte nicht lange, bis wir wieder aufgaben. Trotz ernsthafter Bemühungen war es uns nicht gelungen, Popmusik zu machen, die so klang, wie wir sie uns vorgestellt hatten. Erst einige Jahre später, während erster musikalischer Versuche mit meinem neuen „Home-Computer", dämmerte es mir: Uns fehlten damals sämtliche Mittel der Studioproduktion, um eine Musik wie die von Michael Jackson oder Kate Bush auch nur ansatzweise skizzieren zu können. Aus heutiger Sicht klingt das ziemlich naiv – und trivial. Es verdeutlicht aber einen grundsätzlichen Paradigmenwechsel im musikalischen Hören, der auch vor vierzig Jahren nicht mehr neu war. Aber was ich damals im Klavierunterricht und in der Schule über Musik lernte, bezog sich fast immer exklusiv auf Tonhöhen und Rhythmen. Der Sound des Pop, der 1985 überall im Radio lief, war hingegen keine vorgesehene Kategorie.

Der reichlich unpräzise Begriff „Sound"[1] verweist auf etwas grundlegend anderes als der Begriff der Klangfarbe. Sound geht über die Verwendung von instrumentalen oder vokalen Klangfarben, von speziellen Spieltechniken oder präziser Artikulation hinaus. Gemeint ist eine durch Audiotechnik zubereitete Form des Klangs, eine „Triade von Klang, Technologie und Musik".[2] Für dieses akustische Produktionsgemisch verwende ich im Folgenden den Begriff des „Sonischen".[3] Das Sonische ist nicht denkbar ohne das Einbeziehen der gesamten Aufnahme- und Studiotechnik, ohne Mikrofonierung, Effektgeräte und synthetische Klangerzeugung, ohne das Schneiden, Editieren, Mischen und Nachbearbeiten aufgenommener Klänge. In den vier Jahrzehnten, die seit meiner Anekdote vergangen sind, haben sich nicht nur die Möglichkeiten der Audiotechnik enorm erweitert. Es haben sich zudem komplexe, weitverzweigte Material- und Referenzsysteme[4] unterschiedlichster Arten im Sonischen herausgebildet. Dies gilt für nahezu alle musikalischen Genres. Vielfach sind Aspekte des Sonischen zu Hauptträgern musikalischer Gestaltung und ihres Gehalts avanciert, zum Beispiel im Hip-Hop.

2. Zum Beispiel JPEGMafia

Wie sonisches Material in der Praxis gestaltet sein kann, möchte ich an einem konkreten Beispiel deutlich machen. Untersucht werden soll der Track *1488* des in Baltimore lebenden Hip-Hop-Künstlers Barrington DeVaughn Hendricks, bekannt als JPEGMafia. Anhand des Tracks, der auf dem Album *Veteran* im Jahr 2018 veröffentlicht wurde, möchte ich verschiedene Arten sonischer Materialien aufzeigen, ihre Beschaffenheit untersuchen und einige Referenzen benennen. Da es in dieser Untersuchung vor allem um die klanglichen Aspekte gehen soll, muss auf eine Beschäftigung mit der offenkundig wichtigen Textebene verzichtet werden. Ausdrücklich erwähnt sei jedoch, dass es sich bei dem Titel *1488*[5] um eine weltweit verbreitete rechtsextreme Chiffre handelt, die JPEGMafia bewusst enteignet und kritisch kontextualisiert.

Bei der Untersuchung sonischer Bestandteile des Tracks lassen sich unter anderem die folgenden Aspekte herausarbeiten:

Stimmfarben

Wenig überraschend steht in einem Hip-Hop-Track die menschliche Stimme im Vordergrund. Auch wenn hier, wie bereits erwähnt, nicht näher auf die Textebene eingegangen werden soll, so ist doch die Betrachtung der verschiedenen Klangfarben der Stimme essenziell. Die heterogenen und expressiven Registerwechsel und Artikulationsweisen der Stimme von JPEGMafia bilden das Ausgangsmaterial. Allerdings ist das sonische Ergebnis stark von technischen Eingriffen beeinflusst. Insbesondere durch die Art der Mikrofonierung, also mit welchem Mikrofon in welchem Raum und aus welcher Entfernung die Stimme aufgenommen wurde. Hinzu kommen das Auswählen, Beschneiden und Montieren der einzelnen Stimmaufnahmen. Das sonische Endergebnis wird dadurch stark verändert, das dichte Geflecht verschiedener Stimmaufnahmen klingt direkt, unmittelbar, hat Schärfe und Härte.

Stimmverfremdungen

Zusätzlich werden die Stimmklänge durch gezielt eingesetzte Effekte noch weiter verändert, die hier nur knapp aufgezählt werden können. Neben typischen Stimmeffekten wie Chorus und Reverb sind dies hier vor allem der Einsatz von Auto-Tune, Pitch-Shifting und Overdubbing.[6] Der technisch veränderte Klang der menschlichen Stimme ist ein häufig eingesetztes sonisches Zeichen, das mit ganz unterschiedlichen Bedeutungen aufgeladen sein kann.

Beats

Auch die sonische Ausformung der Beats kann an dieser Stelle nur oberflächlich beschrieben werden. Zu komplex sind die Produktionsaspekte von Hip-Hop-Beats generell und in diesem Track insbesondere. Erwähnt seien hier vor allem die synthetischen Drumsounds, die im Hip-Hop typischerweise auf Drumcomputer der 1980er Jahre verweisen, z. B. auf den Roland TR-808. Im vorliegenden Fall werden vor allem Kick-, Snare- und Clap-Sounds verwendet. Sowohl die Rhythmik der Beats wie auch ihre sonische Ausformung verändern sich im Verlauf des Tracks mehrfach abrupt. Die technische Nachbearbeitung der Drumsounds ist stark, deutlich im Vordergrund stehen digitale Verzerrungen, wechselnde Hallräume und Filter sowie eine enge Verbindung und Überlagerung der Beats mit digitalen Geräuschklängen.

Samples

Gleich zu Beginn des Tracks ist ein geräuschhaftes Sample zu hören. Es handelt sich um einen Soundeffekt aus dem Computerspiel *Halo* 5, einem Ego-Shooter aus dem Jahr 2015. Im Sample ist das Aktivieren einer futuristischen Waffe zu hören, was hier als akustisches Symbol fungiert. Darauf folgt ein musikalisches Sample, ein Ausschnitt aus dem Song *Make a Mistake* von Brad Paisley aus dem Jahr 2003. Deutlich hörbar handelt es sich um einen musikalischen Fremdkörper im Kontext des Black Hip-Hop. Dass es sich bei dem kurzen Gitarren-Intro um den Beginn eines Countrysongs handelt, ist jedoch nicht unbedingt sofort erkennbar und bedarf gezielter Recherche.[7] Es ist davon auszugehen, dass beide Samples symbolisch auf den Titel des Tracks Bezug nehmen.

Fieldrecordings

Zeitgleich mit dem Ausschnitt aus *Make a Mistake* setzt ein Fieldrecording ein, das die Klangkulisse einer öffentlichen Veranstaltung simuliert, eines kleinen Clubs oder einer Bar. Was nur subtil im Hintergrund zu hören ist, erzeugt dennoch deutlich das Ambiente einer Live-Situation, die in der Originalaufnahme von Brad Paisley nicht vorhanden ist. Dadurch verlagert JPEGMafia den Beginn des Tracks akustisch an einen anderen sozialen Ort. Wie in einem Hörspiel verwandelt er den Track kurzzeitig in ein pseudo-dokumentarisches Live-Konzert.

Künstliche Räume

An derselben Stelle des Tracks kann man gut den gezielten Einsatz von künstlichem Hall hören. In die Situation des akustisch simulierten Live-Konzerts hinein erklingt eine kurze Stimmaktion: das scheinbare Testen eines Mikrofons mit den Worten „one, two". Der Stimmklang wird dabei mit Reverb nachbearbeitet, mit einer zur Club-Simulation passenden Raumakustik, die sich anschließend auf das gesampelte Gitarren-Intro von Brad Paisley ausdehnt. Im weiteren Verlauf des Tracks bleibt künstlicher Hall ein wesentliches sonisches Gestaltungsmittel, er wird aber in anderer Form eingesetzt. Eine verdichtete Montage verschiedener kontrastierender Hallräume erzeugt klangliche Instabilität, eine sonische Zerrissenheit. Diese ist jedoch weniger eindeutig und vordergründig wahrnehmbar als die an ein Hörspiel erinnernde Eingangspassage. Besonders bemerkenswert in diesem Track ist der gelegentliche Einsatz von totalen Pausen, quasi eines digitalen Null-Raums. Damit bricht gewissermaßen das Produziert-Sein selbst in die Montage der verschiedenen Klangräume ein.

Metastrukturen

Zusätzlich zu den bisher erwähnten sonischen Einzelereignissen gibt es eine ganze Reihe von übergeordneten Bearbeitungen, die das sonische Gesamtbild des Tracks bestimmen. Dazu zählen in erster Linie Arten der (digitalen) Verzerrung, die häufig und an unterschiedlichen Stellen im Track auftreten. Zusätzlich werden die Verzerrungen mit digitalen Artefakten, Geräuschklängen, Glitches oder Aussetzern (s. o. „Digitaler Null-Raum") verbunden. Diese übergeordnete sonische Prägung unterstützt den klanglichen Gesamteindruck von Zerrissenheit, der durch die kontrastierenden und nicht homogenisierten sonischen Zeichen ohnehin schon besteht. Der musikalische Hauptparameter, der die Musik trotz ihrer sonischen Zerrissenheit zusammenhält, ist die Rhythmik. Die musikalische Logik der Beats ermöglicht eine Musik, die gleichermaßen einen stringenten inneren Zusammenhang und eine große sonische Diversität besitzt.

3. Funktion & Bedeutung

Diese Auflistung einiger sonischer Materialien im Track *1488* von JPEGMafia ist selbstverständlich nur ein unvollständiger Überblick, die Analyse der Audioproduktion rudimentär. Dennoch sollte deutlich geworden sein, wie klangliche und produktionstechnische Aspekte im Sonischen ineinandergreifen können, wie unterschiedliche sonische Ebenen miteinander korrespondieren, sich gegenseitig kommentieren. Was für einen einzelnen Track gilt, potenziert sich entsprechend bei einem ganzen Album oder in der Summe aller Veröffentlichungen einer Band, einer Künstler:in, eines Labels oder innerhalb eines gesamten (Sub-)Genres. Bedenkt man die Menge aller Veröffentlichungen, die in den zurückliegenden sechzig Jahren sonisches Material erzeugt und (re-)kontextualisiert haben, kommt man rasch an die Grenzen menschlicher Vorstellungskraft.

Ein sonisches Material ist jedoch nicht nur einfach Zeichen oder Oberfläche, es erfüllt fast immer mehrere Funktionen zugleich. Einmal die Funktion der unmittelbaren emotional-körperlichen Wirkung; häufig erzeugt Sonisches eine starke Form der Anziehung, des Begehrens.[8] Ferner ist das Sonische fast immer in eine musikalische Funktion eingebunden; es ist die klangliche Ausformung eines bestimmten Elements innerhalb der musikalischen Faktur. Und schließlich fungieren sonische Materialien als Klangzeichen, die einzeln oder in bestimmten Kombinationen mit Subtexten aufgeladen sind. Am Beispiel der Drumsounds im Track von JPEGMafia lassen sich die verschiedenen Funktionen gut nachvollziehen: die starke körperliche Wirkung der Sounds, ihre musikalische Aufgabe im Beat und ihre sonische Referenz zu Drumcomputern aus den 1980er Jahren. All diese Ebenen sind nicht voneinander zu trennen, das Sonische ist nicht auf nur eine einzelne Funktion reduzierbar.

In ihrer Zeichenfunktion weisen sonische Materialien häufig über das rein Musikalische hinaus. Vor allem soziale, gesellschaftliche und politische Konnotationen können mit dem Sonischen verbunden sein – und damit häufig auch Fragen der Identität. Dabei hängt es besonders von der persönlichen Hörbiografie ab, für wen welche sonischen Referenzen lesbar sind. Viele sonische Details bleiben für die meisten Menschen opak, unverständlich, undeutlich oder lediglich vage zuordenbar. Es braucht eine bestimmte Hörerfahrung und gezielte Recherche, um die tieferen Bedeutungen der meisten sonischen Zeichen zu verstehen. Insbesondere die Fans einer Künstler:in, einer Band oder eines Genres sind in die zugehörigen Zeichensysteme und ihre Bedeutungen eingeweiht. Es geht also um individualisiertes Fan-Wissen statt um musiktheoretische Analyse. Dabei kommt sonischen Zeichen eine besondere Eigenschaft zu: Häufig lassen sie sich zeitlich extrem schnell erfassen. Es reichen mitunter Sekundenbruchteile, um sonische Konstellationen zu erkennen und einzuordnen. Längere musikalische Abschnitte, in denen harmonische oder formale Entwicklungen gehört und nachvollzogen werden müssen, sind beim sonischen Hören quasi nicht erforderlich.

4. Sonisches Komponieren

Seit über 25 Jahren verwende ich in meinen Kompositionen ‚Baustoffe', die aus einem sonischen Denken heraus konzipiert sind. Das Einbeziehen von Verstärkungen, Live-Elektronik oder Formen der Klangsynthese resultiert in meiner Musik nicht zuletzt aus der Vorstellung einer zeitgenössischen Komposition, die ganz selbstverständlich sonische Einflüsse als Material begreift und gestaltet. In meiner Arbeit *i wd leave leaf & dance* für Orchester und künstliche Spuren aus dem Jahr 2022 stelle ich ein sonisches Komponieren jedoch explizit in den Mittelpunkt. Mit der Integration entsprechender Techniken der Soundproduktion in meine Kompositionen verfolge ich allerdings nicht die Absicht, identisch mit den Produktionsweisen und Referenzen anderer musikalischer Genres zu werden. Vielmehr geht es mir um ein kritisches Informiert-Sein über die sonische Diversität unserer Gegenwart.

Wie ich am Beispiel von JPEGMafia gezeigt habe, muss die sonische Gestaltung eines Musikstücks nicht auf eine einzelne, gleichbleibende Konstellation beschränkt bleiben. Das Sonische kann selbst zum musikalisierten Material werden, das den Verlauf einer Komposition dynamisch mitgestaltet. Meine Orchesterkomposition arbeitet genau mit diesem Prinzip: Sonische Materialfelder und Einzelmomente, die sich deutlich voneinander unterscheiden, werden rhythmisch koordiniert und durchziehen in sonischen Spuren den Orchesterklang. Das daraus resultierende disparate Klangbild dient einerseits dazu, das Sonische und seine vielschichtigen Aspekte im kontrastreichen Aufeinanderprallen als Materialkategorie wahrnehmbar werden zu lassen. Andererseits kontextualisiert der nicht-homogene Gesamtklang des Stücks den historischen Orchesterklang und ermöglicht ein Fremd-Werden vertrauter Hörgewohnheiten. Für die disparate Mischung sonischer Bausteine aus unterschiedlichen musikalischen Kontexten verwende ich den Begriff der *Heterosonie*[9]: das in musikalisierter Form gleichrangig unvermischte Aufeinandertreffen einer kontrastierenden sonischen Vielheit.

5. Zum Beispiel *i wd leave leaf & dance*

Im Kontext einer zeitgenössischen Komposition für Orchester ist die Verwendung sonischer Materialien aus popmusikalischen Kontexten eher ungewöhnlich. Notwendigerweise suchte ich nach einem veränderten Denken über Pluralität, um meine Vorstellung von Heterosonie kompositorisch umsetzen zu können. Insbesondere die Beschäftigung mit den Texten von Édouard Glissant war für meine Arbeit entscheidend. Wiederholt schreibt der auf Martinique geborene Philosoph über eine „Chaos-Welt",[10] in der Vielheit und Unübersichtlichkeit als produktiv verstanden werden. Das von ihm eingeforderte „Recht auf Opazität"[11] ist ein Gegenentwurf zu hierarchischen, vermeintlich systematischen Formen von Ordnung und Kontrolle. Glissant verdichtet seine Vorstellungen im Bild des „Archipelischen Denkens". In meiner kompositorischen Arbeit knüpfe ich an die Idee des Archipels als Strukturmodell an: eine Musik, bestehend aus zahlreichen sonischen Inseln, die sich in Klang, Häufigkeit, Dauer und Veränderbarkeit deutlich voneinander unterscheiden – und dennoch unterirdisch, im Verborgenen, aus gemeinsamen musikalischen Quellen gespeist werden.

Die folgende Liste gibt einen groben Überblick, welche Bandbreite sonischer Kategorien ich in meiner Komposition verwende:

Instrumentale Klänge:
– Instrumentationszitate; u. a. Maurice Ravels Klavierkonzert G-Dur & der Beginn der ersten Symphonie von Gustav Mahler
– Strukturzitate; u. a. Pizzicato-Feld aus *passage/paysage* von Mathias Spahlinger
– Musikalische Idiome; z. B. Blechbläser in der Art einer Blaskapelle

- Instrumentationstechniken der Popmusik; z. B. hohe Streicher als Background-Strings
- Ikonische instrumentale Einzelklänge; z. B. Vibrato einer Solo-Violine, Trompete mit Dämpfer
- Einzelne (laute) Schlagzeug-Ereignisse; Peitschen, Sirene, Paar-Becken etc.
- Beat-Fragmente im Schlagzeug; insbesondere Varianten von HiHat, Snare Drum, Kick Drum
- Perkussive Akzente; oft als mikrotonal abweichende Oktaven, Pizzicati oder *col legno battuto* in den Streichern, gemischt mit Klavieranschlägen und geräuschhaften Schlagzeug-Ereignissen
- Pulse in unterschiedlichen Tempi; instrumentale Geräuschklänge oder Schlagzeugklänge

Synthetische Imitationen von Instrumentalklängen:
- Synthetische Streicher; solistisch oder chorisch
- Synthetische Blechbläser; solistisch oder chorisch
- Synthetische Bässe; unterschiedliche Instrumentalfarben
- Synthetische Drum- und Perkussionsklänge; häufig als fragmentierte Beats
- Verschiedene Arten elektronischer Orgeln

Synthetische Klänge:
- Elektronische Sperrklänge; synthetische Multiphonics erzeugt mit Frequenzmodulation
- Digitales Clipping, Glitches, Fehler- und Störklänge
- Clicks & Cuts; oft in Form von Pulsen in verschiedenen Tempi
- Rauschklänge; Rauschen aus unterschiedlichen Quellen, z. B. white noise, pink noise, Medienrauschen, Fieldrecordings
- Sinus-Töne; einzeln, als Felder, Akkorde, häufig als Glissandi
- Reverb; einige der synthetischen Klänge sind mit künstlichem Hall versehen.

Jeder einzelnen sonischen Kategorie entsprechen in der realisierten Komposition mehrere variierte Ausformungen. In den folgenden Partiturausschnitten sind drei konkrete sonische Passagen hervorgehoben. Daran lässt sich exemplarisch ablesen, wie die sonischen Kategorien im Stück musikalisch umgesetzt sein können.

Sonisches Material A: Ein fluktuierendes Gemisch (Abb. 1) aus hohen instrumentalen und synthetischen Streicherklängen sowie verzerrten digitalen Glitches. Die flächigen Akkorde sind von Glissandobewegungen und Sinustönen im selben Register durchzogen. Ein Zitat bildet den Ausgangspunkt für die Tonhöhen des Materials: der Beginn des Klavierkonzerts G-Dur von Maurice Ravel.

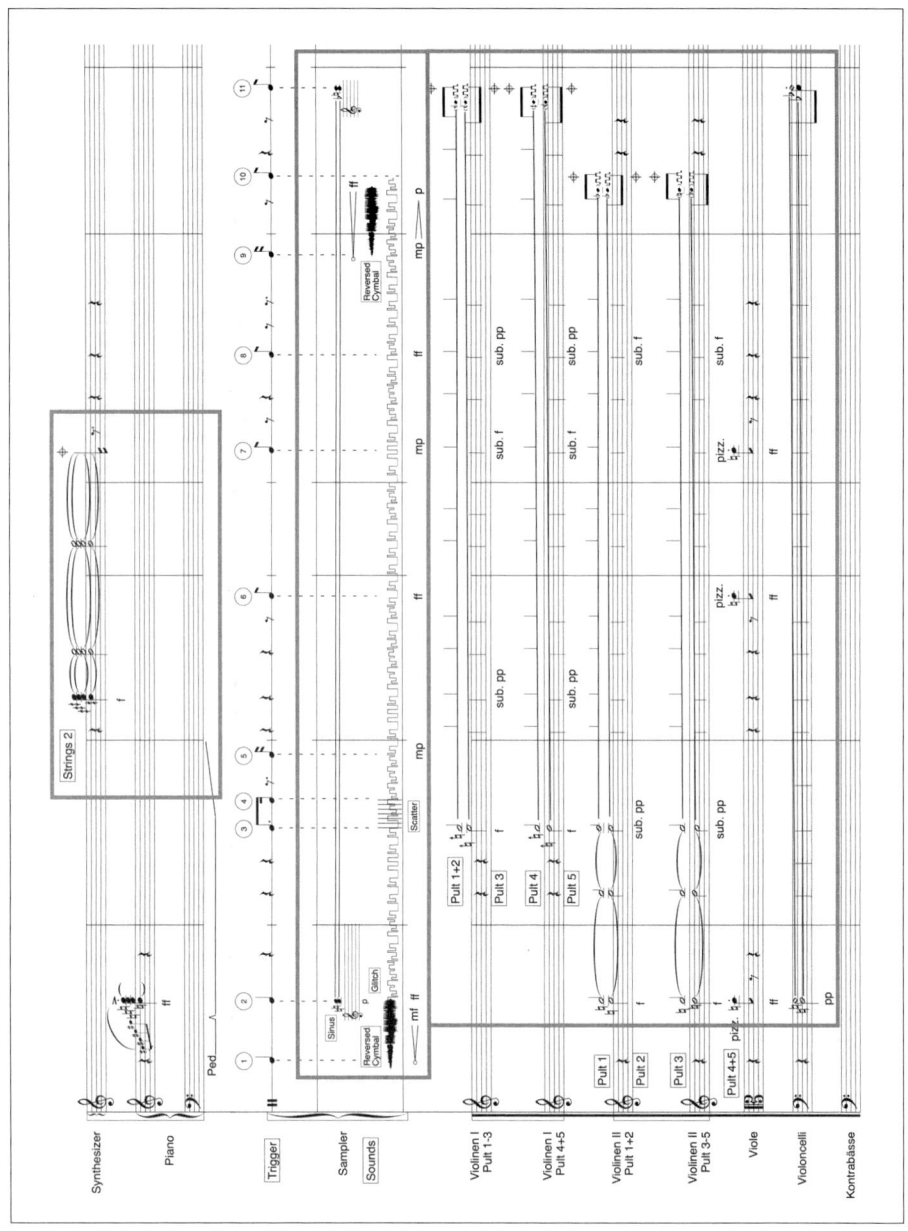

Abb. 1: Mart*in Schüttler: *i wd leave leaf & dance* für Orchester und künstliche Spuren, Takte 1–6 (Ausschnitt)

© Mart*in Schüttler

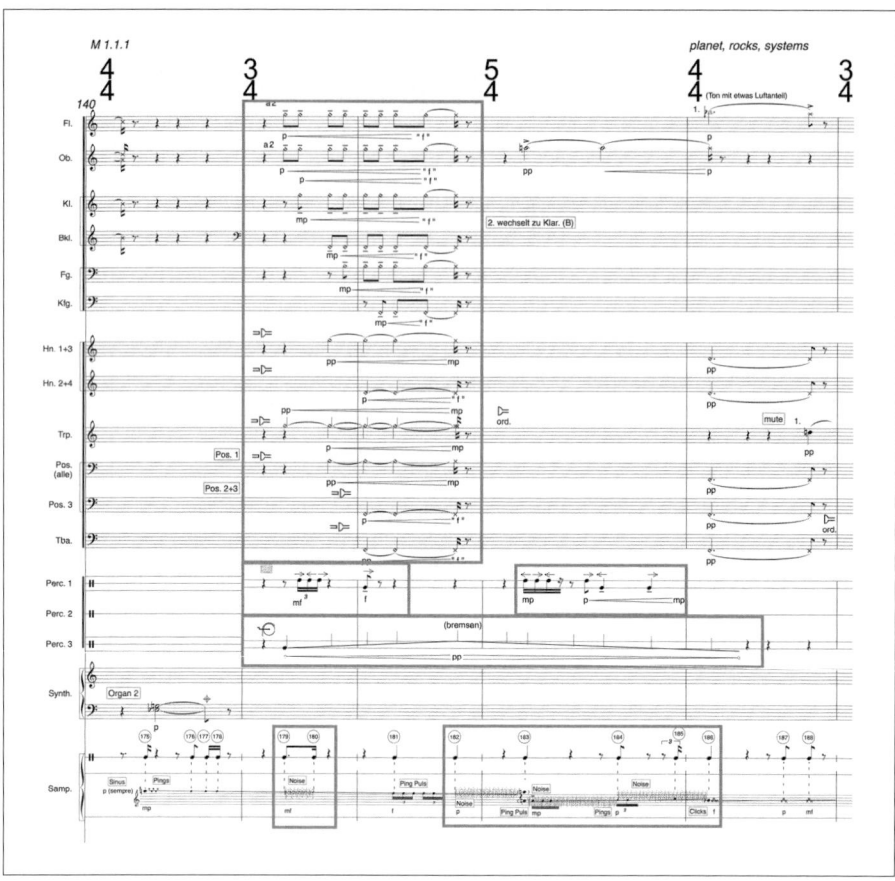

Sonisches Material B: Unterschiedlich erzeugte Rauschklänge, die im präzisen Rhythmus gegeneinander geschnitten sind, durchziehen als sonisches Feld diesen Partiturausschnitt (Abb. 2, oben). Die Klänge alternieren zwischen instrumentalen Atemgeräuschen, Rauschfarben im Schlagzeug und variierenden elektronischen Rauschklängen (white noise, pink noise, Fieldrecordings etc.).

Sonisches Material C: Der zitierte Anfangsklang aus Gustav Mahlers erster Symphonie erklingt in diesem Ausschnitt (Abb. 3, rechte Seite) gemeinsam mit einem Fieldrecording. Darauf sind Naturklänge zu hören, die auf der Karibischen Insel Martinique aufgenommen wurden.[12] Das Fieldrecording erklingt transponiert; die in ihm deutlich hörbaren Laute der Zikaden werden dadurch intervallisch auf das Mahler-Zitat abgestimmt. Zusätzlich erfolgen subtile Schnitte, kurze Unterbrechungen des sonischen Gemischs, die den Abschnitt rhythmisieren und zusätzlich artifiziell werden lassen.

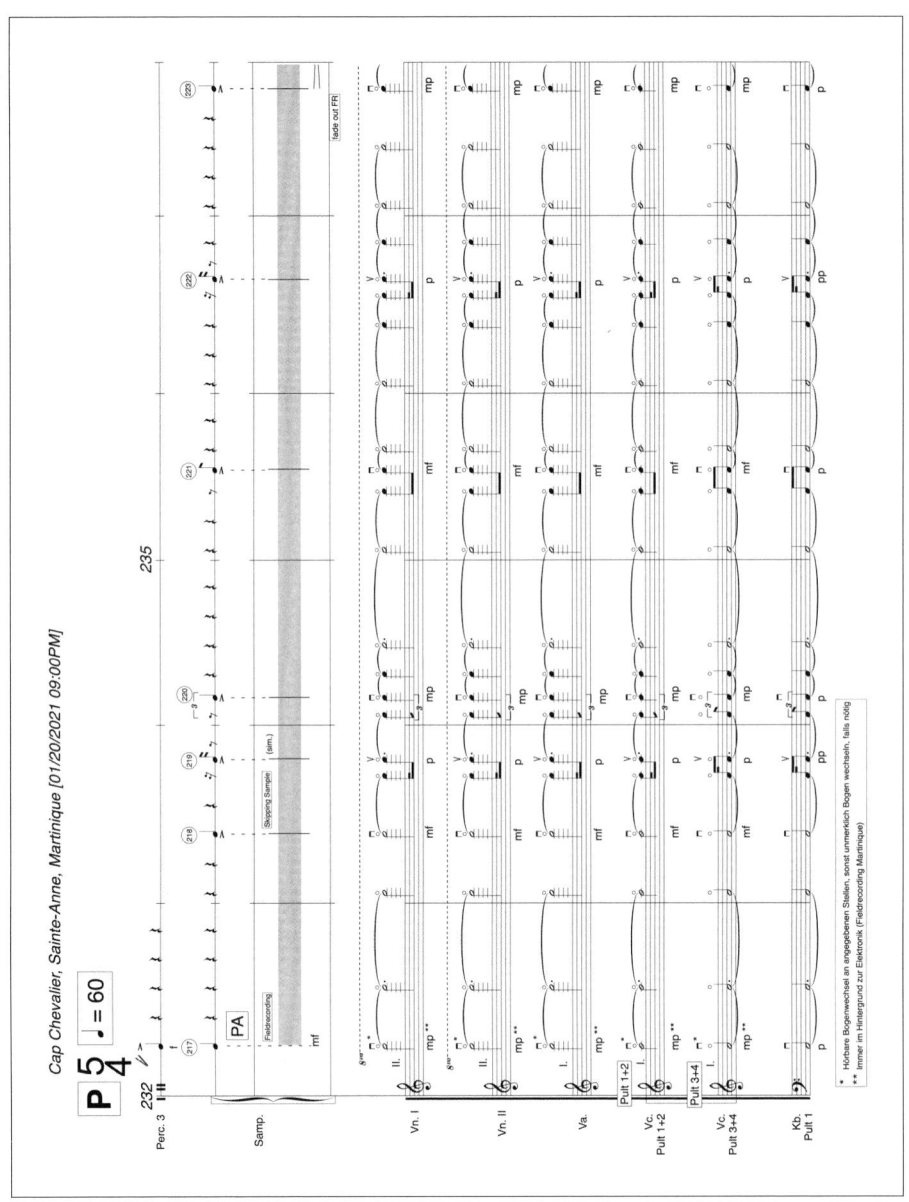

Abb. 2 (linke Seite): Mart*in Schüttler: *i wd leave leaf & dance* für Orchester und künstliche Spuren, Takte 140–144 (Ausschnitt)

Abb. 3 (oben): Mart*in Schüttler: *i wd leave leaf & dance* für Orchester und künstliche Spuren, Takte 232–237

© Mart*in Schüttler

6. Rhythm is a Dancer

Bereits am Beispiel des Tracks von JPEGMafia ist deutlich geworden, wie vor allem der Beat die Fluktuation unterschiedlicher sonischer Materialien musikalisch zusammenhält. Und auch in weiten Teilen von *i wd leave leaf & dance* ist es die Rhythmik als übergeordnete Instanz, mithilfe der ich die zersplitterte Vielheit sonischer Fragmente musikalisch koordiniere. Die wichtige Rolle des Rhythmischen war auch ein Grund für die Wahl des Titels meiner Komposition, der dem Gedichtband *Black + Blues*[13] des Karibischen Autors Kamau Brathwaite entliehen ist. Nicht nur findet darin das Tanzen explizit Erwähnung; die Gedichte Brathwaites sind insgesamt ausgesprochen rhythmisch gebaut. Verdichtete Fragmente der Karibischen Kreolsprachen bringt Brathwaite in ihnen zum Kreisen, zum Singen und Tanzen.

Für die Rhythmuskonstruktion meines Orchesterstücks habe ich eine größere Anzahl stereotyper Beat-Muster aus unterschiedlichen (pop-)musikalischen Genres verschränkt und überlagert. Das Resultat sind rhythmische Folien (siehe Abb. 4, rechts), die ihr ursprüngliches Beat-Material deutlich durchscheinen lassen, gleichzeitig aber unberechenbar klingen, stolpernd, zerbrochen. Diese Rhythmusfolien koordinieren die Vielheit der Klangereignisse (vgl. Abb. 5, rechte Seite). Sie starten oder stoppen Materialfelder, synchronisieren einzelne sonische Ereignisse oder bleiben als hörbare Beats fragmentarisch erhalten. Eine Ebene mit sonischen Varianten typischer Drumset-Sounds durchzieht die gesamte Komposition. Zusätzlich werden alle sonischen Ereignisse von einem darunter liegenden Intervall-Netz zusammengehalten, welches sich immer wieder zu harmonischen Inseln verdichtet.

7. Zum Beispiel das Ende

Abschließend möchte ich auf den letzten Satz von *i wd leave leaf & dance* eingehen. Am Ende der Komposition treffen sich zwei unterschiedliche historische Linien in einem gemeinsamen Material. In Takt 391 (siehe Abb. 6, S. 38/39) spielt das Orchester den ersten wirklichen Tutti-Akkord des gesamten Stücks. Der Akkord ist ein fast wörtliches Zitat aus Igor Strawinskys *Feuervogel-Suite* aus dem Jahr 1919. Es handelt sich um den Anfangsakkord aus dem „Danse infernale

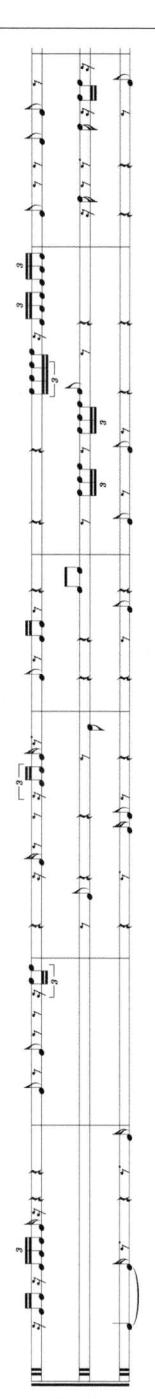

Abb. 4 (linke Seite): Dieser Ausschnitt einer Beat-Montage bildet die rhythmische Folie für die Takte 127–132.

Abb. 5 (oben): Mart*in Schüttler: *i wd leave leaf & dance* für Orchester und künstliche Spuren, Takte 127–132

Abb. 6 (Seite 38/39): Mart*in Schüttler: *i wd leave leaf & dance* für Orchester und künstliche Spuren, Takte 391–398

© Mart*in Schüttler

de tous les sujets de Kachtcheï". Durch diesen Zitat-Akkord verläuft noch eine andere, völlig abweichende musikgeschichtliche Entwicklungslinie: Im Jahr 1979 kam einer der weltweit ersten digitalen Sampler auf den Markt, der Fairlight CMI. Zusammen mit diesem Gerät wurde eine Sammlung gebrauchsfertiger Samples ausgeliefert. Darunter befand sich auch das sogenannte *ORCH5*-Sample, ein kurzer digitalisierter Ausschnitt mit exakt jenem Strawinsky-Ak-

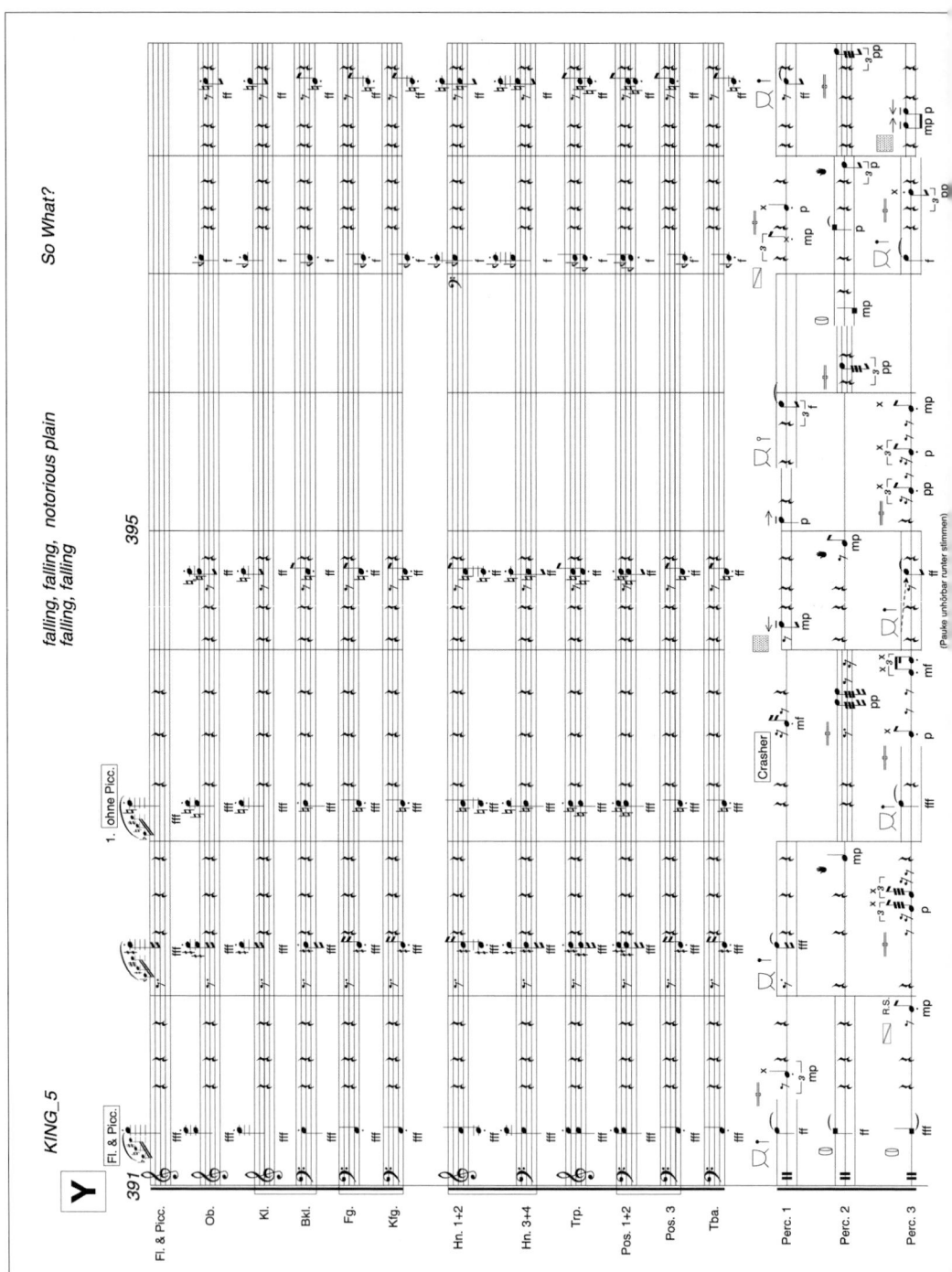

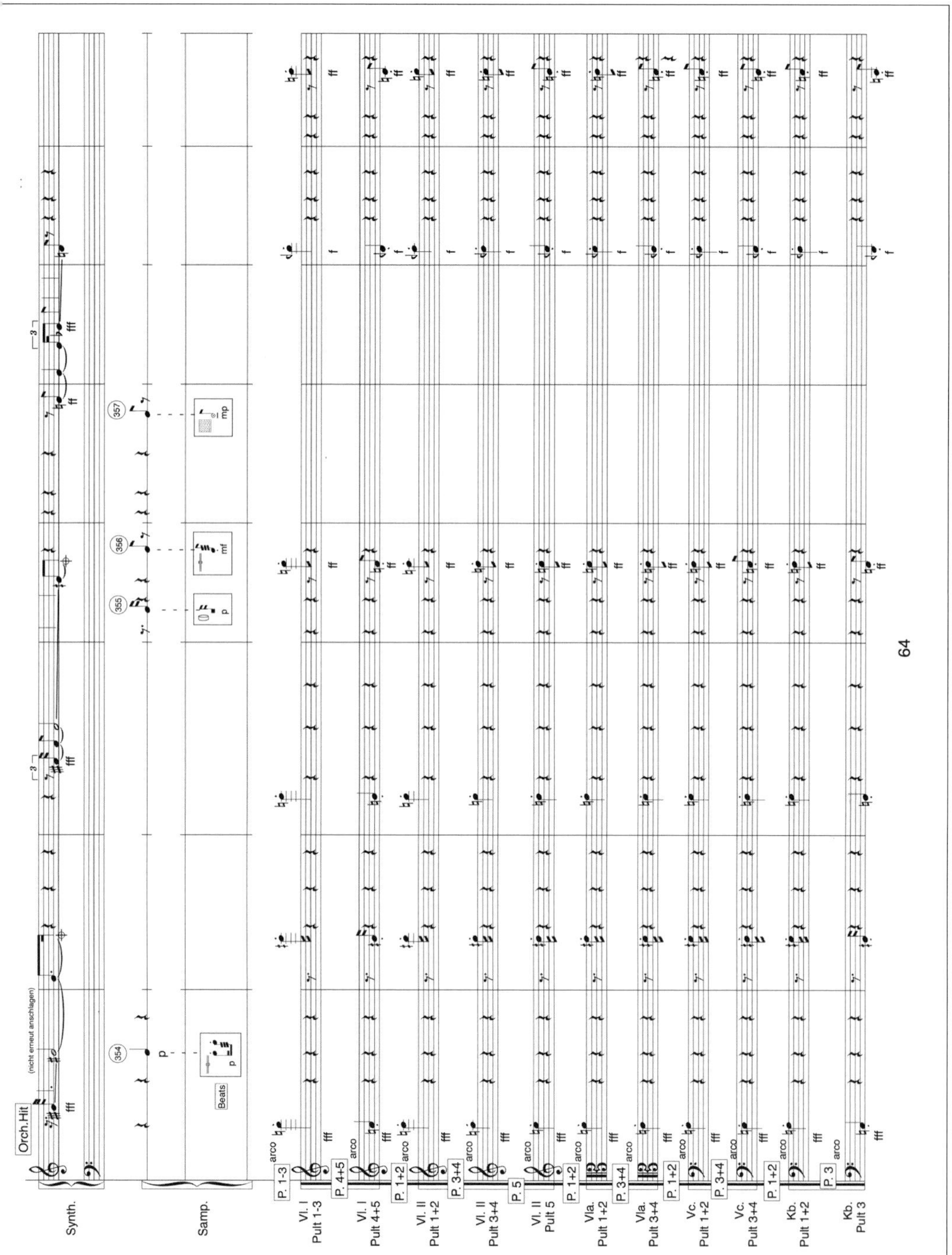
Synth.
Orch.Hit
(nicht erneut anschlagen)
Samp.
Beats
354
355
356
357
64
Vl. I Pult 1-3
P. 1-3
Vl. I Pult 4+5
P. 4+5
Vl. II Pult 1+2
P. 1+2
Vl. II Pult 3+4
P. 3+4
Vl. II Pult 5
P. 5
Vla. Pult 1+2
P. 1+2
Vla. Pult 3+4
P. 3+4
Vc. Pult 1+2
P. 1+2
Vc. Pult 3+4
P. 3+4
Kb. Pult 1+2
P. 1+2
Kb. Pult 3
P. 3
arco
fff
ff
f
p
mf
mp

kord von einer Aufnahme der *Feuervogel-Suite* mit dem Philharmonia Orchestra unter der Leitung von Josef Krips. Über erste Songs, die mit dem Fairlight CMI in der Jahren 1980–81 produziert wurden, gelangte dieses Orchester-Sample in Tracks früher Hip-Hop-Künstler:innen. Hier ist vor allem Afrika Bambaataa zu nennen, dessen Track *Planet Rock* aus dem Jahr 1982 inflationären Gebrauch von ORCH5 macht. In den folgenden Jahren taucht das Sample in Pop und Hip-Hop immer häufiger auf, unzählige berühmte Titel der 1980er Jahre verwenden es oder nehmen darauf Bezug. Die sonische Referenzspirale des ORCH5-Samples ist in Gang gesetzt und hält bis heute ungebrochen an.

Es bündelt sich also in einem einzelnen Akkord eine doppelte musikgeschichtliche Perspektive: die Tradition europäischer Orchestermusik und das Sonische der popmusikalischen Sampling-Praxis. Am Schluss meiner Komposition treffen sich beide Lesarten dieses Akkords. Immer im Wechsel erklingt der Akkord als Zitat: einmal vom Orchester live gespielt, einmal als Sample der Originalaufnahme mit dem Philharmonia Orchestra. Langsam sinken beide sonischen Varianten des Akkords herab, transponiert entlang einer gemeinsamen mikrointervallischen Skala. Damit nimmt die Kompositionstechnik Bezug auf das typische Transponieren von Samples mit dem Fairlight CSI oder mit ähnlichen nachfolgenden Geräten. Zusätzlich zersetze ich den vom Orchester live gespielten Strawinsky-Akkord nach und nach. Mit jedem Auftauchen reduziere ich die Instrumentation des Akkords von oben nach unten, indem die Instrumente im jeweils höchsten Register wegfallen. Am Ende hat sich die Besetzung des Akkords auf wenige, sehr tiefe Instrumente verengt, die durch die zeitgleich absteigende Skala schließlich bei ihren tiefsten spielbaren Tönen angekommen sind.

8. Anstoß

Über das Sonische wird im Kontext zeitgenössischer Komposition eher selten diskutiert, obwohl es in der alltäglichen Hörerfahrung der meisten Menschen eine zentrale Rolle einnimmt und ein gängiges akustisches Bezugssystem für alle Arten von Musik bildet. Fast könnte man sagen, das Sonische ist ein blinder Fleck der zeitgenössischen Musik. Dabei spielen sonische Aspekte auch in aktuellen Kompositionen zunehmend eine wichtige Rolle, wie sich anhand vieler Stücke der vergangenen Jahre belegen ließe. In (musik-)theoretischen Fachbeiträgen werden sie jedoch kaum beachtet. Die überwiegende Mehrheit der Publikationen zum Sonischen stammt aus der Popularmusikforschung. Wenngleich der vorliegende Text aus Sicht meiner kompositorischen Praxis geschrieben ist, so verstehe ich ihn doch auch als Anstoß, die theoretischen Aspekte des Themas weiter zu vertiefen. Wie bildet sich ein sonisches Hören und welche Eigenschaften kann es haben? Wie steht das Sonische in Beziehung zur klanglichen Praxis der zeitgenössischen Musik und ihrer Institutionen? Welche gesellschaftlich-politischen Implikationen hat die Verwendung oder Nicht-Verwendung von sonischen Techniken in diesem Umfeld?[14] Es fehlt nach meiner Auffassung an einer genaueren theoretischen Auseinandersetzung mit diesen und weiteren Fragen, genauso wie an geeigneten Analyse-Werkzeugen und an Bezügen zu verwandten theoretischen Debatten. Nach mehr als sechzig Jahren sonischer Praxis ist es dafür nicht zu früh.

[1] Siehe weiterführend Immanuel Brockhaus: *Kultsounds*, Bielefeld 2017, S. 67.
[2] Peter Wicke: „Das Sonische in der Musik", in: *PopScriptum* 10 (Berlin 2008), S. 15.
[3] Ebd., S. 1.
[4] Vgl. Brockhaus: *Kultsounds*, a. a. O., S. 127.
[5] Die Zahl 1488 steht für die *Fourteen Words* des US-Neonazis David Eden Lane und die Abkürzung „Heil Hitler", 8 = achter Buchstabe im Alphabet, 88 = HH= Heil Hitler; daneben kann es auch für 1 = Auf, 4 = Deutschland, 8 = Heil, 8 = Hitler stehen.
[6] Auf dem Album *Veteran* gehen viele Tracks nahtlos ineinander über. Bei der Untersuchung der Stimmbehandlung habe ich daher auch die direkt angrenzenden Passagen der benachbarten Titel mit einbezogen.
[7] Informationen über die (sonischen) Details bestimmter Songs oder Tracks werden häufig von den Fans der Band bzw. der Künstler:in recherchiert. Sie zirkulieren online in Fan-Foren, werden dort in Gruppen überprüft und diskutiert.
[8] In seinem Buch *Über Pop-Musik* (Köln 2014) analysiert Diedrich Diederichsen ausführlich verschiedene Aspekte des Sonischen, darunter auch die körperlichen und emotionalen Wirkungsweisen verschiedener Kategorien von Sounds.
[9] Der von mir eingeführte Begriff „Heterosonie" umreißt das im Text vorgestellte kompositorische Verfahren und ist vom Fachbegriff „Heterophonie" abgeleitet. Gemeint ist eine heterogene sonische Vielheit. Ein im Präfix „Hetero" gleichfalls anklingender Dualismus ist in diesem Fall nicht gemeint.
[10] Édouard Glissant: *Kultur und Identität. Ansätze zu einer Poetik der Vielheit*, Heidelberg 2005, S. 27.
[11] Ebd.
[12] Das Fieldrecording habe ich dem Webradio *radio aporee* entnommen: https://aporee.org (zuletzt aufgerufen am 2. September 2023).
[13] Kamau Brathwaite: *Black + Blues*, New York 1995.
[14] Kann eine Musik ohne absichtliche sonische Ausformung in einem Umfeld permanenter sonischer Referenzen überhaupt nicht-sonisch gehört werden? Oder entsteht eine sonische Nische des Nicht-Sonischen?

Rainer Nonnenmann

Renitenz und Resilienz

Zwischen Reibung und Gleichklang: Musik, Gesellschaft und Bernhard Ganders „Scorching Scherzo"

Das Adjektiv „rau" beschreibt primär haptisches Empfinden. Beispielsweise ertasten unsere Fingerkuppen den Widerstand von Schmirgelpapier. Dieses gibt es in groben oder feinen Körnungen und ist im Vergleich zu einem Felsmassiv eher glatt. Die Kalkschichten der Dolomiten wiederum bilden an manchen Stellen raue Abbrüche, andernorts glatte Flächen und Plateaus. Die Unterseite des Pfötchens einer Katze fühlt sich in die eine Richtung gestrichen glatt und in die andere widerborstig an. Der glatte Pferdeschwanz zeigt unter dem Mikroskop viele Zacken, die beim Ziehen der auf Geigenbögen gespannten Haare über die Violinsaiten diese in Schwingung versetzen. Die Winter sind rau, aber die Eisflächen glatt. Die sturmgepeitschte See war gestern rau und liegt heute spiegelglatt im Sonnenschein. Eben noch rau auf unserer Zunge, ist der Salmiaklakritz nun glatt gelutscht. Lange Rede, kurzer Sinn: Die Adjektive „rau" und „glatt" benennen keine absoluten Qualitäten, sondern in Raum und Zeit relative Größen. Darüber hinaus werden sie meist metaphorisch gebraucht, auch in Kunst und Musik, wo vom ästhetischen, kulturellen und historischen Zusammenhang sowie vom individuellen Erleben abhängt, was als rau, schroff, widerständig, neu, originell, innovativ und provokativ wahrgenommen wird – wie einst etwa die geräuschhaft erweiterten Spieltechniken der 1960er Jahre. Rauheit wird ästhetisch zumeist als kreative Reibung mit bestehenden Normen und Narrativen verstanden.

Künstlerische Innovationen waren oft gleichbedeutend mit Negationen des Bestehenden, bevor sie als positive Positionen in den Kulturbetrieb integriert wurden. Dabei wird Raues glattgeschliffen, verfügbar und bequem gemacht, ausgeblendet, geduldet oder durch repressive Toleranz neutralisiert. Heinz-Klaus Metzger nannte diesen Prozess bei verschiedenen Gelegenheiten „Negativitätsverlust".[1] „Raue Zeiten" haben offenbar auch „glatte Seiten". Renitenz und Resilienz scheinen zwei wechselseitig sich bedingende Verhaltensmuster zu sein. Und weil die Lebenswelt zumindest in den reichen Industrienationen immer „glatter" wird, wächst spätestens seit der Moderne die Sehnsucht nach dem Rauen als Korrektiv gegen das universal um sich greifende Glatte. Der folgende Text beleuchtet sozialpolitische, anthropologische, ökologische, kunstgeschichtliche und digitale Aspekte von Rauheit und Glätte. Am Beispiel von Bernhard Ganders *Scorching Scherzo* für Klavier und Orchester (2022) wird dann gefragt: Welche rauen und glatten Seiten hat dieses Stück? In welchem Verhältnis stehen hier Renitenz und Resilienz? Wie kann die Zeitkunst Musik die an Individuen und Gesellschaft rüttelnden „Rauen Zeiten" erfahrbar machen und zugleich Glättungsmechanismen offenlegen?

Aus rau mach glatt

Der metaphorische Ausdruck „Raue Zeiten" beschreibt die Empfindlichkeit gegenüber einer Umwelt, die als widrig, aggressiv, feindlich, belastend und stressig erlebt wird. Raue Umgangsformen herrschen in Politik, Finanzwelt, Wirtschaft, Arbeitsleben, Straßenverkehr, Schule, Sozial- und Kommunikationsverhalten. Zunehmender sozioökonomischer Druck verschärft Konkurrenz- und Leistungsdenken, Besitz- und Machtansprüche. Globale Probleme sind keine abstrakten Größen in weiter Ferne mehr, sondern tangieren unser tägliches Leben: Klimakrise, Artensterben, Welthunger, Migration, Pandemie, Energiewende, Inflation, Arbeitsbelastung, Zeitdruck, Antidemokratie, Diskriminierung, Radikalisierung, Fanatismus … Bestehende Konflikte werden durch Soziale Medien zusätzlich befeuert. Bei Dissens reagiert man sowohl mit Aggression nach außen als auch schützendem Rückzug in Communities, Safespaces und Bubbles nach innen. Ungefilterte Affektabfuhr durch Shitstorms nach außen korrespondiert mit konsensualistisch geglättetem Meinungsbild nach innen.

Den gesellschaftspolitischen Ausdruck „Raue Zeiten" kann man in Bezug auf Musik auch konkret temporal als „Rauheit von Zeit" begreifen. Statt eines homöostatisch gerundeten, linearen oder zyklisch geschlossenen Zeitverständnisses – klassische Bogenform, zielgerichtete Steigerung, Finaldramaturgie – handelt es sich um eine sprunghafte, diskontinuierliche, anti-teleologische, anti-kausalistische, atomisierte, mehrdimensionale und multiverselle Zeit.[2] Erfahrungen von Juxtapositionen, Verwerfungen, Disparatheit, Zersplitterung und Opazität prägen den Alltag der Mobilitäts- und Mediengesellschaft: Man hetzt hier- und dorthin, erledigt durch Multitasking mehrere Dinge gleichzeitig, zappt im Fernsehen, surft durch zahllose Webseiten, springt beim Streamen von Videos und Musik beliebig rein und raus, vor oder zurück, und lässt sich per Düsenjet in andere Kontinente, Tages- und Jahreszeiten katapultieren. Disruptive Zeiterfahrung ist in Alltag, Kunst, Kultur und Medien so verbreitet, dass sie schon nicht mehr als „rau" erlebt wird, sondern als normal und funktional, mithin als „glatt". In Filmen erleben wir schnelle Schnitte und Einstellungswechsel nicht als Störungen des Zeit- und Erzählflusses, sondern als Steigerung von Tempo, Energie, Spannung, Perspektivwechseln. Und in Popmusik werden künstlich gestaltete Rauheiten, Brüche, Verzerrungen, Clicks und Glitches nicht als Irritation, sondern als Reiz und Stilmerkmal wahrgenommen.

Abb. 1: Stanley Kubrick: *2001: Odyssee im Weltraum* (1968), Szenenausschnitt

© Metro-Goldwyn-Mayer 1968

Die Pole rau und glatt haben auch eine anthropologische Dimension. Das Glatte ist ein menschliches Urbedürfnis und weckt den archetypischen Reiz, es berühren oder gar ablutschen zu wollen. Stanley Kubrick zeigt diesen Urinstinkt in der ikonischen Anfangsszene seines Films *2001: Odyssee im Weltraum* (1968) anhand eines Primatenrudels, das bei Sonnenaufgang an seinem Lagerplatz plötzlich einen schwarzen Monolithen vorfindet, der in der rauen Steinwüste perfekt schwarz, rechtwinklig und glattgeschliffen aufragt (Abb. 1). Der Fremdkörper wirkt wie eine über Nacht eingebrochene extraterrestrische Erscheinung, göttliche Epiphanie oder ein prometheisches Zeichen des Wendepunkts vom Hominiden zum Menschen: Erst die Idee des Glatten macht den Affen zum Menschen. Nach anfänglicher Aufregung und Angst weckt der Kubus bei den Primaten die Neugier, sich zu nähern und die faszinierend glatte Oberfläche anzufassen. Dazu erklingt György Ligetis *Lux aeterna* für 16-stimmigen Chor a cappella (1966) als kongeniales musikalisches Pendant zur Glätte des Monolithen. Die Singstimmen gleiten durch möglichst weiches, sich wechselseitig überlappendes Ein- und Aussetzen aus dem anfänglichen Unisono nach und nach durch verschiedene harmonikale Dichtegrade vom Einklang bis zum Cluster. Bildlich und klanglich vollzieht sich der Akt der Menschwerdung nicht durch das den olympischen Göttern geraubte Feuer – das bei Ligeti im-

Abb. 2: Gian Lorenzo Bernini: *Apollo und Daphne* (1622–25), Ausschnitt

merhin noch auf christlicher Sparflamme glimmt –, sondern durch den Eintritt des sicht- und hörbar Glatten in die raue Natur.

Schon in der Antike faszinierten glattgeschliffene Statuen, in denen Götter, Halbgötter und Heroen verehrt wurden. Später kamen Spiegel und Porzellan hinzu, das in China seit dem 7. Jahrhundert bekannt war und im Europa des 18. Jahrhunderts als „Weißes Gold" regelrecht vergöttert wurde. Für Glätte sorgen heute vor allem Beton, Estrich, Kacheln, Glas, Stahl, Plastik und Kunststoffe aller Art. Paradigmatisch für die Überwindung rauen Naturmaterials durch kunstvolle Glätte sind die Skulpturen des Bildhauers Gian Lorenzo Bernini. Sein Figurenpaar *Apollo e Dafne* (1622–25) in der Galleria Borghese in Rom demonstriert klassizistische Schönheit in vollendeter Meisterschaft (Abb. 2). Die Plastik macht die Verwandlung rauer Natur – eines tonnenschweren Marmorblocks aus Carrara – in die Darstellung menschlicher Körper von makelloser Glätte nahezu vergessen, würden nicht feine Maserungen noch etwas vom steinernen Grundstoff verraten. Dagegen ist die jahrelange Arbeit mit Hammer, Meißel, Staub, Splittern, schwieligen Händen und verdreckter Lunge allenfalls noch zu erahnen. Das Kunstwerk thematisiert mit dem aus Ovids *Metamorphosen* stammenden Motiv das Verhältnis von Kunst und Natur. Es zeigt die Flucht Daphnes vor dem liebestollen Apollo, dem sich die Nymphe durch (Rück-) Verwandlung in eben jene Natur zu entziehen sucht, der sie als Fabelwesen ohnehin bereits verbunden ist. Die Flucht vor dem Gott der Musen bedeutet eine Abwendung von der auf Hochglanz polierten Kunst des klassizistischen Ideals, das Bernini zugleich paradigmatisch prägt. Doch Daphne bleibt der Kunst gleich doppelt verbunden: zum einen in Berninis Skulptur und den kunstvoll geformten Zweigen des Lorbeerbaums, der sich bekanntlich durch besonders glatte Rinde und Blätter auszeichnet; zum anderen als Lorbeerkranz, den sich Apollo aus Schmerz über die nicht erwiderte Liebe flicht und aufs Haupt setzt und dadurch zum Symbol der Krönung höchsten Vermögens in den apollinischen Künsten macht. Später wurde der Lorbeerkranz freilich zu einem allgemeinen Siegeszeichen generalisiert, das auch Feldherren, Sportler, Wissenschaftler, Ingenieure oder Wirtschaftsunternehmer erhielten oder sich gleich selbst aufsetzten.

Das Glatte hat auch eine ökologische Dimension. Seit jeher hat sich die Menschheit die Natur nutzbar gemacht und den eigenen Bedürfnissen angepasst. Dabei wurde Raues durch Glattes ersetzt. Inmitten der rauen Natur war die Glattheit von Stein, Metall, Glas und Porzellan eine Zivilisationsleistung ersten Grades und die Voraussetzung zur Eroberung von Natur, Ländern, Menschen, Bodenschätzen. Denn dem Glatten korrespondiert das Gleiten, Fahren, Rollen, später Fliegen, das über Länder und Meere hinweg den Transport von Rohstoffen, Waren und Menschen erlaubt.[3] Schon die Römer planierten Schneisen für ein das Imperium durchziehendes Straßennetz. Und auch heute sollen Straßen- und Bahnverkehr möglichst schnell und reibungslos verlaufen. Dazu gibt es allein in Deutschland über 13 000 Kilometer Autobahnen, 38 000 Kilometer Bundesstraßen, 87 000 Kilometer Landesstraßen und ungezählte weitere Kreis- und Kommunalstraßen. Im Zuge der „Flurbereinigungen" seit den 1950er Jahren wurden Felder, Wiesen, Weiden, Weinberge um all das bereinigt, was einst Landschaft mit Fluren, Hecken, Hainen, Teichen, Auen, Felsen war, um leergeräumte Agrarwüsten in industriellem Maßstab möglichst effektiv und gewinnbringend bewirtschaften zu können. Bäche wurden zu Kanälen und Flüsse zu begradigten Wasserstraßen. Allerorten wird unvermindert planiert, betoniert, asphaltiert, versiegelt für Verkehrswege, Städte, Gewerbe- und Neubaugebiete, Stell- und Sportplätze: „Es scheint, dass das Glatte ein Produkt der Städte und Stadtkulturen ist, denn schon die frühesten Stadtarchitekturen in Mesopotamien, Ägypten oder China zeigen eine Vorliebe für polierte, glatte Flächen und die dafür notwendige strenge Geometrie."[4] Der Zweckrationalismus, mit dem sich Menschen die Natur nutzbar machen und anpassen, hat die Lebensbedingungen auf dem Planeten einschneidend verändert und entfaltet im neuen Erdzeitalter des Anthropozän ein ökozidales Potenzial. Die von Menschen geschaffene Technosphäre überzieht den Planeten mittlerweile nahezu lückenlos. Bereits 2016 wurde die weltweit produzierte und verbaute Masse auf dreißig Billionen Tonnen geschätzt, mehr als das Lebendgewicht der gesamten terrestrischen Biosphäre aller Wälder, Algen, Bakterien, Pflanzen, Lebewesen.[5]

Die digitale Ästhetik des Glatten

Die meisten Menschen leben heute in einer von Menschen für Menschen gestalteten Umwelt. Diese ist in den reichen Industrienationen glatt, sauber, geordnet, hygienisch, gut gefedert, klimatisiert und vernetzt. Daraus entsteht eine reziproke Wirkung: „Es geht um einen im Wortsinn fatalen, einen schicksalsbildenden Zirkel: Menschen schaffen sich in den Städten einen Lebensraum, aber auch ein Ausdrucksfeld mit Tausenden von Facetten, doch rückläufig schafft diese Stadtgestalt am sozialen Charakter der Bewohner mit."[6] Ebenso wirken die digitalen Medien auf das menschliche Wahrnehmen und Handeln, und zwar so stark, dass die postdigitale Medien- und Kulturwissenschaft bereits vom „Verschwinden des Körpers" und der Entstehung neuartiger Verschmelzungen von Mensch und Technologie bis hin zu „Cyborgs", „Postkörpern" und „Postmedien" spricht.[7] Digitale Endgeräte haben perfekt glatte Oberflächen. Und auf Monitoren, Touchpads, Tablets und Smartphones herrscht Planimetrie. Dreidimensionale Dinge werden hier zu zweidimensionalen Abbildungen editiert und reduziert, die ausschließlich dem Sehen und Hören zugänglich sind statt anderen Sinnen. Die Erscheinungsweise des Digitalen ist zweidimensional, selbst wenn virtuelle Räume und Körper simuliert werden. Die haptische Erfahrung von Rauheit setzt jedoch Dreidimensionalität voraus. Weil sich der Umgang mit digitalen Endgeräten auf Sprechen, Tippen und Wischen beschränkt, diagnostizierte Byung-Chul Han beim Homo digitalis eine „Atrophie der Hände", ein Verkümmern des Aktionsradius und Tastsinns der Hände durch deren Befreiung von der Schwere und Widerständigkeit der Materie zugunsten frei flottierender Datensätze: „Der neue Mensch fingert, statt zu handeln."[8] Die haptische Glätte der Geräte und Bilder setzt sich in der Einebnung digitaler Verhaltens- und Darstellungsweisen fort. Denn auf *YouTube, Facebook, Instagram* und *TikTok* geht es neben dem Sehen vor allem um das Gesehen-Werden in tendenziell entindividualisierten Selbstinszenierungen nach zielgruppenspezifisch vorgegebenen Gesten, Gesichtsausdrücken, Redeweisen. Das Smartphone konfektioniert die Kommunikation und Selbstdarstellung:

> „Es fördert die Kurzfristigkeit und Kurzsichtigkeit und blendet das Lange und das Langsame aus. Das lückenlose Gefällt-mir erzeugt einen Raum der Positivität. […] Das Smartphone wie das Digitale überhaupt schwächt die Fähigkeit, mit der Negativität umzugehen."[9]

In *Die Errettung der Schönheit* erklärt Byung-Chul Han:
> „Das Glatte ist die Signatur der Gegenwart. […] Es verkörpert nämlich die heutige *Positivgesellschaft*. Das Glatte verletzt nicht. Von ihm geht auch kein Widerstand aus. Es heischt Like. Der glatte Gegenstand tilgt sein *Gegen*. Jede Negativität wird beseitigt. […] Sharing und Like stellen

ein kommunikatives Glättmittel dar. Negativitäten werden eliminiert, weil sie Hindernisse für die beschleunigte Kommunikation darstellen."[10]

Definitorisch ähnelt die Ästhetik des Glatten im Digitalzeitalter der vorklassischen sensualistischen Ästhetik von Edmund Burke. Der britische Denker bestimmte Mitte des 18. Jahrhunderts Glätte als eine der Schönheit wesenhafte Eigenschaft und Wirkungsmacht:

„Die nächste Eigentümlichkeit, die an schönen Objekten ständig beobachtet werden kann, ist Glätte – eine Qualität, die der Schönheit so wesentlich ist, daß ich mich keines schönen Dinges erinnere, das nicht glatt wäre. […] Denn in der Tat widersprechen jede Rauheit, jeder plötzliche Vorsprung und jeder scharfe Winkel der Idee der Schönheit im höchsten Grade."[11]

Als Beispiel nennt Burke glatte Bäume, Blumen, Abhänge, Wasserläufe, Vogelgefieder, Tierpelze, verschiedene Arten von Zierrat und die glatte Haut einer hübschen Frau. Antiklassizistische Schönheitsideale würden demnach das Gegenteil von Glätte favorisieren, das Raue, Kantige, Eckige, Schroffe, Verschraubte, Verwinkelte. Zweieinhalb Jahrhunderte später exemplifiziert Byung-Chul Han die digitale Ästhetik der Glätte anhand dreier paradigmatischer Erscheinungen: dem Design von Smartphones mit spiegelnden Displays, den seit 1995 in verschiedenen Größen, Farben und Serien aus Glas gefertigten *Balloon Dogs* von Jeff Koons, sowie dem bei Frauen wie Männern verbreiteten Waxing zum Entfernen von Körperbehaarung, während man sich zugleich – nach dem Motto länger, glatter und deswegen „schöner" – künstliche Wimpern und Fingernägel aufsetzen lässt. Nachdem der Mensch seine Lebenswelt geglättet hat, macht er nun den eigenen Körper noch glatter, als dieser von Natur aus ohnehin schon ist. Die feministische Zoologin, Biologiehistorikerin und Philosophin Donna Haraway sprach in ihrem *Manifesto for Cyborgs: Science, Technology, and Socialist Feminism in the 1980's* (1985) von einer „Denaturalisierung" der Natur und des menschlichen Körpers im Kontext einer machtbeladenen „Technoscience" – einem Komplex aus technologischen, militärischen, wissenschaftlichen und ökonomischen Praktiken – sowie einer Verschmelzung von Maschine und Mensch bzw. Kybernetik und Organismus.[12] Diese Perspektive des Cyborgs ist bei ihr indes nicht einseitig dystopisch gemeint, sondern ausdrücklich positiv konnotiert, weil sie in der Überwindung scheinbar naturgegebener Dualismen und Essentialismen von Gender, Race und Class das Potenzial für deren Dekonstruktion und damit ein neues freiheitliches, gesellschaftliches Zusammenleben sieht. Genomik, Bionik, Implantatik und Prothetik wollen naturgegebene Unzulänglichkeiten des menschlichen Erbguts und Körpers beheben bzw. die begrenzten Fähigkeiten des Menschen optimieren oder am besten gleich zu transhumanen Möglichkeiten weiterentwickeln.

Die von Han diagnostizierte Glätte der digitalen Positivgesellschaft korrespondiert mit zunehmender Ambiguitätsintoleranz und einem Verlust an Mehrdeutigkeit, Komplexität, Pluralität, Vielfalt und Indifferenz in allen Bereichen des kapitalistischen Verwertungskreislaufs von Informationen, Gütern, Kunst und Kultur.[13] Alles Ungewöhnliche, Andere, Abseitige und Diverse wird durch kommerzielle Interessen von Medien, Internetkonzernen und Suchmaschinen verstellt. Das erhöht zugleich den künstlerischen, sozialen und ökonomischen Druck zu Distinktion und Profilierung sowie das Bedürfnis nach Individualisierung und Selbstinszenierung, mithin nach Rauheit gegenüber der sämtliche Lebensbereiche universal überziehenden Glätte. Denn im Zeitalter von Big Data sind alle Suchenden und Beobachtenden immer auch Gefundene und Beobachtete, da Algorithmen jede Bewegung im Internet erkennen, speichern, auswerten und als hochpersonalisierte Feedback-Schleife auf das Such- und Streamingverhalten zurücklenken. Statt frei in unendlichen Räumen bewegt man sich gemäß den Algorithmen der Informatiker und wird in Filterblasen verpuppt, die erneut finden lassen, was man schon einmal gesucht und gefunden hat. Demnächst werden KI, Chat-GPT und andere Apps den Menschen für alle Lebenslagen in Abhängigkeit von Stimmung, Tageszeit, Blutdruck, Hautwiderstand, Gehirntätigkeit, Herz- und Atemfrequenz individuell zugeschnittene Musik generieren. Dann hat sich Homo digitalis vollends in die perfekte Glätte eines Kokons eingesponnen.

Kontextwechsel Bernhard Gander

Im zeitgenössischen Musikschaffen fällt Bernhard Ganders Erscheinung auf. Seinen glattrasierten Schädel krönt ein Irokesenschopf, seine Arme sind großflächig tätowiert, und die von ihm bis vor einigen Jahren getragenen T-Shirts sind mit Totenköpfen, Zombies oder Namen von Bands aus den Bereichen Black- und Death-Metal, Grindcore und Hardcore Punk wie „Napalm Death" bedruckt. Das Outfit des 1969 in Lienz (Tirol) geborenen Komponisten impliziert Rauheit und Querständigkeit gegenüber gesellschaftlichen Konventionen (Abb. 3a und 3b, Seite 51). Doch Tätowierungen sind längst kein rebellisches Signet mehr von Outlaws, Knastbrüdern, Matrosen, Malochern, Punks, Rockern, Linksautonomen oder Rechtsradikalen. Vielmehr handelt es sich um modische Bestandteile von Körperkult und Lifestyle, die nicht in bestimmter Weise sozial oder politisch konnotiert sind. Zudem ist die Wirkung von Ganders Outfit kontextabhängig: In der neuen Musik gilt er als ungewöhnlich und rau, in der Metal-Szene fällt er dagegen überhaupt nicht auf, sondern wirkt geradezu szenetypisch, konventionell, glatt. Auch seine demonstrativ maskulinen Posen und grimmige Mimik sind vieldeutig, da sich nicht unterscheiden lässt, ob es sich um den authentischen Ausdruck einer Lebensart oder um Inszenierung handelt. Tatsächlich ist ihm die auf seinen Fotos zur Schau gestellte Aggressivität fremd und distanziert er sich ausdrücklich von Zuschreibungen, die er und seine Musik aufgrund seines Outfits erfahren:

> „Weil auch jede Nicht-Inszenierung in der Öffentlichkeit eine Art von Inszenierung ist, mag ich es, zu posen und damit eine kleine Geschichte zu erzählen. Ich werde ja komischerweise öfter als Reveluzzer gegen das normale Konzertleben dargestellt. Mein Äußeres schreit offenbar danach, mich zum Rebell zu machen. Aber es ist absolut das Gegenteil: Ich bin kein Rebell gegen Traditionen, ich will eher gegen das zwanghafte Rebellieren rebellieren. Ich liebe das klassische Abokonzert, will um halb acht in ein Konzert gehen, auf einem warmen, bequemen Stuhl sitzen, zuhören, und um halb zehn wieder heimgehen. Ich finde es auch super, dass mein ‚Evil Elves: Leven Eleven' im gleichen Konzert [des Gürzenich-Orchesters in der Kölner Philharmonie am 7. Mai 2023] mit Bruckners sechster Symphonie uraufgeführt wird: zwei österreichische Romantiker im selben Programm! […] Früher bin ich zur Verbeugung mit Metal-T-Shirts auf die Bühne gegangen, was nichts mit Rebellion zu tun hatte, sondern ich hatte einfach keinen Anzug und mich nicht wohl darin gefühlt. Jetzt liebe ich gute Stoffe, kaufe mir gerne Anzüge und finde es feierlich, so etwas zu tragen. Und ich arbeite von Montag bis Freitag wie ein Postbeamter von sechs Uhr morgens bis Mittag und dann am Nachmittag von zwei bis fünf Uhr. Danach verlasse ich mein Studio und gehe nach Hause zu meiner Familie, wo nichts daran erinnert, dass ich Komponist bin. Dann habe ich Freizeit und vergessen, dass ich Komponist bin."[14]

Ungewöhnlich an Ganders Musik ist gleichwohl der Einfluss von Heavy und Death Metal. Das Genre genießt ein anti-bürgerliches Image: Schreien statt Singen, Lautstärke statt Klangschönheit, Härte statt Gefühl, Körperlichkeit statt Differenzierung, Rauheit statt Glätte. Zugleich ist Metal in verschiedenen Spielarten ein profitabler Markenartikel im globalen Musikbusiness. Die jugendliche Renitenz gegen die angepasste Lebenswelt des Bürgertums ist längst auch für Erwachsene zu einem probaten Mittel geworden, sich die Außenwelt durch lautstarkes Überdröhnen vom Leibe zu halten. Die Titelseite von Ganders Homepage zeigt im Vordergrund einen Totenkopf, eingeschlossenen in eine rostige Eisenmaske mit Metallbügeln und Nieten vor den leeren Augenhöhlen. Dahinter öffnet sich eine lebensfeindliche Wüste mit aufgerissener Erde, verbranntem Gras, schroffem Felsgebirge und den düsteren Rauchschwaden eines Infernos am Horizont: Ende der Welt, Tod der Menschheit, postapokalyptische Szenerie. Und der Namenszug des Komponisten ist von Kratzern und Schründen überzogen, als sei er durch die Wüste geschleift worden und ebenso rau wie diese Dystopie.

Ganders Biografie zeigt indes einen durchaus sujetkonformen Werdegang: Nach katholischem Internat und Matura folgte ein Studium von Klavier, Ton-

Abb. 3a und 3b: Bernhard Gander, Porträtfoto und Homepage, www.bernhardgander.at

satz und Dirigieren am Tiroler Landeskonservatorium Innsbruck, Komposition bei Beat Furrer in Graz sowie elektroakustischer Musik am Studio UPIC Paris und am Schweizerischen Zentrum für Computermusik Zürich. Unauffällig erscheinen auch seine Kompositionen für Orchester, Ensemble, Kammermusik, Instrumentalsolisten, Vokalisten, Chor und sein Musiktheaterwerk *Das Leben am Rande der Milchstraße – eine Sitcom-Oper in sieben Folgen* (2013/14). Bemerkenswert sind jedoch manche Besetzungen, die für Reibung zwischen den sonst strikt getrennten Szenen von neuer Musik und Metal sorgen, sowie einige Stücktitel, die in der neuen Musik untypisch, aber im Metal geradezu klischeehaft sind: *lovely monster* für Orchester (2009), *Dirty Angel* für Flügelhorn, Akkordeon und Orchester (2010), *2bad* für Gambe und E-Gitarre (2012), *Melting Pot* für Rapper, DJ, Slam-Poet, Beat-Boxer, Breakdancer, Video und Orchester (2012), *Take Death* für zwanzig Instrumente und DJ (2013), *darkness awaits us* für Sopran und Gambe (2013), *Cold Cadaver with Thirteen Scary Scars* für E-Bass, Schlagzeug, Hammondorgel und Ensemble (2015/16), *Totenwacht* für gemischten Chor a cappella (2016), *Blood Beat* für Orchester (2016), *Maximal Funeral* für zwei Naturtrompeten und Kammerorchester (2018/19), *Evil Elves: Level Eleven* für Saxofonquartett und Orchester (2020).

Genre(un)typische Distortion

Ganders *Scorching Scherzo* für Klavier und Orchester (2022) wurde beim Stuttgarter Festival ECLAT 2023 von Joonas Ahonen und dem SWR-Sinfonieorchester unter Leitung von Titus Engel uraufgeführt. Der Programmzettel führte das Stück infolge eines Kommunikationsfehlers unter dem traditionellen Gattungstitel „Konzert für Klavier und Orchester". Während die Besetzung tatsächlich einem Klavierkonzert entspricht, verweist der englische Werktitel auf den Satztypus Scherzo. Der Zusatz „Scorching" bedeutet so viel wie „glühend" oder „versengend". Ganders *Scorching Scherzo* ist also entweder selbst glühend oder wirkt versengend auf Mitwirkende, Publikum, Gattung oder Musik. Mit einer Dauer von einer knappen halben Stunde sprengt es den üblichen Rahmen eines Symphonie-Mittelsatzes, und auch der Beginn im 4/4-Takt stimmt nicht mit der üblichen Metrik des Satztyps überein. Dazu passender sind dagegen das hohe Tempo Viertel = 140, die rhythmische Dominanz, metrische Ambivalenz, dynamische Kraft sowie die latente Dreizeitigkeit der wuchtigen Bassoktavwechsel des solistisch beginnenden Klaviers, die sich jedoch schnell in übergebundene Achtel, eingeschobene Viertel und diverse Verkettungen auflösen. Das Hämmern und Stampfen erinnert sowohl an den Einsatz des Tasteninstruments als Perkussionsinstrument beim frühen Béla Bartók und Igor Strawinsky als auch an Ganders Vorliebe für Death Metal, mit der er schon im Orchesterwerk *hukl* (2011) die explodierende Wut des grünen Muskelprotzes Hulk aus den Marvel-Comics beschwor.

Bevor die irregulär zuckende Rhythmik des Klaviers zur erwartbaren Regel wird, markieren ab Takt 9 die Pauken kontrastierend das gattungstypische 3/4-Metrum mit obligaten Akzenten auf Zählzeit eins, so dass sich die ständig wechselnden Beats und Offbeats des Klaviers als raue Zählzeiten abheben (Abb. 4). Zugrunde liegt der Passage eine Folge von 31 Tönen mit Wiederholungen in rhythmischen Varianten, deren zehntaktives Schema nach neun Dreivierteltakten in einem Viervierteltakt mit dem 31. Ton schließt. Die anfangs identische Viertönigkeit von Pauken und Klavier läuft allerdings querständig auseinander, weil das Klavier dieselbe Tonfolge synkopiert und in doppeltem Tempo spielt, so dass schneller neue Töne hinzukommen. Aufgrund der wachsenden tonalen Varianz sind die vier Pedalpauken immer häufiger umzustimmen. Synchron zum Klavier treten in Takt 19 vier Kontrabässe und ab Takt 29 vier Celli hinzu. Das instrumentale Crescendo geht einher mit gesteigerter Kraftanstrengung der energischen Bogenstriche der Bässe auf den tiefsten Saiten im Forte und raschem Tempo. Die in allen Instrumenten zunächst gleiche Tonfolge verhält sich auch hier gegenläufig zur Rhythmik der Pauken. Nach kurzem Ruhepunkt in Takt 76 kommen mit unverminderter Energetik immer mehr Bassinstrumente hinzu. Kontrabässe, Kontrafagott, Bassposaune und Tuba spielen weiter unisono, dagegen verselbstständigen sich die Intervallketten im Klavier. Schließlich kommen Bassklarinette, Kontrabassklarinette, Fagott und Posaunen hinzu. Bei synchroner Rhythmik, forcierter Geschwindigkeit und Dynamik verzweigt sich die Einstimmigkeit zu immer mehr Tonhöhen und auch Vierteltönen. Die clusterartige Aufspaltung wirkt weder harmonisch noch polyphon, sondern primär

Abb. 4: Bernhard Gander: *Scorching Scherzo* für Klavier und Orchester (2022), Takte 19–25

© Edition Peters

farblich als Schärfung des basslastigen Klangs. Wie im Metal geht es Gander um genretypische Distortion, Dunkelheit und Rauheit des Sounds und die Betonung des Körperlichen beim Hervorbringen und Erleben von Musik:

„Ich will gar nicht direkt an Metal anknüpfen, einen Brückenschlag dazu machen oder Symphonik und Metal vermischen. Aber ich habe tausende Stücke von Metal gehört und auch analysiert, warum die gut sind und wie deren Sprache funktioniert. Deswegen klingen viele Gesten und Rhythmen meiner Musik einfach danach. Wichtig für mich sind die drei Kategorien: Basslines, Riffs und eine Melodie darüber. Hinzu kommt der Klang, etwa der Streicher, die nicht ‚schön' spielen, sondern kraftvoll zugreifen sollen, als würden sie E-Gitarre spielen. […] Ich arbeite meist ganz systematisch. Bei manchen Stücken mache ich erst den Rhythmus, dann kommen die Harmonik und später die Melodik dazu. Und immer geht es mir um Proportionen. Form ist für mich einfach eine Strategie gegen Langeweile."

Ganders Stück zeigt zu Anfang eine Ähnlichkeit mit Louis Andriessens *Workers Union* for any loud-sounding group of instruments (1975). Dort spielt eine beliebige Auswahl an Instrumenten durchweg dieselbe Tonfolge im vieloktavigen Unisono, um die geballte Einheit der internationalen Arbeiterklasse zu demonstrieren. Auch Ganders Einstimmigkeit entfaltet solche Kraft und stellt die Instrumentalistinnen und Instrumentalisten vor sehr unterschiedliche Anforderungen. Während man auf dem Klavier die Melodie mit der linken Hand spielt, muss man mit der Bassposaune rasend schnell ziehen und unentwegt blasen, so dass kaum Zeit zum Luftholen bleibt. Die identische Tonfolge lässt so die Unterschiede der instrumentalen Spielweisen und jeweiligen Anstrengungen hervortreten. Wie bei Andriessen tritt auch bei Ganders langen Unisono-Passagen die spezifische Haptik, Körperlichkeit, Ausdrucksweise und Farbe der

Abb. 5: Bernhard Gander: *Scorching Scherzo* für Klavier und Orchester (2022), Takte 110–113

© Edition Peters

Klangerzeugung als konkret materiale und humane Rauheit hervor. Roland Barthes nannte solche individuellen Färbungen von Sprech- und Singstimmen durch Körper, Gesundheit, Herkunft, Alter, Geschlecht und Kultur die „Rauheit der Stimme".[15] Nicolaus A. Huber sprach von einer „einmalig-individuellen ‚Menschen-Klangfarbe' ",[16] die Klängen durch die Bewegungsabläufe und Anstrengungen ihrer Hervorbringung aufmoduliert wird. Ebenso lässt Gander aus den phänotypischen Texturen der Unisoni die genotypischen Eigenheiten der verschiedenen Instrumente und Spielpraktiken heraustreten.

Ab Takt 105 verdoppelt der Pianist oder die Pianistin die Anschlagsdichte mit Sechzehntel-Läufen und chromatischen Clustern. Erstmalig setzt sich die Solostimme damit eigenständig vom Orchester ab (Abb. 5), das nun samt Hörnern, Violinen und Bratschen die diastematisch identische Folge chromatisch und vierteltönig versetzt mit erhöhter klanglicher Rauheit spielt. Ab Takt 123 komplettieren die übrigen Holzblasinstrumente und Trompeten das Tutti. Nach

Abb. 6: Bernhard Gander: *Scorching Scherzo* für Klavier und Orchester (2022), Takte 255–298

© Edition Peters

einer überraschenden Generalpause in Takt 141 stampft die geballte Masse mit rhythmisierten Clustern in gesteigertem Tempo Viertel = 170 umso kraftvoller, als gelte es – wie in Rockmusik oder Strawinkys *Le sacre du printemps* – an die kultischen Urkräfte von Musik aus Bewegung, Tanz und Ritus anzuknüpfen. Die Cluster verschlingen die singulären Stimmen wie ein schwarzes Loch, einschließlich des synchron mit den Tuttischlägen spielenden Klaviers. Erst nach und nach befreien sich Solo und andere Instrumente aus dem uniformierten Kollektiv. Trompeten und Violinen gewinnen melodische Eigenständigkeit und weitere Stimmgruppen setzen sich blockweise gegeneinander ab. Eine formale Zäsur markiert Takt 194 mit den in höchster Lage *des^4* verglühenden Streichern. Das Soloklavier spielt unbeeindruckt weiter Ton- und Akkordketten, so dass es nach dem aussetzenden Orchester plötzlich mit einer Solokadenz hervortritt, in der sich Arpeggien der linken und rechten Hand überlappend immer höher bis ans Ende der Tastatur hinaufschrauben.

In Takt 221 setzt das Orchester ebenso plötzlich wieder ein, wie es zuvor abbrach. Während das Soloklavier nun erstmalig länger pausiert, greifen die Bläser die vorherigen Liegetöne auf und setzen die Streicher den Sechzehntel-Puls des Klaviers als Septimen-Pendel fort. Dazu intonieren Hörner und Trompeten in hoher Lage *fortissimo* mit Röhrenglocken eine Art Cantus firmus. Doch statt etwas zu verkünden, wiederholt dieser „Choral" bloß dreimal vier absteigende Töne. Schließlich überlassen die Streicher wieder dem Klavier das Feld für eine zweite Solokadenz. Wie die erste beginnt auch diese mit sich überlappenden Arpeggien, die kurz von absinkenden Streicherklängen unterbrochen werden (Abb. 6, Seite 55). In Takt 269 spielt das Klavier im Extremtempo Viertel = 320 hin und her blitzende Quarten, Quinten, Sexten und Septimen in 3/8-Kombinationen, die tonale Dreiklänge anklingen lassen und wieder in dissonante Querstände entgleiten. Durch Erweiterungen und Phrasierungsänderungen verdichten sich die Ketten schließlich in Takt 277 zu einem Zitat der ersten 24 Takte des „Agitato"-Abschnitts von Fréderic Chopins *Scherzo* op. 20 No. 1 h-Moll. An dessen gehetztes „Presto con fuoco" 3/4 = 120 (Viertel = 360) kommt Ganders Tempo nicht ganz heran. Der Komponist bekennt, als Klavierstudent keinen Zugang zu Chopin gehabt zu haben, weil er dessen Musik für „oberflächliches virtuoses Gedudel" hielt. Erst Aufnahmen von Martha Argerich und Ivo Pogorelich hätten ihn eines anderen belehrt:

> „Chopin ist nicht bloß dumme Virtuosität, sondern für mich ein Vorreiter der Granular-Synthese, denn es geht ihm nicht um den einzelnen Ton, sondern um Klangwolken, die er mit einer unglaublichen Technik erzeugt. Ich wollte herauskriegen, wie er das macht und warum das so toll klingt. Dazu habe ich mir einige Stellen aus diesem Scherzo herausgeschrieben und in einzelne Figuren, Intervalle, Spitzen- und Basstöne zerlegt. Als ich schließlich drei Minuten an Auszügen gemacht hatte, ergaben diese beim Spielen eine gute Form. Und das wurde dann die Kadenz meines Klavierkonzerts, wo ich hier und da noch Figuren und Töne hinzugefügt habe, um die Tonalität zu verlassen. Wie bei vielen meiner Stücke wollte ich zuerst gar nichts zitieren, sondern hat sich das Zitieren einfach ergeben. Ursprünglich wollte ich das Stück ‚Asking Fréderic' nennen, aber das kam mir dann zu pädagogisch vor."

Während die linke Hand von Pianist oder Pianistin die modulierenden 3/8-Ketten Chopins fortsetzt, entfernt sich die rechte Hand davon und kehrt erst ab Takt 351 zu einem zweiten Zitat desselben Stücks zurück. Die Solokadenz rotiert im engen Kreis minimalistischer Elemente und verfällt unvermutet – ähnlich den plötzlichen Einbrüchen von Lethargie in Chopins Scherzo – in Schockstarre, was den Charakter des Sprunghaften und Launigen unterstreicht und die obsessive Motorik zu leicht stotterndem Spieluhrengeklingel macht. Inmitten des mahlstromartig wühlenden Orchesters wirkt die Solokadenz als tonale Enklave und zugleich selbst mechanisch und hohl.

Selbstbefragung

Bei der Uraufführung im Stuttgarter Theaterhaus machte Joonas Ahonen die Solokadenz zum Kippmoment des Stücks. Zur Sequenz chromatisch absteigender Septimen ab Takt 426 hob er plötzlich den Kopf und blickte provokant ins Publikum, ohne dass dies in der Partitur vorgeschrieben oder mit dem Komponisten abgesprochen gewesen wäre. Das Publikum erlebte die Aktion dennoch als integralen Bestandteil der Aufführung. Der finnische Pianist erklärte dazu:

> „Mein Blick ins Publikum wollte sagen: ‚Schauen Sie, was hier los ist! Das ist ja deppert! Etwas so einfaches wie diese Folge von Septimen ist cool, witzig und auch ein bisschen doof.' Hätte ich diese Stelle nur gespielt, hätte das Publikum gedacht, ich nehme die Stelle völlig ernst. Die Idee, ins Publikum zu sehen, hatte ich gleich beim ersten Durchlesen der Stimme, aber erst im Konzert habe ich die Entscheidung getroffen, es auch wirklich zu tun. Wenn die Möglichkeit besteht, Kontakt mit dem Publikum zu nehmen, dann gefällt mir das. Denn sonst schaut man als Pianist im Konzert immer nur an die rechte Bühnenwand."[17]

Die eigenwillige Aktion des Pianisten ironisierte indes nicht nur die simplen Septimenketten, sondern bedeutete einen ähnlich einschneidenden Tabubruch, wie wenn im Kino eine Filmfigur direkt in die Kamera bzw. von der Leinwand in den Saal blickt. Die Realitätsebene des Films wird so durchbrochen und desillusioniert, weil das Medium plötzlich sein eigenes Gezeigt- und Gesehen-Werden offenbart. Ebenso störte Ahonens Blick ins Publikum die stillschweigende Übereinkunft, es ginge um Klavierspiel und das Hören von Musik. Seine Zuwendung zum Auditorium war gleichbedeutend mit einer Abwendung von der rein musikalischen Kommunikation. Denn so wie der Blick von der Kinoleinwand den Film aus sich selbst heraustreten lässt, ruhte auch Ganders Stück plötzlich nicht mehr in sich, sondern bewegte sich auf der Metaebene einer distanzierten Beobachtung der Aufführungspraktiken und Rollenverteilungen der Konzertsituation. Die musikalische Kommunikation verlor ihren Selbstzweck und entlarvte anhand der Septimenketten exemplarisch eben jenen rasenden Stillstand allen Pulsierens, Pochens, Stampfens und Hämmerns dieses hyperaktiven Klavierkonzerts.

Ganders Stück ist motorisch und wirkt doch nicht vitalistisch, ekstatisch, expressiv, mitreißend. Die Tonfolgen und Repetitionen entfalten synchron oder versetzt keinen wirklichen Groove oder Swing. Vielmehr folgen sie starren Taktungen und einer eher ausdruckslosen maschinellen Präzision. *Scorching Scherzo* verbrennt massenhaft Töne und menschliche Arbeitskraft. Der Solist oder die Solistin arbeitet pausenlos wie am Fließband mit mehreren hundert Anschlägen pro Minute und zehntausenden während der gesamten Akkordschicht. Im Räderwerk des vollbeschäftigten Orchesterapparats erscheint der klavierspielen-

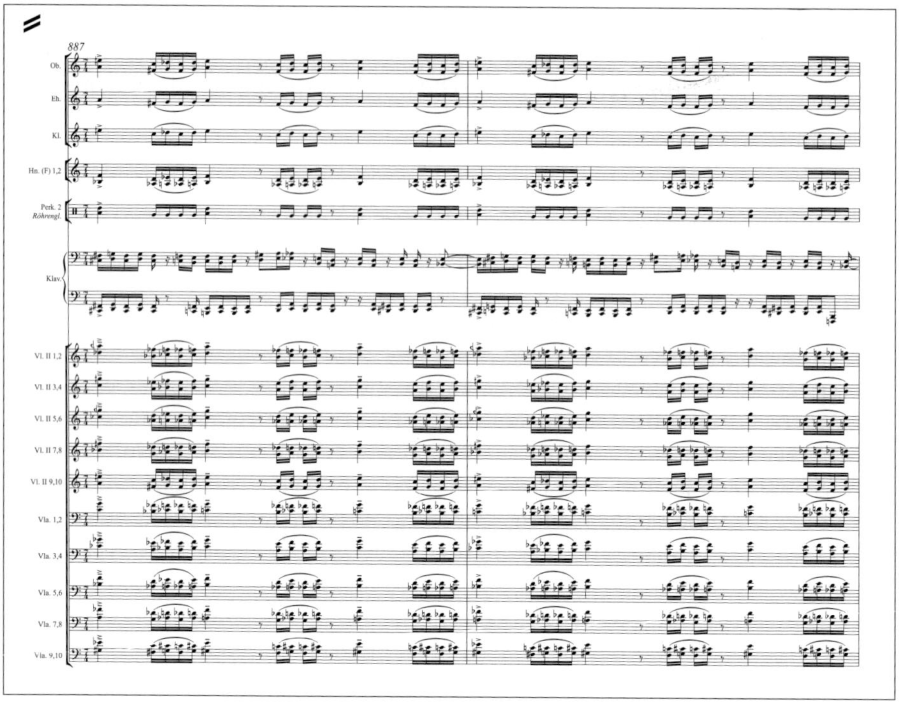

Abb. 7: Bernhard Gander: *Scorching Scherzo* für Klavier und Orchester (2022), Takte 887–888
© Edition Peters

de Mensch wie der einzelne Arbeiter in Charlie Chaplins Stummfilmklassiker *Modern Times* (1933–36) zwischen den rotierenden Zahnrädern der Riesenmaschine. Und wie in Chopins Scherzo kommt es zwischen der Betriebsamkeit plötzlich zu Erstarrungen wie bei einer manisch-depressiven Störung mit schlagartig einbrechender Melancholie.

Einem Legato-Abschnitt der Streicher folgt in Takt 543 eine variierte Reprise mit leicht erhöhtem Tempo Viertel = 160. Wie zu Anfang spielen Pauken und Kontrabässe dieselbe Tonfolge, während das Soloklavier erst nach rhythmischen Repetitionen chromatisch versetzter Tritoni wieder die stampfenden Bass-Oktavanschläge und Cluster des Anfangs aufgreift. Nach und nach treten auch jetzt wieder weitere Orchesterinstrumente unisono hinzu, die dann rhythmisch und tonal eigenständiger werden. So entsteht erneut eine mahlstromartig kreisende Tutti-Motorik, deren Tonfolgen, Repetitionen und Skalen auf einer ununterbrochen fortlaufenden Viertel- bzw. Achtelpulsation basieren. Die oberflächliche Rauheit der musikalischen Zeit ruht letztlich auf einem kontinuierlichen, glatten Grund. Diese Textur bleibt fast dreihundert Takte lang konstant

Abb. 8: Bernhard Gander: *Scorching Scherzo* für Klavier und Orchester (2022), Takte 1037–1040

© Edition Peters

und wirkt dadurch auch formal glättend. Erst gegen Ende des Abschnitts schrauben sich Skalen immer höher, bis das Tutti mit einem schreienden Liegeton abreißt und die chromatisch absteigenden Kontrabässe eine Zäsur bilden. Der finale Abschnitt beginnt in Takt 832 in langsameren Vierteln = 80 mit jeweils drei Mal aufsteigenden Quarten der tiefen Bläser, als handle es sich um die Karikatur eines Karnevals-Tuschs. Bis zum Schluss geht es dann im erhöhten Tempo Viertel = 120 abermals mehr um Quantität als um Qualität. Im Soloklavier dominieren ab Takt 863 permanente 16tel-Wechselnoten und -Intervallketten, schließlich Akkord- und Cluster-Repetitionen. Während vierzig Großtakten 7/4 und 8/4 sind hier pro Takt etwa achtzig Töne anzuschlagen. (Abb. 7)

Ab Takt 907 überlagern Soloklavier und Violinen schnelle Ketten von Quarten, Quinten und Sexten zu impressionistisch glitzernden Dur-Moll-Flächen. Die Klangwellen stammen aus Chopins dramatischem Scherzo op. 39 No. 3 cis-Moll mit dem gleichen Extremtempo „Presto con fuoco" wie das h-Moll-Scherzo. Gander zitiert daraus den wie eine Phantasmagorie nach Des-Dur gerückten Mittelteil „meno mosso". Die ab- und aufsteigenden Klangwellen wirken im Kontext seines Klavierkonzerts wie eine surreale Idylle, die jedoch dissonant eingetrübt und in die tiefen Streicher versetzt wird, bis sie in den dumpf grollenden Kontrabässen versiegt. Im Schlussabschnitt ab Takt 992 spielt das Soloklavier im Tempo Viertel = 240 ohne Unterlass wie besessen auf- und absteigende Quarten sowie kurze Intervallketten im höchsten Diskant. Wie zu Anfang gegenüber den Pauken kommt es jetzt zu Verschiebungen mit obligaten Pizzikati des ersten Violinpults. Ab Takt 1034 erklingen nur noch Akkord- und Intervall-Repetitionen am oberen Ende der Klaviatur (Abb. 8). In der rechten Hand sind es Töne von zweimal zwei Vierteln und einmal drei Vierteln durch zwei Viertel- und eine Achtelpause getrennt. Das insgesamt neuneinhalb Viertel umfassende Schema verschiebt sich dadurch taktweise gegenüber dem 9/4-

59

Metrum um eine Achtel, als würde die rechte Hand nach halbstündiger Überbeanspruchung lahmen. Die linke Hand wiederholt Septimen von drei, ein, zwei und nochmal ein Viertel Dauer jeweils durch Achtelpausen abgesetzt. Die insgesamt neun Viertel umfassenden Anschläge stimmen folglich mit dem 9/4-Metrum überein, so dass es zwischen beiden Händen zu temporalen Rauheiten kommt.

Denkt man Faktur und Werktitel von Ganders *Scorching Scherzo* zusammen, so brennt dieses Konzert dem Klavier die Aura als Seelen- und Ausdrucksinstrument der Klassik und Romantik aus. Die Musik erscheint ähnlich glühend und versengt wie die postapokalyptische Szenerie auf Ganders Homepage. Auch das von Bartók und Strawinsky im Hammerklavier entdeckte Schlaginstrument erscheint am Ende bloß noch mit mechanischen Repetitionen in klirrender Höchstlage. Die Hände am Soloklavier zucken rhythmisch präzise wie eine elektrische Gliederpuppe und kommen erst zur Ruhe, wenn im letzten Takt mit leise ploppendem Streicher-Pizzikato der Stecker gezogen wird. Rau zeigt sich das Stück in klanglicher, rhythmischer und metaphorischer Hinsicht. Zugleich hat es glatte Kehrseiten. Die rhythmischen Versetzungen basieren auf kontinuierlichen Pulsationen und etablieren wie die klanglichen Schroffheiten eine Norm, die schnell erwartbar wird. Renitenz in Permanenz verliert ihren aufrüttelnden Impuls und wird zum bloßen Resilienztraining, das die bestehenden Verhältnisse vielmehr stützt statt sie zu verändern, weil es die Rauheiten des Alltags- und Berufslebens mit umso größerer Widerstands- und Leistungskraft aushalten hilft. Das macht auch die – vom Komponisten selbst nicht intendierten – gesellschaftspolitischen Implikationen der Faktur von Ganders Klavierkonzert ambivalent. Denn das akute Überstrapazieren von Orchester und Solistin oder Solist korrespondiert industriellen Fertigungsprozessen, Produktivitäts- und Effizienzsteigerungen im Hyperkapitalismus. Kritik daran erfolgt allenfalls durch Affirmation der maximalistischen Forderungen nach mehr, länger, höher, weiter, schneller und nicht durch Subversion oder Gegenentwurf. Schließlich ist diese 1040 Takte umfassende Partitur kaum denkbar ohne das Kopieren, Ausschneiden, Einfügen, Versetzen, Vervielfachen und Transponieren mittels digitalem Notenschreibprogramm, das zwangsläufig die Machart und interpretatorischen Herausforderungen bestimmt. In all dem offenbart Bernhard Ganders *Scorching Scherzo* die komplexe Ambivalenz von Rauheit und Glätte, Renitenz und Resilienz.

---

[1] Heinz-Klaus Metzger: „Wir sind eine verschwundene Minderheit", in: *Neue Zürcher Zeitung* vom 3. Februar 2002, www.nzz.ch/article7XS18-ld.194195 (letzter Zugriff am 1.3.2024).

[2] Vgl. Christian Utz: Artikel „Zeit", in: Jörn Peter Hiekel / Christian Utz (Hg.): *Lexikon Neue Musik*, Stuttgart / Kassel 2016, S. 610–620.

[3] Vgl. Johannes Schöllhorn: *Karte, Uhr und Partitur. Variationen und Volten über Eroberung und ihre Begleitmusik*, Köln 2022, S. 260.

[4] Ebd., S. 255.
[5] Vgl. Joachim Müller-Jung, „Übergewicht in der ‚Technosphäre'", *Frankfurter Allgemeine Zeitung* vom 11.12.2016, www.faz.net/aktuell/wissen/erde-klima/die-technosphaere-der-erde-14560715.html (letzter Zugriff am 1.3.2024).
[6] Alexander Mitscherlich: *Die Unwirtlichkeit unserer Städte* (1965), Frankfurt am Main 1996, S. 9.
[7] Vgl. Donna Haraway: „Ein Manifest für Cyborgs: Feminismus im Streit mit den Technowissenschaften" (1985), in dies.: *Die Neuerfindung der Natur. Primaten, Cyborgs und Frauen*, hg. von Carmen Hammer und Immanuel Stieß, Frankfurt am Main 1995, S. 33–72; und Franziska Wotzinger: *Körper und Medium im Spiegel Sozialer Netzwerke*, Bamberg 2020.
[8] Vgl. Byung-Chul Han: *Im Schwarm. Ansichten des Digitalen*, Berlin 2013, S. 46 f.
[9] Ebd., S. 35.
[10] Byung-Chul Han: *Die Errettung des Schönen*, Frankfurt am Main 2015, S. 9 f.
[11] Edmund Burke: *Philosophische Untersuchungen über den Ursprung unserer Ideen vom Erhabenen und Schönen* (1757), Hamburg 1980, S. 154.
[12] Haraway: „Ein Manifest für Cyborgs", a. a. O., S. 48 f., und dies.: „Wir sind mittendrin" – Ein Interview mit Donna Harraway, in dies.: *Die Neuerfindung der Natur.*, a. a. O., S. 105.
[13] Vgl. Thomas Bauer: *Die Vereindeutigung der Welt. Über den Verlust an Mehrdeutigkeit und Vielfalt*, Ditzingen 2019, S. 36 f.
[14] Wie diese Äußerung stammen auch alle folgenden nicht nachgewiesenen Zitate des Komponisten aus einem Gespräch mit Bernhard Gander, das im Rahmen eines Seminars des Autors an der Hochschule für Musik und Tanz Köln am 4. Mai 2023 stattfand.
[15] Roland Barthes: „Die Rauheit der Stimme" (1972), in: ders.: *Der entgegenkommende und der stumpfe Sinn – Kritische Essays III*, aus dem Französischen von Dieter Hornig, Frankfurt am Main 1990, S. 269–278.
[16] Nicolaus A. Huber: „Politische Musik – Rhythmuskomposition: Entstehung und Technik" (1983/87), in: Josef Häusler (Hg.): *Durchleuchtungen. Texte zur Musik 1964–1999*, Wiesbaden 2000, S. 224.
[17] Joonas Ahonen in einer E-mail an Martina Seeber und von dieser an den Autor am 17. April 2023.

Martin Kaltenecker

Schön, hässlich, erhaben, kitschig, cute und zany
Ein „aggiornamento" nach Sianne Ngai

„Unsere ästhetischen Kategorien" – so betitelt die Literaturwissenschaftlerin Sianne Ngai ein 2012 veröffentlichtes Buch, in dem sie diese auf drei Adjektive zurückführt: Was uns gefalle, sei *zany*, die komische Inszenierung einer verrückten, vergeblichen Arbeit, *cute*, also süß, rührend, niedlich, oder *interesting*.[1] Ngai wählt überwiegend Beispiele aus der Literatur und der bildenden Kunst, die ich im Folgenden mit Anwendungen auf die Neue Musik ergänzen möchte.[2] Zudem sollen die drei genannten Kategorien aber auch in eine Konstellation eingefügt werden, die das Erhabene, das Schöne, das Hässliche und das Kitschige einschließt, da Letztere nicht verschwunden sind und sich auch zum Teil in Ngais Ausführungen oder Beispielen wiederfinden. Das „Raue" kann dabei unter die Begriffe des Interessanten, des Hässlichen oder des Erhabenen fallen.

Eine Konstellation bilden die genannten Kategorien, weil sie sich anziehen und manchmal überlappen (so der Kitsch und das *cute*), aber auch weil sie, im Sinne von Theodor W. Adorno, keine komplette ästhetische „Theorie" liefern, sondern nur ein Set von wichtigen Kategorien, die einen großen Teil, wenngleich auch nicht das Ganze, der zeitgenössischen musikalischen Produktion erhellen können.[3]

Hinzugefügt sei, dass diese ästhetischen Kategorien zugleich – im Sinne von Paul Valéry oder Gernot Böhme – „aisthetische" sind, d. h. sinnliche Eindrücke und Empfindungen direkt oder qua Einfühlung hervorrufen: Ich verspüre indirekt den mir bekannten Effekt einer glatten oder rauen Oberfläche, selbst wenn ich sie nicht direkt berühre, wie auch angesichts der schwindelerregenden und „erhabenen" Darstellung oder Abbildung oder Tonaufnahme eines Wasserfalls.[4]

1. Elemente der Konstellation im 18. Jahrhundert

1.1 Erhaben

Ich beginne mit dem Erhabenen, so wie Edmund Burke es in seiner berühmten, 1757 veröffentlichten Untersuchung tut. Die paradoxe Wirkung des Erhabenen ist „a sort of delightful horror, a sort of tranquillity tinged with terror".[5] Das Erhabene ruft das stärkste Gefühl, dessen wir fähig sind, hervor, weil es „Schmerz" erzeugt[6] und uns erstarren lässt. Ein Ochse wäre demnach schön, weil er friedlich ist; erhaben ist der Stier, der mich angreifen könnte und bedroht. Nebeneffekte („inferior effects") seien Bewunderung und Respekt, hervorgerufen von Objekten wie dem Ozean, der Dunkelheit (auch dunkel ausgedrückter Dichtung), Stätten und Zuständen des Entzugs (Leere, Dunkelheit, Ödnis, Wüste, Stille, usw.) und allem, was extrem ist – starkes und plötzliches Licht, sehr große Gegenstände, Unendliches, extreme Lautheit, Schreie, auch äußerst leise und diskontinuierliche Klänge.[7]

Für Moses Mendelssohn, der 1758 Burkes Traktat zusammenfasst,[8] ist das Erhabene das „Sinnlichunermeßliche".[9] Unsere Sinne nehmen „keinen Gang, keine Ordnung wahr", oder auch kein absehbares Ende, wie angesichts eines Säulengangs oder beim Wahrnehmen von Repetitionen: „Die monotonische Wiederholung eines einzigen Lauts, nach gleichen Zwischenzeiten, ist in der Tonkunst von gleicher Wirkung, und wird dazu gebraucht, das Ehrerbietige, das Fürchterliche, das Schauervolle auszudrücken." Auch das Abgebrochene, Fragmentarische[11] ruft die „zusammengesetzte" Empfindung des Erhabenen hervor, also ein „angenehmes Schauern."[12] Das Erhabene kann entweder im Gegenstand selbst oder in der Art und Weise, wie ein:e Künstler:in einen Gegenstand behandelt, liegen.[13]

Kant fügt 1764 weitere Motive zu dieser Thematik hinzu. Das Erhabene ist zusammen mit dem Ekel und dem Lächerlichen einer der Gegensätze des Schönen,[14] aber „ohne Begleitung des Schönen kann es nicht lange genossen werden".[15] Es gäbe demnach keine durchgehend erhabene Musik, sondern nur erhabene Wirkungen; das Erhabene hat etwas Aufflackerndes, plötzlich Zupackendes und wieder Abbrechendes (so wie der C-Dur-Akkord auf „Und es ward Licht" in Joseph Haydns *Schöpfung*), aber schafft keine erhabene Form; es ermangelt ihm die in sich ruhende, abgeschlossene Kontinuität des schönen Objekts (etwa einer Arie, eines Rondos oder eines Sonatensatzes). Kant untersucht zudem in seiner vorkritischen Schrift die Beziehung zu den vier Temperamenten, den Nationalcharakteren und den Geschlechtern; wie auch bei Burke ist das Schöne weiblich konnotiert, das Erhabene männlich.[16] In der *Kritik der Urteilskraft* wird das Erhabene dann in die Kategorien der drei Kritiken eingefügt: Es ruft eine Allianz der Einbildungskraft mit den Vernunftideen hervor (während das Schöne ein Spiel der Einbildungskraft mit den Verstandesbegriffen erzeugt), also jenen der Freiheit, des Todes oder Gottes – das Erhabene, das mich zu zerstören droht, hält mir meine Winzigkeit, Nichtigkeit und Begrenzung vor Augen, die von dem wieder erstarkten Subjekt auch überwunden werden können.

1.2 Schön

Das Schöne wird seit jeher mit Werten wie Ordnung, Proportion, Symmetrie und Ausgewogenheit verbunden und auch mit Schein, Ausstrahlung und Licht assoziiert. Für Thomas von Aquin zum Beispiel musste das schöne Objekt drei Qualitäten aufweisen: *integritas* (es darf nicht unvollständig oder abgebrochen sein), *proportio* und *claritas*, also einen hellen Glanz verbreiten.[17] Für Burke ist die Wirkung des Schönen nicht Erschrecken, sondern Liebe,[18] eine (intensive) Anziehung, die der Melancholie näherkommt als einer (extrovertierten) Fröhlichkeit.[19] Das Schöne ist entspannend, „relaxing", man wird weicher, man „schmilzt vor Wohlsein".[20] Aber das Schöne hängt nun nicht mehr von harmonischen Proportionen ab (wie es ja unregelmäßige Formen im Pflanzenreich sowie Tier- und Menschenkörper beweisen, die uns gefallen), auch nicht von *fitness*, also Tauglichkeit oder Zweckmäßigkeit,[21] und auch nicht von Perfektion.[22] Burke zufolge ist die wichtigste Eigenschaft des Schönen die „smoothness",[23] wie sie sich an glatter Haut oder polierten Oberflächen zeigt. Schön sind weiterhin kleine und delikate Objekte sowie milde Farben, etwa zartgrün und rosa. Schön ist mithin all das, was wir heutzutage eher *hübsch* nennen würden und das sich auch bei Objekten wiederfindet, die wir als kitschig, *cute* oder gestylt bezeichnen. Was die Klänge betrifft, so fordert Burke, dass sie sanft und kontinuierlich sein sollen, so wie wenn der Wind über eine glatte Oberfläche streift, oder ruhig oszillierend.[24] Eine schöne Musik soll abrupte Übergänge vermeiden.[25]

1.3 Interessant

Zunehmend wird am Ende des 18. Jahrhunderts Schönheit und Perfektion mit dem assoziiert, was in der Moderne unterging. Friedrich Schlegel listet in dem Aufsatz *Über das Studium der griechischen Poesie* (1792) alles auf, was im Gegensatz zur Welt der griechischen Antike die Neuzeit kennzeichnet.[26] Die zersetzende Kraft ist die Subjektivität: Einerseits ist das Genie ein „isolierter Egoist",[27] andererseits ist „allen Barbaren […] die Schönheit an sich selbst nicht gut genug",[28] und die Barbaren der Neuzeit, also „das feinere Publikum", verlangen von dem Künstler „nichts als eine interessante Individualität",[29] eine „charakteristische" Poesie.[30] Der/die Künstler:in muss zu stärkeren Mitteln greifen, um die Aufmerksamkeit auf sich zu ziehen; das geordnete Gespräch zwischen gleich und gleich, zwischen Autor:in und Leser:in oder Komponierenden und Hörenden – dessen Modell man bei Lawrence Sterne oder Haydn findet[31] – wird zu dem, was Georg Friedrich Wilhelm Hegel wenig später abwertend eine „Unterhaltung" nennen sollte, bei der der Künstler seinem Gegenüber mit Effekten schmeichelt.[32] Schlegel beschreibt die so entstehende Überbietung als „ein Chaos alles Erhabenen, Schönen und Reizenden".[33] In der modernen Poesie herrsche ein „totale[s] Übergewicht des Charakteristischen, Individuellen und Interessanten, das rastlose Streben nach dem Neuen, Piquanten und Frappanten",[34] welche „Steigerungsformen" des Interessanten sind.[35] Das Ideal der *integritas* wird aufgegeben, die moderne Poesie ist eine Folge von Anfängen[36] und kann nicht recht schließen: Das Interessante „hat keinen Endpunkt".[37] Der/die Dichter:in sucht nach immer stärkeren Effekten und treibt uns dazu, andauernd ein Maximum zu begehren.[38] Zugleich nimmt die Reflexivität die Oberhand; der/die Künstler:in beobachtet sich selbst, wird (wie Friedrich Schiller es ausgedrückt hätte) „sentimental" und lässt der „dekomponierende[n] und auflösende[n] Wirkung des Verstandes" freien Lauf.[39] So gesellt sich zum romantischen Gedicht „eine leise Persiflage".[40]

Alles in allem, schließt Schlegel, „ist noch immer das Interessante der eigentliche Maßstab des ästhetischen Werts".[41] Seine Diagnose, die in manchem die Punkte vorausnimmt, die Hegel aufzählt, wenn er die Auflösung der romantischen Kunst beschreibt,[42] liefert zugleich eine Genealogie des Hässlichen in der Kunst: Schlegel bedauert explizit, dass es „nicht einmal einen namhaften Versuch einer Theorie des Hässlichen gibt".[43]

1.4 Hässlich

Die Darstellung des Hässlichen – der Sünde, des Leids, der Höllenqualen, usw. – hat eine lange Tradition, die jedoch vor der Kontrastfolie des Schönen gesehen werden muss. Das Hässliche, wie Herbert Dieckmann es formuliert, „erscheint erst nachdem die Definition des Schönen zum Problem geworden ist".[44] Zunehmend beschäftigen sich Autoren wie Mendelssohn oder Schiller in der zweiten Hälfte des 18. Jahrhunderts mit der seltsam gemischten, also zum Teil angenehmen Empfindung, die das Hässliche oder moralisch Verwerfliche in uns hervorruft. Diderot bewundert die „Großartigkeit" der Pläne, die ein böser Mensch schmiedet, und seine „Bejahung des Hässlichen" lässt sich zum Beispiel aus seinen Kommentaren zu dem Bild *Die Scholle* (1728) von Jean Siméon Chardin herauslesen.[45] Auch Schlegel versucht in weiteren Texten, das Hässliche (die „unangenehme Erscheinung des Schlechten"[46]) genauer zu analysieren, und er stellt dazu vier Kriterien der „Inkorrektheit" auf: Mangel an Vollkommenheit, Verletzung der technischen Richtigkeit mit „inneren Widersprüchen", Vergötterung der Werkzeuge und der eigenen Virtuosität sowie Subjektivität.[47] Die „trefflichsten Werke" der Moderne seien „ganz offenbar Darstellungen des *Häßlichen*",[48] woraus sich die erwähnte Forderung einer theoretischen Ausarbeitung ergibt.

Ist das Erhabene, so wie es in zahlreichen Texten des 18. Jahrhunderts beschrieben wird, ein Einfallstor des Hässlichen in die Diskursgeschichte der Kunst gewesen? Es scheint vielmehr, dass das Interessante diesen Übergang geleistet hat, zu dem Schlegels Aufsatz (wie auch Ngai wieder hervorhebt) einen zentralen Beitrag liefert. Das Erhabene wird hingegen zumeist in enger Verbindung mit dem Schönen und nicht als dessen Gegenteil betrachtet. Bei Friedrich Wilhelm Joseph Schelling gehört das Erhabene zum Schönen,[49] und Schlegel, der von einer „erhabenen Schönheit" und einer „erhabenen Hässlichkeit" spricht, visiert stets, wie Carsten Zelle formuliert, „die begriffliche Integration des Erhabenen ins Medium des Schönen".[50]

2. Entwicklungen im 19. Jahrhundert

Kants Schüler Christian Friedrich Michaelis versucht in einem 1801 veröffentlichten Aufsatz „Über das Erhabene in der Musik" eine genauere Beschreibung musikalischer Kennzeichen und Techniken zu liefern. Es sind dies unter anderem ein „schneller Wechsel der Empfindungen", eine „unaufhaltsam vorüberrauschend[e] und dahinschwindend[e]" Menge von Eindrücken", so dass die Einbildungskraft „weder Anfang, noch Ende zu fassen" im Stande ist und sich „nirgends festzuhalten" weiß.[51]

> Auch „das Überraschende, energisch kurze, schnell mit sich fortreißende in der Musik, durch Melodie und Harmonie, führt den Eindruck des Erhabenen mit sich. Denn die Einbildungskraft erblickt in wenig Tonfolgen, die wenig Augenblicke einnehmen, einen großen Fortschritt von musikalischen Intervallen zu Intervallen, sieht sich gleichsam plötzlich in immer neue entfernte Regionen versetzt, deren regelmäßiges Durchlaufen einen langen Zeitraum erfordert haben müsste: Was durch allmähliche Vorbereitung nach und nach zustande kommen sollte, steht unerwartet in seiner ganzen Vollendung da."

Desgleichen seien (ganz in der Tradition von Burke) Repetitionen, etwa von tiefen Tönen, erhaben, denn

> „die Einbildungskraft fühlt hier ihre Schranken, der Gegenstand scheint kein Ende zu nehmen, diese Tonfolge nie aufzuhören. […]. So wirkt auch das Unisono in der Musik bei mäßigen Taktbewegungen und großen, schwerfälligen Abschnitten der Melodie, und bei einfachen Gesängen, erhaben auf uns."[52]

Schließlich sei eine zerrissene Oberfläche erhaben:

> „[Das] Abbrechen einer hinreißenden pathetischen Melodie kann diese Wirkung tun, weil nun die Einbildungskraft auf einmal sich verlassen und gleichsam in ein unendliches Feld des Ideenspieles geworfen steht. Dieses unerwartete Abbrechen der Melodie, wo die Phantasie oder die Empfindung den höchsten Grad erreicht zu haben scheint und keinen Ausdruck mehr findet, wo das zu volle Herz verstummt, eröffnet der Einbildungskraft ein weites Feld; da fährt sie das Abgebrochene desto freier aus, da fühlt der Zuhörer die erhabenste Gewalt der Kunst. Große

Pauken in geistvollen Tonstücken, zwischen energischen Akkorden oder pathetischen Melodien, überraschen oft auf eine erhabene Art und erregen Affekte des Staunens und der Bewunderung."[53]

Diese Kriterien ließen sich zum Beispiel auf Beethovens *Quartetto serioso* op. 95 (1810) anwenden: Extrem schnelle Abfolge der Themen (das Seitenthema taucht auf, ohne vorbereitet zu werden), abrupte harmonische Rückungen in eine entfernte Tonart (f-Moll/G-Dur, Des-Dur/D-Dur), also das Überspringen der schrittweisen Modulation („deren regelmäßiges Durchlaufen einen langen Zeitraum erfordert haben müsste", wie Michaelis sagt), plötzliche Pausen, das Abbrechen der Motive und des ersten Satzes insgesamt, der mehr zusammensackt als schließt ... Die Musik Beethovens – bei der der Leipziger Kantor Moritz Hauptmann noch 1843 den Eindruck hatte, in einer Arena zu stehen, in der ihn wilde Tiere aufzuspießen drohten[54] – liefert zugleich ein Beispiel für das *dynamisch* Erhabene (als Qualität, in Form einer Macht, die mich zu vernichten droht), das bei Kant das *mathematisch* Erhabene (als Quantität, etwa in Form von endlosen Säulenreihen oder Zahlen, die mein Vorstellungsvermögen übersteigen) ergänzt. Jean Paul weist 1804 in seiner *Vorschule der Ästhetik* das dynamisch Erhabene dem Bereich der Klänge zu:

„Aber nie kann das Auge ein anderes als quantitatives Erhabene anschauen; nur erst ein Schluß aus Erfahrungen, aber keine Anschauung kann einen Abgrund, ein stürmendes Meer, einen fliegenden Felsen zu einem dynamischen Erhabenen machen. Wie wird denn dieses aber angeschauet? Akustisch; das Ohr ist der unmittelbare Gesandte der Kraft und des Schreckens, man denke an den Donner der Wolken, der Meere, der Wasserfälle, der Löwen etc. […] Da wir keine Kraft anschauend kennen als unsere; und da Stimme gleichsam die Parole des Lebens ist: so ists begreiflicher, warum gerade das Ohr das Erhabene der Kraft bezeichnet."[55]

In weiteren von Hegels systematischer Ästhetik geprägten Theorien des Erhabenen – etwa bei Friedrich Theodor Vischer oder Karl Rosenkranz – spielt die Musik kaum eine Rolle. Vischer bezieht sich 1836 bei einer Ausarbeitung der Beziehung zwischen dem Erhabenen und dem Komischen (von dem das *zany* eine weitere Spielart darstellen wird) auf Karl Wilhelm Ferdinand Solger.[56] Das Erhabene droht immer, einem berühmten Spruch zufolge, ins Lächerliche umzukippen, aber die Beziehung wird von Vischer enger geknüpft.[57] Das Schöne besteht aus einer sinnlichen und aus einer abstrakt-erhabenen Seite, der Idee; das Komische ist die Revanche des Sinnlichen, das die Idee wieder auf dem Boden der Tatsachen landen lässt, konkrete Umstände und Bedingungen zurückruft – die Idee strauchelt sozusagen, sie stolpert, stößt gegen Widerstände und „Zweckwidrigkeiten",[58] und alles löst sich am Ende wieder in eine Schönheit höheren Grades auf.[59]

> „Der komische Widerspruch ist universaler Natur und muß auf seinen metaphysischen Urgrund, das Ineinanderseyn des Endlichen und Unendlichen überhaupt, zurückgeführt werden, wo wir uns [...] das Komische in seiner letzten Tiefe als ein zweckwidriges Handeln des Weltgeistes vorstellen können."[60]

Für Karl Rosenkranz ist „der wahre Gegensatz des Erhabenen nicht das Häßliche, wie Ruge und K. Fischer, nicht das Komische, wie Vischer meint, sondern das Gefällige", die „niedlichen und zierlichen Formen des Gefälligschönen",[61] was es wiederum in eine Vorgeschichte des aktuellen Begriffs *cute* einschreibt, dessen – oft ironisch-lächerliche Figuren – also im Zusammenhang mit dem Erhabenen gesehen werden müssen.

1887 wird Arthur Seidl die Kategorie auf Richard Wagner anwenden,[62] und Friedrich Nietzsche denkt gewiss an Wagners Musik, wenn er in der *Morgenröte* schreibt: „Unsere Musiker haben eine grosse Entdeckung gemacht: die *interessante Hässlichkeit* ist auch in ihrer Kunst möglich", und „die stärksten Effecte" erwähnt, die den Zuhörer „in Sturm, Empörung und ausser Athem [...] bringen".[63]

Was das *Hässliche* angeht, so könnte man die Ausarbeitung und Anwendung des Begriffs im 19. Jahrhundert in zwei Etappen sehen: das Interessant-Hässliche (zwei Elemente der Konstellation nähern sich hier einander an), das als eine unzulässige Kommunikationsstrategie beschrieben wird, die mit Effekten arbeitet, und das Realistisch-Hässliche, dessen Diskussion in den 1850er Jahren seinen Aufschwung nimmt. Franz Grillparzers Überlegungen liefern ein Beispiel für den ersten Ansatz. Das Hässliche stellt sich in der Musik und der Poesie anders dar:

> „[Man müsste] darauf aufmerksam machen, wie die Wirkung der Musik vom Sinnenreiz, vom Nervenspiel beginnt und, nachdem das Gefühl angeregt worden, höchstens in letzter Instanz an das Geistige gelangt, indes die Dichtkunst zuerst den Begriff erweckt, nur durch ihn auf das Gefühl wirkt und als äußerste Stufe der Vollendung oder der Erniedrigung erst das Sinnliche teilnehmen läßt; der Weg beider ist also gerade der umgekehrte. Die eine ist Vergeistigung des Körperlichen, die andere Verkörperung des Geistigen."[64]

Die Poesie mag also das Hässliche „freigiebig" anwenden, während die Musik sparsam damit umgehen muss: „Daher darf Shakespeare bis zum Gräßlichen gehen, Mozarts Grenze war das Schöne."[65] Genau diese Grenze überschritt Carl Maria von Weber. Wenn Grillparzer auf dessen Musik zu sprechen kommt, tauchen die meisten Aspekte des Interessanten auf, die Schlegel hervorhob: Weber sei mehr Kritiker als Komponist,[66] die „scheußliche" Musik der *Euryanthe* weise keine Melodien, sondern nur „abgerissene Gedanken" auf.[67] Das Verlangen nach „Maxima" geißelt Grillparzer in seiner Freischütz-Parodie *Der wilde Jäger* (siehe

> **Der wilde Jäger.**
> Romantische Oper.
> (1822.)
> Waldschlucht. Finsterniß, daß man seine Hand nicht sehen kann. Unaufhörlicher Donner. Mißtöne aller Art. Vier Teufel mit feurigen Augen hängen als Laternen an den Kulissen.
> Sirocco der wilde Jäger tritt unter Donner und Blitz auf; er bleckt die Zähne und brummt gräßlich.
> Sirocco. Uh — Uh — Uh — Uh — Uh.
> (Donner.)
> Sirocco (fährt fort). Mord, Tod, Gift, Dolch, Hölle, Teufel.
> (Verstärkter Donner.)
> Sirocco. Abrakadabra. Hokuspokus. Gottseibeiuns, erscheine!
> (Vierzig Violons streichen in Unisono unaufhörlich.)
> Erscheine!
> (Zwanzig Pauken sekundieren.)
> Erscheine!
> (Entsetzlicher Donnerstreich.)
> Er kommt nicht?
> (Er erblickt den getreuen Eckart, der auf der Erde liegt.)
> Ha, du bist schuld, daß mein Herr und Meister nicht erscheint!
> (Er schlägt ihn mit einem Prügel sehr stark auf den Kopf. Eckart schreit entsetzlich.)
> Doch ich rieche seine Annäherung.
> (Ein unerträglicher Gestank verbreitet sich im Theater.)
> Höre mich, Schrecklicher!
> (Zehn wilde Stiere laufen übers Theater.)
> Entsetzlich! Uh!
> (Fünfzig Grenadiere treten auf, laden ihre Gewehre mit Kugeln, zielen damit aufs Publikum und setzen dadurch diejenigen, die sich noch nicht fürchten, in wirkliche Furcht. NB. vorher werden alle Ausgänge versperrt.)
> Hiermit lästere ich Gott, verfluche mich selbst, ermorde mich, verdamme mich, alle, alles.
> (Die letzte Galerie fällt unter schrecklichem Gekrach ein, die Gequetschten schreien entsetzlich.)
> Es ist vollbracht.
> (Hinter der Kulisse bricht Feuer aus. Donnerschlag. Der Vorhang fällt.)

Franz Grillparzer:
„Freischütz"-Parodie
„Der wilde Jäger"

Abb.), die in einer Vorausnahme der Happenings von Fluxus in der Zerstörung des Theaters selbst gipfelt.[68]

Karl Rosenkranz reagiert 1853 mit einer von Hegel inspirierten *Ästhetik des Häßlichen* auf die steigende Flut „realistischer" Werke, die den Subjektivismus der Romantik verabschieden wollen. Für ihn ist das Hässliche ein „Durchgangspunkt" vom Schönen zum Komischen, das für Hegel der Gipfel einer alle Konflikte lösenden Dichtkunst darstellte (während die Tragödie auf einer Dissonanz endet).[69] „Das Schöne ist also am Eingang die eine Grenze des Häßlichen, das Komische am Ausgang die andere."[70] Aber Rosenkranz exemplifiziert seine Kategorien nur sporadisch an musikalischen Beispielen.[71] Die Dissonanz muss für eine hegelianische Aufhebung herhalten:

> „Die Dissonanz ist, musikalisch genommen, die Vernichtung der Musik, die Unmusik. Der Musiker darf sie aber nicht willkürlich, vielmehr nur da eintreten lassen, wo sie notwendig ist, wo sie durch die Auflösung des Mißtons den Triumph der höhern Harmonie begründet."[72]

Ein Jahr zuvor hatte Gustave Flaubert *Madame Bovary* begonnen, einen Roman, der ihm bei seiner Veröffentlichung 1857 einen Skandalprozess eintragen sollte; ein ähnlicher Skandal wird im selben Jahr von Charles Baudelaire ausgelöst, der in den *Fleurs du mal* über Bettler, schmutzige Stadtlandschaften, verwesende Tiere oder lesbische Liebschaften dichtet; 1857 vollendet Wagner das Libretto des *Tristan*, dessen Musik in der Realismus-Diskussion als Beispiel für krude erotische Effekte zitiert werden sollte.[73] Rosenkranz kennt diese Werke noch nicht, nimmt aber den Einzug der Dissonanzen und „konkreten" Klänge der Realität in die „philharmonische" Welt der Kunst wahr, um eine bekannte Unterscheidung Helmut Lachenmanns aufzugreifen.

3. Das suspekte Schöne

3.1 Zwei Kulturen

Nicht nur in der (marxistischen) Kritischen Theorie wird die Schönheit als Vertuschung der kapitalistischen Ausbeutung, wird Hegels „sinnliches Scheinen der Idee" als Schein, also als Scheinheiligkeit oder Ideologie denunziert, wie Adorno es ausführt. Auch politisch rechts stehende Autoren wie Ernst Jünger sehen die Perfektion als eine Figur der modernen Technik:

> „In einem Werk unserer Zeit muss, oder muss auch, zu spüren sein, dass die Welt nicht in Ordnung ist. Ein Opfer oder eine Entschuldigung an Apoll. Die romantische Trauer genügt nicht mehr; der Schatten muss existenziell werden. In solchen Zeiten kann der Anschein oder die Vorspiegelung des Perfekten sogar verletzen – da wird etwas verschwiegen, fehlt etwas. Die Perfektion nähert sich der Technik – das heißt: die Verletzung an sich."[74]

Zugleich ist die Geschichte der Avantgarden im 20. Jahrhundert weitgehend die einer Entkoppelung des Ästhetischen (dessen, was zur Kunst gehört) und des Schönen. Im Bereich der bildenden Künste hat beispielsweise Arthur Danto diesen Prozess beschrieben. Schönheit sei in den 1960er Jahren aus Diskurs und Praxis verschwunden: „Beauty's place is not in the definition or, to use a somewhat discredited idiom, the essence of art, from which the avant-garde has rightly removed it."[75] Diese Entkoppelung stellt für Danto einen Fortschritt dar – man sieht klarer, was Danto in der scharfen (und sehr adornianischen) Formulierung zusammenfasst: „Art, subtracted of the stigma of beauty, serves as what the world has coming to it. Beautifiers are, so to speak, collaborationists."[76] Einerseits ist Schönheit in der Kunst ein Nebeneffekt, eine hinzukommende, nicht primäre Eigenschaft; andererseits zieht sich die Schönheit in den Alltag zurück – Danto nennt es „beautification"[77] –, also in das Gebiet des Kunstgewerbes, der *arts-and-craft*, des Designs.

Die Neue Musik stützt sich weitgehend auf diesen Diskurs der Abtrennung von „schön" und „künstlerisch wertvoll". Eine Theorie „schöner Musik" ist im 20. Jahrhundert eher selten, wurde aber prominent von Richard Taruskin vertreten. Die letzten beiden Jahrhunderte seien gekennzeichnet von einer Auftrennung in eine „schöne" und eine „erhabene" musikalische Kultur. Letztere sei die der Spaltung, des Aufbrechens der Codes, des Experimentierens, des Erfindens von Systemen und eines „Antihumanismus", wie er für die deutsche Musik (von Beethoven über den „introvertierten" Brahms bis hin zu Schönberg) charakteristisch sei, die ihr „Narrativ" der Musikgeschichtsschreibung aufgezwängt hat. Der Dissenz und die Scheidung zwischen Kunstschaffenden und Publikum werden aufgewertet.[78] Während die russisch-französische Musikkultur „in der Gesellschaft lebt", lebe die deutsche ausschließlich „in der Geschichte".[79] Noch John Cage wird von Taruskin als Vertreter eines „late late romanticism" betrachtet, wie es der Skandal bewiese, den die Uraufführung von *Atlas Eclipticalis* 1964 hervorrief.[80] Hingegen pflegten und liebten Komponisten wie Tschaikowsky und im 20. Jahrhundert Benjamin Britten weiterhin das gut Gemachte, Solide, das Ziselierte und Polierte; sie stellten Mozart ebenso hoch, wenn nicht höher, als Beethoven, sie liebten Codes und Konventionen, Reihungsformen (Nummernopern und Ballette), Parataxis und nicht die „organische" Syntax und die komplexe formelle Verknüpfung. All dies erlaubte es ihnen, an das Publikum wie an eine Gemeinschaft zu appellieren.[81] Der „Gemeinplatz", könnte man hinzufügen, ist hier im tieferen Sinne des Wortes ein Ort, wo diese sich wiederfindet, was an die Definition von Burke erinnert: „I call beauty a social quality."[82]

Taruskins Unterscheidungen ließen sich auch auf Hans Werner Henze anwenden, bei dem sich die Bewunderung für Mozart, die Beschreibung der Oper als höchste Kunstform,[83] das Ideal einer „klassischen Kunst",[84] im Sinne eines Gleichgewichts zwischen einer apollinisch-harmonischen und dionysisch-dissonanten Seite[85] und die polemische Distanz zum Serialismus (parodiert in Hildas „verrückten" Visionen in der Oper *Elegie für junge Liebende*, mit einer Überzahl von Septen und Nonen in der Gesangslinie und einer Instrumentierung, die an Pierre Boulez' *Improvisations sur Mallarmé* erinnert) wiederfinden. Die Konfrontation von Henze und Lachenmann in München 1982 könnte als ein Clash der beiden Kulturen des Erhabenen und des Schönen interpretiert werden. Für Henze muss auch ein „Happy-Musikstück" möglich sein,[86] während Lachenmann Schönheit als Verweigerung von Gewohnheit bestimmt[87] und somit als Herausforderung an die Wahrnehmung, der ein neues „humanes" Potenzial entlockt werden soll. Ganz in der Tradition Adornos ist das Schöne für ihn Resultat einer dialektischen Brechung, an deren Ausgang der raue Klang schöner erscheint als der glatte. „Schönheit, das ist die Erfahrung der Selbstbetäubung oder des Erwachens. Schönheit, das ist Ruhekissen oder Nadelkissen."[88]

3.2 Kitschig und / oder erhaben?

So wie viele Autoren die enge Verbindung des Erhabenen mit dem Komischen unterstrichen hatten, so wird im 20. Jahrhundert der Kitsch oft als Kern oder als Verfallsform des Schönen beschrieben. „Die Göttin des Kitsches ist auch die Göttin der Schönheit", behauptet Hermann Broch; der Kitsch ähnelte der Schönheit wie der Antichrist Christus.[89] Für Adorno ist Kitsch das Verfallsstadium schöner Kunst und oft deren Schicksal:

> „Nichts ist von der Kritik am Kitsch nachzulassen, aber sie greift über auf die Kunst als solche. […] Was Kunst war, kann Kitsch werden. Vielleicht ist diese Verfallsgeschichte, eine der Berichtigung von Kunst, ihr wahrer Fortschritt."[90]

Kunst kann sich also plötzlich als Kitsch erweisen – ein solcher Berichtigungs-Taumel mag uns beim Wiederlesen einer beträchtlichen Anzahl von Gedichten von Georg Trakl, Rainer Maria Rilke oder Ingeborg Bachmann erfassen, bei denen sich Techniken der Anhäufung und der Übersättigung finden, die den Kitsch kennzeichnen. Sie resultieren aus Selektion und Hyperbolie. Aus der Realität wird stur herausgefiltert, was stört – unsere aktuelle „Instagramisierung" der Welt ist eine Form von Verkitschung –, so dass das übriggebliebene „Positive" sich anhäuft.[91] Kitsch ist fett; er ist das zur Weißglut gebrachte Klischee, ist eine „Wucherung" der Kunst.[92]

Das Hyperbolische am Kitsch weist aber wiederum eine Verbindungslinie zum Erhabenen auf. Wagner war für Arthur Seidl das Summum des Erhabenen, für Broch ist er 1951 einer der Gipfel des Kitschs.[93] Das gemeinsame Element ist das *too much*; zeitgenössische Beispiele lieferten im Bereich der bildenden Künste gewiss die kolossalen Werke Anselm Kiefers, und im Bereich der Musik jene von Pathos gesättigten Kompositionen, die mythologische Stoffe der Antike aufgreifen (mit überfrachteten Titeln wie *Ein Atemzug – die Odyssee*, oder *Odysseus aber hört ihr Schweigen nicht*, oder *Dionysos. Szenen und Dithyramben …*), oder auch Beschwörungen der Zerrissenen, der Gespaltenen, der Außenseiter, die (wie so oft bei Heinz Holliger) eine Art „schwarzen Kitsch" ergeben.

Am Ende des 20. Jahrhunderts ist die philosophische Interpretation des Erhabenen von Jean-François Lyotard wichtig geworden, die sich auf die abstrakte Malerei von Barnett Newman und Ad Reinhardt bezieht. Das Erhabene wird hier religiös-mystisch umgedeutet und als Index eines „Undarstellbaren" verstanden.[94] Dabei verschwimmen am Ende die Begriffe des Erhabenen und der Aura. Dieter Mersch fasst dies folgendermaßen zusammen:

> „Die Wahrnehmung bleibt im Nichtwahrnehmbaren fundiert, ihre Bedingung ist die Affektion durch den ‚Entzug'. Der Affekt bezieht sich gleichermaßen aus einem Undarstellbaren, wie es in die Augen springt oder das Ohr angreift und die taktilen Sinne anstachelt. Die Erfahrung

des Auratischen nimmt von dort ihren Ausgang. Sie nennt die Weise, wie die Wahrnehmung mit etwas verknüpft ist, das ebenso zufällt wie es unverfügbar bleibt."[95]

Mersch hat zudem gezeigt, dass die Aura – oder, so könnte man hinzufügen, das auratisierte Erhabene – als etwas Ereignishaftes verstanden (oder begehrt) wird:

„Was sich darin enthüllt ist die Phänomenalität des ‚Daß' (quod), nicht im Sinne einer einfachen Faktizität des Existierenden, sondern als Ereignis von Ex-sistenz, das (sich) zeigt, (sich) gibt, noch bevor etwas ausgezeichnet oder ‚als' etwas identifiziert wird. Die Ontologie des Aisthetischen erfüllt sich in solchem Ereignen. Nichts anderes bedeutet Aura: Die Aura geschieht."[96]

Von hier aus könnte die Form des auratisierten Konzerts interpretiert werden, die gegen Ende des letzten Jahrhunderts aufkam. Indem die Musik in erhabene und hallige Industriebauten versetzt wird, das Publikum in die Nähe der Musiker:innen gerückt wird (vgl. das Projekt *Liquid Room* des belgischen Ensemble Ictus), indem Musikstücke teilweise oder ganz in totaler Dunkelheit gespielt werden (so das 4. Streichquartett oder *in vain* von Georg Friedrich Haas) soll die Ereignishaftigkeit des Konzerts mit erhaben-auratischen Techniken herbeibeschworen werden, die aber auch drohen, in eine Verkitschung abzugleiten (Lichteffekte, Hall, um den Raum wandernde Klänge …). Sie entsprechen jenem „Inszenierungswert", der für den „ästhetischen Kapitalismus" zentral ist.[97]

4. „Unsere" Kategorien

Die Haupteigenschaften und einige Beispiele der drei ästhetischen Kategorien, die Ngai artikuliert, sind in der Abb. auf Seite 74 zusammengefasst.

Sie drücken sich sowohl in dem Stil eines Artefakts als auch in einem *Urteil* über dieses aus.[98] In Bezug auf Vischer könnte man sagen, dass die Kategorien nun nicht auf einen „metaphysischen Urgrund",[99] sondern auf den gesellschaftlichen Kontext des Kapitalismus zurückgeführt werden: Der Druck, effizient und leistungsstark zu sein (*zany*), das Überhandnehmen der Diskurse (*interesting*), die Verführungen der Ware (*cute*).

„These are the three aesthetic categories […] in our current repertoire best suited for grasping how aesthetic experience has been transformed by the hypercommodified, information-saturated, performance driven conditions of late capitalism. They index the most socially binding processes: production in the case of zaniness (an aesthetic about performing not just as an artful play but affective labor); circulation in the case of the interesting (an aesthetic about the difference of the form of information and

Zany	Interesting	Cute
	Zirkulation von Informationen	Gefühle
Machen	Verbreiten	Aufnehmen
Arbeiten	Diskutieren *(exchange)*	Konsumieren „Personifizierung der Ware"
Performative Ästhetik	Diskursive Ästhetik	Ästhetik des Konsums
Zappelig, hysterisch, *hot*	Ironisch, *cool* und technologisch	Warm und flaumig *(fuzzy)*
Etwas schaffen, durchziehen	Fesseln	Adoptieren, kuscheln
		Harmlos, süß, rund ; rosa
Prekäre, gefährdete, ausrutschende Aktionen „Komik ist das Mechanische im Lebendigen" (H. Bergson) „always in motion and in flight"	Selbstreflexiv Konzeptuell	Macht über etwas Schwaches, Kleines, übertrieben Passives
Fun/Unfun	Gespannt/gelangweilt	Zärtlichkeit/Aggressivität
Hysterie	Obsession	Phobie (Ekel)
I love Lucy Roadrunner Woody Woodpecker *The Cable Guy (1996)*	*Objecthood* ; Serien (Ed Ruscha, B.&H. Becher) Fotografie („die Kamera macht alles interessant", S. Sontag) „*Endlessness ist central to the concept of interesting*" (M. Fried)	Takashi Murakami Mr. DOB
Genealogie: *zanni* ; Nummern ; *Le Neveu de Rameau*, Rossini, Figaro's „Largo al factotum della città"	Friedrich Schlegel	Genealogie: Kitsch, *camp*

Abb. 2: Sianne Ngai: Beispiele der drei ästhetischen Kategorien, aus: *Our Aesthetic Categories. Zany, cute, interesting* (2015)

the pathways of its movement and exchange); consumption in the case of the cute (an aesthetic about disclosing the surprisingly wide spectrum of feelings, ranging from tenderness to aggression)."[100]

4.1 Präzisierungen

Zany leitet Ngai von der Figur des *zanno*, des gewitzten, aufgekratzten und gehetzten Dieners der Commedia dell'arte, ab, der immer Tricks zu improvisieren weiß, um sich aus einer misslichen Lage zu befreien.[101] In die Vorgeschichte der *zanni* gehörten Sancho Pansa, Rameaus Neffe und Figaro, so wie er sich selbst in der Rossini-Arie „Largo al factotum della città" aus dem *Barbiere di Siviglia* porträtiert, die von Woody Woodpecker oder Tom und Jerry übernommen wurde.[102] Man könnte auch an das vergebliche Wischen des *Pierrot lunaire* denken, der seinen Ärmel von einem Mondfleck reinigen will, und an all die „Clowns, Diener und Papagenos", deren „Vulgarität" Adorno zufolge der Kunst des emanzipierten Bürgertums eine Nase dreht: Der Gegensatz des Komischen und des Erhaben-Anspruchsvollen wird hier evident.[103] Ngai verweist auf Henri Bergsons Definition des Komischen als des zu einem Mechanismus gewordenen Menschlichen,[104] bezieht das *zany* aber speziell auf die mechanisierte Arbeit – das zentrale Thema der Moderne für Hannah Arendt[105] –, die eine „stressed-out, even desperate quality" hat.[106] Die Ausbeutung durch verfremdete Arbeit wird ad absurdum geführt oder von ihren Opfern durch komische Auflehnungen blockiert.

Die Kategorie des Interessanten, obwohl sie sich auf Schlegels Aufsatz bezieht, ist bei Ngai naturgemäß nicht so klar umrissen wie die beiden anderen. Wichtig ist ihr vor allem die Selbst-Reflexivität (so dass auch der Konzeptualismus darunter fällt), sowie alles, was in der bildenden Kunst auf Serien beruht, Schlegels Bemerkung folgend, dass das Interessante „keinen Endpunkt" findet. Während viele Beispiele für *zany* und *cute* dem Bereich der Pop-Kultur entnommen werden, sind die „discourse-objects" des Interessanten eher im Bereich des High-brow angesiedelt.

Typisch für alles, was als *cute* bezeichnet und verkauft wird, ist sein „glatter" und niedlicher Charakter. In seiner *Errettung des Schönen* übersetzt Byung-Chul Han die „smoothness", die für Burke das Schöne kennzeichnet, mit „Glätte" und fügt hinzu, dass in unserer heutigen Welt auch das Hässliche „glatt" sei.[107] Glätte sei auch typisch für das „Digitalschöne",[108] was an Johannes Schöllhorns Ausführungen zu den fatal „glatten" elektronischen Klängen erinnert, die für ihn eine Entsprechung zu Jeff Koons Bildwerken sind.[109] Interessant ist aber Ngais Interpretation, die den möglichen Umschlag des Niedlichen und Süßen in Aggressivität thematisiert – die netten Stofftierchen können zurückbeißen oder sich gefährlich aufplustern. „… violence [is] always implicit in our relation to the cute object while simultaneously making it more menacing to the observer."[110] Das Spiel mit Macht und Ohnmacht kommt dadurch dem Erhabenen nahe. Wo die dekorative Glätte von Konstantin Brancusis Skulpturen auf der Kippe zwischen Kunstwerk und dekorativem Objekt steht, wohnt den Skulpturen von Jeff Koons eine Unheimlichkeit inne – die übergroßen *Balloon Dogs* oder Tulpenbuketts sind bedrohlich. Hier liegt auch der Unterschied zu dem Kitschigen, dessen Warencharakter es mit *cuten* Gegenständen verbindet.[111] Das Süße ist nichts als des Schrecklichen Anfang.

4.2 Playlist

Das moderne Werk, das Werk *up to date*, spielt sich für Ngai in diesem dreieckigen Spannungsfeld ab, von dem ich meine, dass es um die Kategorien des Erhabenen, des Hässlichen und des Kitschs erweitert werden sollte, da diese nicht aus dem Blickfeld der Praxis und der Diskurse verschwunden sind. Sie erlauben uns, Werke Neuer Musik ins Auge zu fassen, die gewiss nie direkt eine derartige Kategorie „exemplifizieren" wollen; es müssten sich in neuen Stücken aber immer Anzeichen und Spuren dieses Fünfecks (das das Ideal der „Schönheit" abgelöst hat) finden lassen, falls das theoretische Modell standhält. Überprüfen könnte man es beispielsweise anhand von Techniken des *Anhäufens* und des *Wiederholens*, die sich sowohl in dem Erhabenen, dem Interessanten, dem Kitsch und dem *zany* wiederfinden, Techniken, die also jeweils eine andere Färbung annehmen, eine andere Valenz haben, zu verschiedenen Punkten der Konstellation hinstreben.

Ngais Interpretation des *zany* vor dem Hintergrund des kapitalistischen Leistungsdrucks wirft ein Licht auf musikalische Darstellungen der Arbeit. Es scheint so, als hätte sich die „organizistische" Aufwertung der thematisch-motivischen Arbeit[112] – ein Element der Kultur des Erhabenen, so wie Taruskin sie beschreibt und quasi denunziert – nach außen gekehrt, um in einer mehr oder weniger theatralisierten Form Arbeit als ein skurriles, zielloses, vergebliches, immer wieder abgestopptes Unterfangen darzustellen. *Wenn sonst nichts klappt: Wiederholung wiederholen* lautet der bezeichnende Titel eines Buches, das sich mit entsprechenden Techniken in Pop-und Kunstmusik beschäftigt.[113]

Das Janusgesicht der Arbeit wird in manchen Stücken von Enno Poppe sichtbar. Da ist einerseits der organizistische „Satz",[114] der auf der Entwicklung von kleinsten Einheiten, Gesten oder „Zellen" beruht, die numerisch codiert und transformiert werden: In jedes Glied kann wiederum eine ganz Zelle eingesetzt werden, die melodische Richtung, die Dauern und Rhythmen können ganz oder teilweise zusammenfallen, die Linien spiegelbildlich oder parallel verlaufen. So entsteht eine Musik der permanenten Wucherung, ein „Durchführen", dessen Ende nicht abzusehen ist und das oft etwas Verbissenes hat. Andererseits kommt in *Arbeit* (2007) eine musiktheatralische Komponente hervor, wenn mikrointervallische Figuren todernst von einer/einem Spieler:in auf einem Keyboard ausprobiert werden, dessen Klänge aus einem alten, knapp vor der Verschrottung geretteten Apparat zu kommen scheinen. In Francesco Filideis *I funerali dell'anarchico Serantini* (2006) sitzen ein paar Musiker:innen ohne jegliche Instrumente an einem langen Tisch, führen Gesten aus, die feine Geräusche produzieren, und wenden regelmäßig den Kopf nach links, erstarren, verharren, oder öffnen den Mund zu einem lautlosen Schrei. Franck Bedrossian lässt in seinem *Don Quixote Concerto* (2021) neben dem Flügel ein kleines Büffet für eine:n Assistent:in (eine:n Schlagzeuger:in) aufstellen, einen *zanno*, der die ironische „Verzerrung des heroischen Verhaltens des Pianisten" versinnbildlicht,

Sara Glojnarić: *sugarcoating #2* (2017), S. 18

© Edition Juliane Klein

indem er, eine Art Sancho Pansa, Objekte ins Klavier schiebt, es präpariert, Schnüre durch die Klaviersaiten zieht, den/die Solist:in mit einem *toy piano* parodiert, usw. Ein Doppelkonzert mit zwei sich einander hindernden Solist:innen, angelegt wie eine Abfolge von Nummern oder Vignetten, sprühend vor Ideen, die die „musique concrète instrumentale" von anno dazumal für ein seltsam zielloses Musiktheater benutzt.

Die Allgegenwart der *Schleife* in der Musik der zweiten Hälfte des 20. Jahrhunderts wäre ebenfalls von der Problematik entfremdeter Arbeit her zu verstehen – als unruhiger Kampf in Bernhard Langs *Differenz/Wiederholung 2* (1999), als immer wieder neuer (leicht anders gestalteter) Anlauf in Hugues Dufourts Streichquartett *Uneasiness* (2010), als ein obstinates Auf-der-Stelle-Treten und Wiederholen extremer Klänge in Sara Glojnarićs *sugarcoating #2* (2017; Abb. auf Seite 77).

Die Schleife ist *zany*. Sie ist die in unserer modernen Welt nicht mehr durchführbare, suspekt gewordene oder durchgedrehte Durchführung. Unsere Zeit, schreibt Alain Badiou, „combine de façon non dialectique la vacuité et le bougé, donc la variabilité interne du vide" [kombiniert auf nicht-dialektische Weise Leere und Bewegung, also die innere Veränderlichkeit der Leere]. Es ergibt „un mixte inaccessible d'agitation et de stérilité, il est le paradoxe d'une fébrilité stagnante" [eine unerreichbare Mischung aus Unruhe und Sterilität, sie ist das Paradoxon einer stagnierenden fieberhaften Leere].[115]

Heutzutage ist Ngai zufolge das interessante Werk ironisch, cool und technologisch. Diese Züge treten in vielen Werken Alexander Schuberts hervor, die uns zugleich ein *aggiornamento* der verschiedenen ästhetischen Kategorien ermöglichen. Der technische und mediale Aspekt geriet in der Neuen Musik – in ihrer dominierenden Form als „classical contemporary music", die auf akustischen (analogen) Instrumenten produziert wird – erst mit der Verbreitung des Computers und des Internet zu einer Herausforderung für die Komponierenden.[116] Schuberts brillanter Umgang mit digitalen Technologien erinnert an jene „Vergötterung der Werkzeuge und der eigenen Virtuosität", von der Schlegel spricht,[117] sowie an eine ironisch-zerrissene Romantik, die Schubert auch für sich beansprucht.[118] Schubert komponiert in der – oder „die" – post-digitale(n) Welt, er wählt eine „digital-critical or digital-conscious practice or perspective".[119] Sein Stil ist gekennzeichnet von der Kombination von Klassik und Pop (elektronische Experimentalmusik, Techno, Hardcore, Free Jazz), einer „holistischen"[120] Welt, die Klang, Bild und Szenisches verbindet, um das Publikum in eine „artifizielle" Welt zu entführen und einzutauchen,[121] von einem (als postmodern verstandenen) Spiel mit Realität und Virtualität.

Schuberts Musik beruht auf einer Verquickung der analogen („warmen") und der digitalen („kalten" und/oder coolen) Techniken:

„I wanted to represent the virtual, the constructed and the artificial in a setting that was not technical, cold and clear. The digital should always shimmer through, through a tangible, warm, human surface".[122]

Der Bunny in Alexander Schuberts *F1* (2016) ist eine süße, traurige, aber auch bedrohliche Figur, aus der Reihe der *cuten* Tierchen, die keineswegs *funny* sind.

Die post-digitale Welt wird von Schubert (mit Bezug auf Theoretiker wie Nicholas Negroponte oder Guthrie Lonergan) als diejenige definiert, in der die digitalen Medien (Rechner, Internet, iPhones) selbstverständlich, transparent und quasi natürlich geworden sind und somit nicht mehr wahrgenommen werden.[123] Da ein Medium wieder hervortritt, sobald es irrt, fehlläuft, kollabiert, beruht seine *Sichtbarmachung*[124] auf einer Ästhetik der Zerstörung des „analogen Anscheins des Digitalen"[125] und so des Glitch im weiteren Sinne, als „Gegengift zu den standardisierten Systemen",[126] in denen wir gefangen sind.

Schuberts *Star Me Kitten* (2015) beginnt wie ein Verwirrspiel. Es schwankt zwischen einer Powerpoint-Präsentation (die Vortragende ist eine Sängerin) mit Erklärungen zu einem Stück, Klangbeispielen und einer Aufführung des Stücks:

„Nach etwa einem Drittel des Stücks bricht das Powerpoint zusammen. Von da ab ändert sich der Blickwinkel und wechselt zum ‚Inneren' des Computers über: Für den Rest des Stücks besteht das musikalische und visuelle Material aus Warnnachrichten und -signalen. […] Nach dem Kollaps des Programms blickt man hinter die Fassade der Ausführenden (lecturers), ein stream-of-consciousness öffnet sich und gewährt Einblick in eine parallele Welt hinter der Bühne. […] Das Verhalten des dysfunktionalen Computers ist immer erratisch und überraschend."[127]

Als weiteres Beispiel für Irrtümer erwähnt Schubert den Beginn von *F1* (2016), wo eine:r der Musiker:innen auf die Bühne rennt, stolpert, hinfällt und während der ganzen Aufführung liegenbleibt, ein „Fehler", der die Erwartungshaltungen gegenüber dem herkömmlichen Konzert herausfordert.[128] Die Entkoppelung von Geste und Klang – wenn ein „falscher" Klang kommt – gehört zu derselben Strategie.[129] Die Musiker:innen sind zum Teil vom Resultat entfremdet und erscheinen wie Puppen oder Teile eines Mechanismus. In *Sensate Focus* (2014) werden Musiker:innen kurz angeleuchtet und wieder ins Dunkel getaucht, um eine „maschinenähnliche, defektive Darstellung"[130] von ihnen zu liefern, die in *Codec Error* (2017) noch durch die Verwendung von Stroboskop-Licht gesteigert wird. Auch dort läuft manches falsch, die Bewegungen der Performer erinnern an eine defekte CD, auf der der Ton springt, ein Playback funktioniert nicht im richtigen Moment, usw.[131]

Jedes Kunstwerk aktualisiert (unbewusst) die Konstellation der dominierenden ästhetischen Kategorien seiner Zeit oder es spielt (bewusst) mit ihnen. Sie erscheinen jeweils in einer anderen Mischung – heutzutage ist vielleicht diese Vermischung (dieses „Chaos", wie Schlegel sagt[132]) an sich interessant. Schubert erwähnt die Kategorie des Erhabenen, wenn er auf sein Publikum zu sprechen kommt, das von einem „intoxicating maelstrom, a ‚stream of consciousness', or an oversupply of information"[133] überladen und überfordert werde. *F1*, ein permanent ironisierter Albtraum, ruft den „genussvollen Horror" von Burke hervor, der mit abrupten Schnitten, Zuckungen, Stößen, Lichtblitzen umgesetzt wird. Auf mehreren Eben kommt auch die „interessante" Reflexivität des Werks zum Tragen, das als Prozess verstanden wird[134] und sich selbst thematisiert, indem es an seiner eigenen produktiven Zerstörung arbeitet und durch ständige Unterbrechungen seine Oberfläche (die der Bildschirme, die unsere moderne Welt beherrschen) durchstößt.[135] Das romantische Kunstwerk, sagt Walter Benjamin, ist der „paradoxe Versuch, am Gebilde noch durch Abbruch zu bauen".[136]

Der Bunny in Schuberts *F1* ist eine süße, traurige, aber auch bedrohliche Figur, aus der Reihe der *cuten* Tierchen, die keineswegs *funny* sind (s. Abb. auf Seite 79). Die erwähnten Werke hinterlassen jedoch vor allem den Eindruck einer Welt voller Wiederholungen und vergeblicher Anstrengungen, voller Schleifen und eines andauernd drohenden Ausrastens. Glitch ist *zany*. Die Musiker:innen in *F1*, mit ihren Häschenmasken, sind Hampelmänner, die strammstehen müssen und dann wieder etwas spielen dürfen, Aktionen ausführend, die vielleicht von dem Rechner ganz anders ausgespuckt werden. Sie gehorchen ihrer Zeit.

---

[1] Siehe Sianne Ngai: *Our Aesthetic Categories. Zany, cute, interesting,* Cambridge/Massachusetts und London 2015.

[2] Vgl. die Anwendung auf amerikanischen Punk von Leah B. Levinson: „On Powerviolence & Cuteness", in: *Soap Ear* (2023), online https://soapear.org/2019/08/03/on-powerviolence-and-cuteness/ (zuletzt aufgerufen am 12. August 2023).

[3] Vgl. Theodor W. Adorno: *Zur Aktualität der Philosophie, Gesammelte Werke*, Bd. 1, hg. von Rolf Tiedemann, Frankfurt am Main 2022, S. 325–444.

[4] Vgl. Paul Valéry: „Discours sur l'Esthétique" (1937), in: *Variété IV*, Paris 1939, S. 235–265, und Gernot Böhme: *Aisthetik. Vorlesungen über Ästhetik als allgemeine Wahrnehmungslehre*, München 2001.

[5] Edmund Burke: *A Philosophical Enquiry into the Origin of our Ideas of the Sublime and Beautiful*, Oxford/New York 1990, S. 123.

[6] Vgl. ebd., S. 36.

[7] Vgl. ebd., S. 76.

[8] Siehe Moses Mendelssohn: *Ästhetische Schriften in Auswahl*, Darmstadt 1994, S. 247–265.

[9] Ebd., S. 208.

[10] Ebd., S. 209 und S. 211.

[11] Vgl. ebd., S. 218.

[12] Ebd., S. 210.

[13] Vgl. ebd., S. 212 und S. 225.

[14] Siehe Immanuel Kant: *Vorkritische Schriften bis 1768*, Bd. 2, Frankfurt am Main 1996, S. 856.

[15] Ebd., S. 829–830.

[16] Vgl. ebd., S. 850–868.

[17] Vgl. Elmar Waibl: *Ästhetik und Kunst von Pythagoras bis Freud*, Wien 2009, S. 111.

[18] Vgl. Burke: *Philosophical Enquiry*, a.a.O., S. 83.

[19] Vgl. ebd., S. 112 („jollity and mirth").

[20] Ebd. S. 136 („being softened, relaxed, enervated, dissolved, melted away by pleasure").

[21] Vgl. ebd., S. 98.

[22] Ebd., S. 100.

[23] Ebd., S. 103–104 und S. 137.

[24] Vgl. ebd., S. 141.

[25] Vgl. ebd., S. 112.

[26] Zu Schlegels Aufsatz vgl. den Kommentar bei Ngai: *Our Aesthetic Categories*, a.a.O., S. 126–129. Zur Beziehung des Interessanten zu Kants Begriff der „Interesselosigkeit" des Schönen, vgl. Carsten Zelle: *Die doppelte Ästhetik der Moderne. Revisionen des Schönen von Boileau bis Nietzsche*, Stuttgart/Weimar 1995, S. 251–252.

[27] Friedrich Schlegel: *Über das Studium der griechischen Poesie* (1797), Godesberg 1947, S. 70.

[28] Ebd., S. 107.

[29] Ebd., S. 52 und S. 75.

[30] Vgl. ebd., S. 65.

[31] Vgl. Lawrence Sterne: *Life and Opinions of Tristram Shandy*, Bd. II, Kapitel 11, London 1967, S. 127, und David P. Schroeder: *Haydn and the Enlightenment*, Oxford 1990.

[32] Vgl. Georg Wilhelm Friedrich Hegel: *Vorlesungen über die Ästhetik II, Werke*, Bd. 14, hg. von Eva Moldenhauer und Karl Markus Michel, Frankfurt am Main 1970, S. 253–254.

[33] Schlegel: *Über das Studium der griechischen Poesie*, a.a.O., S. 53.

[34] Ebd., S. 58, S. 72 und S. 84.

[35] Vgl. Zelle: *Die doppelte Ästhetik der Moderne*, a.a.O., S. 248.

³⁶ Vgl. Schlegel: *Über das Studium der griechischen Poesie*, a. a. O., S. 140.
³⁷ Ngai: *Our Aesthetic Categories*, a. a. O., S. 152.
³⁸ Vgl. Schlegel: *Über das Studium der griechischen Poesie*, a. a. O., S. 82–83.
³⁹ Vgl. Zelle: *Die doppelte Ästhetik der Moderne*, a. a. O., S. 254.
⁴⁰ Schlegel: *Über das Studium der griechischen Poesie*, a. a. O., S. 166.
⁴¹ Ebd., S. 176.
⁴² Vgl. Hegel: *Vorlesungen über die Ästhetik II*, a. a. O., S. 220–236.
⁴³ Schlegel: *Über das Studium der griechischen Poesie*, a. a. O., S. 146.
⁴⁴ Herbert Dieckmann: „Das Abscheuliche und Schreckliche in der Kunsttheorie des 18. Jahrhunderts", in: H. Robert Jauß (Hg.): *Die nicht mehr schönen Künste*, München 1968, S. 271–317, hier S. 271.
⁴⁵ Zit. nach ebd., S. 291–301.
⁴⁶ Zit. nach Werner Jung: *Schöner Schein der Häßlichkeit oder Häßlichkeit des schönen Scheins. Ästhetik und Geschichtsphilosophie im 19. Jahrhundert*, Frankfurt am Main 1987, S. 41.
⁴⁷ Ebd., S. 44.
⁴⁸ Zelle: *Die doppelte Ästhetik der Moderne*, a. a. O., S. 260.
⁴⁹ Vgl. Jung: *Schöner Schein der Häßlichkeit*, a. a. O., S. 83, S. 116–118 und S. 122.
⁵⁰ Zelle: *Die doppelte Ästhetik der Moderne*, a. a. O., S. 265.
⁵¹ Christian Friedrich Michaelis: „Ueber das Erhabene in der Musik", in: *Deutsche Monatsschrift* (Leipzig), Januar 1801, S. 42–53. Ich zitiere im Folgenden die online verfügbare Transkription https://www.academia.edu/9790388/Christian_Friedrich_Michaelis_Ueber_das_Erhabene_in_der_Musik_in_Deutsche_Monatsschrift_Leipzig_Jan_1801_S_42_53_ (zuletzt aufgerufen am 12. August 2023).
⁵² Ebd.
⁵³ Ebd.
⁵⁴ Moritz Hauptmann: *Briefe an Franz Hauser*, Leipzig 1871, Bd. I, S. 181.
⁵⁵ Jean Paul: *Vorschule der Ästhetik* (1804), Hamburg 1980, S. 106–107. [Hervorhebung im Original.]
⁵⁶ Vgl. Friedrich Theodor Vischer: *Über das Erhabene und Komische. Ein Beitrag zu der Philosophie des Schönen*, Stuttgart 1837, S. 13 und S. 170 (das Komische sei für Solger „das Höchste und Heiligste").
⁵⁷ In seinem berühmten Vorwort zu *Cromwell* (1827) schreibt Victor Hugo diesen Ausspruch Napoleon zu (*Préface de Cromwell*, Paris 1972, S. 64). Für Hugo zeichnen sich moderne Theaterstücke durch ein „Übergewicht des Grotesken über das Erhabene" aus, ebd., S. 42–53.
⁵⁸ Vischer: *Über das Erhabene und Komische*, a. a. O., S. 160.
⁵⁹ Vgl. ebd., S. 41–42, S. 155, S. 158 und S. 179.
⁶⁰ Ebd., S. 183.
⁶¹ Karl Rosenkranz: *Ästhetik des Häßlichen*, Leipzig 1990, S. 55; vgl. auch S. 140, S. 142 und S. 309.
⁶² Siehe Arthur Seidl: *Vom Musikalisch-Erhabenen. Ein Beitrag zur Ästhetik der Tonkunst*, Leipzig 1907.
⁶³ Friedrich Nietzsche: *Morgenröte* (1881), § 239, hg. von Giorgio Colli und Mazzino Montinari, München 1999, S. 200.
⁶⁴ Franz Grillparzer: *Sämtliche Werke*, hg. von Moriz Becker, Leipzig [o. J.], Bd. XV, S. 191. Vgl. auch die Einleitung des Aufsatzes zu Webers *Freischütz*, ebd., S. 200–202.
⁶⁵ Ebd.
⁶⁶ Vgl. ebd., S. 203: „Kritik wird das Ende Webers sein."
⁶⁷ Ebd.

⁶⁸ Vgl. Grillparzer: *Sämtliche Werke*, a. a. O., Bd. XI, S. 130.

⁶⁹ „Allein der Künstler kann das Häßliche nicht immer vermeiden. Oft bedarf er seiner als eines Durchgangspunktes in der Erscheinung der Idee und als einer Folie. Der Künstler vollends, der das Komische produziert, kann dem Häßlichen gar nicht ausweichen" (Rosenkranz: *Ästhetik des Häßlichen*, a. a. O., S. 13).

⁷⁰ Ebd., S. 14.

⁷¹ Vgl. die Erwähnung einer Arie von Donizetti, ebd., S. 247.

⁷² Ebd., S. 43.

⁷³ Vgl. Martin Geck: *Zwischen Romantik und Restauration: Musik im Realismus-Diskurs 1848–1871*, Stuttgart 2001.

⁷⁴ Ernst Jünger: *Siebzig verweht*, Bd. II, Stuttgart 1981, S. 482–483.

⁷⁵ Arthur C. Danto: *The Abuse of Beauty. Aesthetics and the Concept of Art*, Chicago 2003, S. 25. Das Hässliche wird vor allem als das Ekelhafte thematisiert (S. 50) und Dada als Gegengift gegen das Erhabene (S. 48 ff. und S. 56). Danto sieht in Robert Motherwells *Elegies* ein Gegenbeispiel, das weiterhin Schönheit versinnbildlicht (S. 108 ff).

⁷⁶ Ebd., S.118.

⁷⁷ Ebd., Kapitel 3.

⁷⁸ Vgl. Richard Taruskin: *Music in the Late Twentieth Century, The Oxford History of Western Music*, Oxford 2010, S. 18, S. 43, S. 135 und S. 224.

⁷⁹ Ebd., S. 112.

⁸⁰ Vgl. ebd., S. 74–75.

⁸¹ Vgl. Richard Taruskin: *Defining Russia Musically*, Princeton / Oxford 2000, S. 239–207 (zu Tschaikowsky) und *Music in the Late Twentieth Century*, a. a. O., S. 256–259 (zu Britten), hier S. 258.

⁸² Burke: *Philosophical Inquiry*, a. a. O., S. 39.

⁸³ Vgl. Hans Werner Henze: *Reiselieder mit böhmischen Quinten. Autobiographische Mitteilungen*, Frankfurt am Main 1996, S. 45.

⁸⁴ Ebd., S. 85.

⁸⁵ Vgl. ebd., S. 73.

⁸⁶ Vgl. „Tagebuchnotiz und Tonbandprotokoll", abgedruckt in: Helmut Lachenmann: *Musik als existentielle Erfahrung. Schriften 1966–1995*, hg. von Josef Häusler, Wiesbaden 1996, S. 407–410, hier S. 408.

⁸⁷ Vgl. Lachenmann: „Offener Brief an Hans Werner Henze", in: ebd., S. 331–333, hier S. 333.

⁸⁸ Lachenmann: „Musik als Abbild vom Menschen", in: ebd., S. 111–115, hier S. 114.

⁸⁹ Vgl. Hermann Broch: „Einige Bemerkungen zum Problem des Kitsches", in: Ute Dettmar und Thomas Küpper (Hg.): *Kitsch. Texte und Theorien*, Stuttgart 2007, S. 214–226, hier S. 219 und S. 222.

⁹⁰ Theodor W. Adorno: *Ästhetische Theorie, Gesammelte Schriften*, Bd. 7, hg. von Rolf Tiedemann, Frankfurt am Main 1970, S. 467. Vgl. den Kommentar von Ngai: *Our Aesthetic Categories*, a. a. O., S. 100–104.

⁹¹ „Das schwarze Lockenköpfchen schirmte ein großer großer italienischer Strohhut, an dem ein Strauß von frischen Wiesenblumen schwankte; zwei lange blaßblaue Bänder flatterten von der breiten Krempe bis zur Hüfte herab. In den großen blauen Augen spiegelte sich die sanfteste Freundlichkeit, die argloseste Kindlichkeit, die fromme Liebe selbst. Herrlich wölbten sich, über diesen stillen Sprechern der Seel und des Herzens, die schwarzen Bogen der Augenbrauen, und die langen

seidnen Wimpern brachen den Feierstrahl ihres glühenden Blickes. Jugend und Gesundheit blühten im Grübchen der Wange, auf den Purpurlippen, und in der Fülle ihres ganzen Körpers. Das Brüstli wie das Miederchen war von schwarzem Samt […]." Heinrich Clauren: *Mimili* [1815], zit. nach Dettmar und Küpper (Hg.): *Kitsch. Texte und Theorien*, a. a. O., S. 24.

[92] Vgl. Adorno: *Ästhetische Theorie*, a. a. O., S. 467.

[93] Broch: *Einige Bemerkungen zum Problem des Kitsches*, a. a. O., S. 223.

[94] Vgl. etwa Jean-François Lyotard: „Das Erhabene und die Avantgarde", in: *Merkur* 38 (1984), S. 151–161.

[95] Dieter Mersch: *Ereignis und Aura. Untersuchungen zu einer Ästhetik des Performativen*, Frankfurt am Main 2002, S. 51.

[96] Ebd., S. 143. Vgl. auch S. 135 zu dem „Übergang von der Ästhetik der Form zur Ästhetik des Ereignens" bei Nietzsche.

[97] Zu dem von Adorno eingeführten Begriff des Inszenierungswerts vgl. Gernot Böhme: *Ästhetischer Kapitalismus*, Frankfurt am Main 2018, S. 27–29.

[98] Vgl. Ngai: *Our Aesthetic Categories*, a. a. O., S. 29.

[99] Vischer: *Über das Erhabene*, a. a. O., S. 183.

[100] Ngai: *Our Aesthetic Categories*, a. a. O., S. 1.

[101] Vgl. ebd., S. 192–197.

[102] Vgl. ebd., S. 184, S. 189 und S. 191.

[103] Vgl. Adorno: *Ästhetische Theorie*, a. a. O., S. 356.

[104] Vgl. Ngai: *Our Aesthetic Categories*, a. a. O., S. 174.

[105] Vgl. Hannah Arendt: *Vita activa* [1958], München/Berlin 2002, insbesondere Kapitel 3 und 6.

[106] Ngai: *Our Aesthetic Categories*, a. a. O., S. 185.

[107] Vgl. Byung-Chul Han: *Die Errettung des Schönen*, Frankfurt am Main 2015, S. 26.

[108] Ebd., S. 34–37.

[109] Vgl. Johannes Schöllhorn: *Karte, Uhr, Partitur. Variationen und Volten über Eroberung und ihre Begleitmusik*, Köln 2022, S. 255–256.

[110] Ngai: *Our Aesthetic Categories*, a. a. O., S. 85.

[111] „Kitsch ist Synonym zu Kolportage. Die Verben ‚kolportieren', ‚verhökern' und ‚verkitschen' meinen das gleiche." Otto F. Best, zit. nach Dettmar und Küpper (Hg.): *Kitsch. Texte und Theorien*, a. a. O., S. 104.

[112] Vgl. Lothar Schmidt: *Organische Form in der Musik. Stationen eines Begriffs 1795–1850*, Kassel/Basel 1990, und Stefan Keym (Hg.): *Motivisch-thematische Arbeit als Inbegriff der Musik? Zur Geschichte und Problematik eines „deutschen" Musikdiskurses*, Hildesheim 2015.

[113] Siehe Sabeth Buchmann, Alexander Mayer, Karolin Meuier, Stefan Moss, Erich Pick, Martina Rapedius, Thomas Rindfleisch, Mirjam Thomann und Sabin Tünschel (Hg.): *Wenn sonst nichts klappt: Wiederholung wiederholen in Kunst, Popkultur, Musik, Alltag, Theorie und Praxis*, Hamburg 2005.

[114] „Das Streichquartett, ist die Heimat der abendländischen Bürgermusik. Hier ist alles Satz. Diskurs statt Deklamation. Heute ist das Stillsitzen, das Vernünftige, die Satztechnik selbst die Provokation" – So Enno Poppe zu seinem Streichquartett *Buch* im Programmheft der Wittener Tage für neue Kammermusik 2008.

[115] Alain Badiou: *Images du temps présent*, Paris 2014, S. 87 (Übersetzung MK).

[116] Vgl. Harry Lehmann: *Die digitale Revolution der Musik. Eine Musikphilosophie*, Mainz 2012, und

Martin Kaltenecker: „De l'effrangement à la connexion. Remarques sur le ‚nouveau réalisme' dans la musique contemporaine allemande récente", in: Wilfried Laforge und Jacinto Lageira (Hg.): *À la frontière des arts. Lectures contemporaines de l'esthétique adornienne*, Paris 2018, S. 125–153.

[117] Vgl. Jung: *Schöner Schein der Häßlichkeit oder Häßlichkeit des schönen Scheins …*, a. a. O.

[118] „I understand many of my pieces as being essentially romantic in their core" (Alexander Schubert: *Switching Worlds*, Hofheim 2021, S. 196). Vgl. ebenfalls ders.: „Virtualität und Täuschung", in: *MusikTexte* 158 (2018), S. 18–27.

[119] Alexander Schubert: *Switching Worlds*, a. a. O., S. 152.

[120] Ebd., S. 201.

[121] Vgl. ebd., S. 50.

[122] Ebd., S. 14.

[123] Vgl. ebd., S. 38, S. 47 und S. 55–56.

[124] Vgl. ebd., S. 98 ff.

[125] Ebd., S. 108.

[126] Ebd., S. 107. Zum Glitch vgl. S. 33–36.

[127] Ebd., S. 167 (Übersetzung MK).

[128] Vgl. ebd.

[129] Vgl. ebd., S. 123–124 und S. 186–187.

[130] Ebd., S. 112.

[131] Vgl. ebd., S. 169–170.

[132] Vgl. Schlegel: *Über das Studium der griechischen Poesie*, a. a. O.

[133] Ebd., S. 129.

[134] Vgl. ebd., S. 65–67.

[135] Vgl. ebd., S. 113.

[136] Walter Benjamin: *Der Begriff der Kunstkritik in der deutschen Romantik, Gesammelte Schriften*, Bd. I, 1, hg. von Rolf Tiedemann und Hermann Schweppenhäuser, Frankfurt am Main 1997, S. 87.

Karolin Schmitt-Weidmann

Reibung und Verschleiß
Rauheit, Oberflächen und Widerstände in der Musik von Carola Bauckholt, Vinko Globokar, Robin Hoffmann und Hans-Joachim Hespos

„Wenn Körper aufeinander haften, gleiten oder rollen, tritt Reibung auf. Dabei wirken zwischen den Körpern Kräfte, die als Reibungskräfte bezeichnet werden. Reibungskräfte sind immer so gerichtet, dass sie der Bewegung entgegenwirken und diese hemmen oder verhindern."[1] Die wesentliche Ursache für das Auftreten von Reibungskräften liegt dieser physikalischen Definition zufolge in der Oberflächenbeschaffenheit der sich berührenden Körper begründet: „Diese Berührungsflächen sind mehr oder weniger rau. […] Liegen die Körper aufeinander oder bewegen sie sich gegeneinander, so ‚verhaken' sich die Unebenheiten der Flächen. Damit wird die Bewegung gehemmt oder verhindert."[2] Auch das Spielen von Instrumentalmusik impliziert das „Aufeinanderprallen"[3] (oder Aneinanderreiben?) zweier Körper mit samt ihrer Oberflächen und Atemströme. Der Musiker:innenkörper arbeitet nicht nur mit, sondern sich auch bisweilen an einem Musikinstrument ab, wodurch Berührungen, Kräfte und Widerstände erfahrbar werden. Die Erforschung und künstlerische Verarbeitung von Widerständen zwischen verschiedenen menschlichen und klanglichen Körpern kann als eine wesentliche Facette der zeitgenössischen Musik angesehen werden. In diesem Zusammenhang stellt die Verwendung von außermusikalischen Geräuschen und Gegenständen aus der gewohnten Lebensumgebung ein zentrales Moment der Musiksprache Carola Bauckholts dar, die im Folgenden als roter Faden dienen soll. So werden beispielsweise Gegenstände, wie eine Plastikkarte, die über ein Backofenrost gezogen wird,[4] oder eine Zinkwanne, die über den Boden geschleift wird,[5] als konzertfähige Musikinstrumente behandelt und als gleichberechtigte Klangerzeuger genutzt. *Reibung und Verschleiß* sind dabei – wie der Titel eines Vorläufers des Werkes *hellhörig* (2004-2007/2009) für Sopran, Mezzosopran, Bariton, drei Celli, Klavier und vier Schlagzeuger:innen besagt[6] – zentrale Elemente der Erfahrbarkeit von inneren und äußeren Widerständen, die verschiedene Ebenen betreffen.

1. Materialoberflächen: Metall, Glas und Gummi

Die künstlerische Verarbeitung verschiedener Oberflächenstrukturen findet sich insbesondere in Werken, die Gegenstände und Materialien aus nichtmusikalischen Kontexten verwenden und künstlerisch nutzbar machen. Carola Bauckholt versucht gezielt, die Wahrnehmung kausaler Zusammenhänge zwischen sichtbarer Produktion und hörbarem Klangresultat zu verunsichern. Klänge von Musikinstrumenten oder der Stimme werden denjenigen von Alltagsgegenständen bewusst dergestalt angenähert, dass sie zum Verwechseln ähnlich erscheinen. Klänge können somit oftmals nicht eindeutig bestimmten Klangerzeugern zugeordnet werden, sodass die Wahrnehmung in ein oszillierendes Suchen nach Zuordnungen zwischen auditiver Klangerfahrung und visueller Klangerzeugung sowie nach assoziativen Verknüpfungen und Beziehungszusammenhängen versetzt wird. In dem Werk *Kugel* (2002) für drei Celli und Zuspielband formieren sich die Geräusche von rotierenden Kugeln zusammen mit ihren instrumentalen oder vokalen Abstraktionen zu einem Wahrnehmungsfeld, in dem das Publikum die Orientierung darüber verliert, ob die rollenden Klänge von einem in einer Styroporhalbkugel rotierenden Gummiball, einer auf einer Keksdose kreisenden Stahlkugel oder den drei Celli erzeugt werden. Auditive und visuelle Beziehungen geraten in Unruhe, reiben sich aneinander und fordern die Wahrnehmung heraus, wobei die Individualität der Gestaltungsmittel der einzelnen Medien verschmilzt:

„Mich interessiert besonders die Verflechtung der Medien. Das Hören durch das Auge wird durch sichtbare Veränderungen in einer gestalteten Zeit vermittelt (z. B. optische Dichte, Rhythmus der Bilder, optische Mehrstimmigkeit, Bewegung etc.). Der Prozess des Sehens erinnert an musikalische Erfahrungen. Andererseits können imaginäre Bilder durch Geräusche oder Klänge hervorgerufen werden. Die Struktur der Musik und der visuellen Elemente entspringen dem gleichen kompositorischen Wunsch und Vorgang und bilden so ursächlich eine Einheit."[7]

Das Phänomen der gegenseitigen Aktivierung der Sinne unterstreicht umso mehr die enge Verflechtung der Medien, sodass sich weite Wahrnehmungsräume und Verbindungen öffnen, die Bauckholt zufolge vom Hören ausgehen:

„Ich konzentriere mich sehr aufs Hören. Ich gehe völlig vom Hören aus, weil ich der Überzeugung bin, dass das wirklich spannende Theater eben im Kopf passiert; in unserer Imagination und in den Zusammenhängen, die wir knüpfen. Nichts kann spannender – theatralischer – sein als zum Beispiel Ahnungen; Zusammenhänge zu ahnen. Wenn man merkt, wie sich die Sachen zusammenfügen, ordnen im Kopf – im eigenen Kopf."[8]

Der Transfer bzw. die Übertragung von Klängen auf andere Klanggeber sowie in neue Kontexte reibt sich an Erwartungen und gewohnten Wahrnehmungskategorien, welche dadurch herausgefordert und der Komponistin zufolge geöffnet werden sollen: „Ich möchte so viele Fenster aufmachen, wie es irgendwie möglich ist."[9] Die Herauslösung von Natur- oder Alltagsgeräuschen aus ihren natürlichen oder gewohnten Kontexten führt zudem zu einer erhöhten Intensität der Aufmerksamkeit des Publikums für Klänge, die in ihrer natürlichen Umgebung meist kaum Beachtung finden – ein Phänomen, das durch die Klangübertragung auf traditionelles Instrumentarium außerdem verstärkt wird:

> „Es gäbe auch akustische Aufnahmen, eine akustische Fotografie sozusagen, die man abspielen könnte, aber mich reizt gerade die Übertragung; dass Klang, der durch Gegenstände entsteht, die durch Bewegung erst verursacht wird, als Musik wahrgenommen wird. Und das passiert in dem Moment, wo der Klang auf Instrumenten gespielt wird: da hört man anders zu."[10]

Auf diese Weise macht sich Bauckholt evolutionär bedingte Wahrnehmungsreflexe zunutze: Die Identifikation von den Klängen zugrunde liegenden Aktionen sowie das Bedürfnis, Rückschlüsse von einem Klangresultat auf seine Ursache zu ziehen sowie die Materialbeschaffenheit, die physikalische Voraussetzung und physische Energie eines Klangs zu analysieren, erscheint bei jedem Alltagsgeräusch eine selbstverständliche und reflexartige menschliche Reaktion. Bauckholt beschreibt diesen Zusammenhang folgendermaßen:

> „Gerade Geräuschklänge lösen unmittelbar ein inneres Bild aus. Wir sind so gebaut, dass wir sofort wissen müssen: was war das, was ich gehört habe. Dies ist ein Reflex, der vor Gefahr schützt. Ein Knacken zum Beispiel: Kommt es von oben, dann muss ich wegrennen, kommt es von unten, dann muss ich entsprechend reagieren. Brennt es oder knistert eine Tüte? Geräusche wirken unglaublich provozierend für bildliche Assoziationen."[11]

Im Musiktheater *hellhörig* ereignen sich Reibungen, Störungen und Widerstände sowohl auf der Materialebene als auch auf der Wahrnehmungsebene, die in Interaktion versetzt werden:

> „Am Anfang rollt der Vollgummiball in einer Styroporhalbkugel. Er rotiert – wird immer wieder gestört, – fällt und beginnt von Neuem. Dazu spielen die Celli die Melodie einer kreisenden Stahlkugel auf einer Keksdose, die man später im Original hört – sozusagen eine Vorwegnahme. Eine weitere Störung passiert: Faustschläge auf Holz, Stimmen, die rückwärts singen und so Mehrklangflächen erzeugen, die immer intensiver werden – ein großes Störungscrescendo sozusagen. Dieses Crescendo wird von einer sich beschleunigenden, rasenden Glasmurmel in einem Plastikbottich gestützt. Alles mündet in hohen Celloflageolett-Glissandi, den Möwen-Schreien, die sich schnell abwechseln und über die drei Celli im Kreis ‚fliegen'. Zurück bleibt nur noch das sehr melodische Kreisen der Stahlkugel. Die Celli addieren tupfartig die Tonhöhen, die die Stahlkugel hervorbringt. Wenn eine Stahlkugel auf einer Dose rotiert, passiert

physikalisch nichts anderes als bei einem Streichinstrument. Die Kugel greift sozusagen die Schwingungspunkte ab, die jede Dose, jeder Behälter, jeder Raum hat. So entsteht die Melodie. Dazu kommt der kreisende Rhythmus und das Spannungsmoment: Schafft die Kugel eine weitere Runde oder nicht und rollt sie wieder zurück und kommt nicht mehr ganz rum?"[12]

Neben den reichhaltigen Klangfacetten von Kugelbewegungen widmet sich *hellhörig* der künstlerischen Auslotung von Material- und Körperbewegungen, Naturklängen sowie dem Atem, die das Publikum „hellhörig" auf die Entdeckung neuer Facetten in Bekanntem werden lässt:

„Ein anderes, direkt darauf folgendes Beispiel habe ich ebenfalls einer Bewegung entnommen: dem Kippeln. Wenn Gegenstände kippeln, wackeln, entsteht etwas Besonderes: Je ruhiger sie werden, desto schneller werden sie. Also wenn etwas sehr stark kippelt, ist es langsam, und es führt zu einem rasenden Accellerando kurz vor dem Stillstand. Diesem Vorgang kann ich stundenlang zuhören. Ich habe eine Zinkwanne auf den Kopf gestellt, die aufgrund ihrer verbogenen Griffe unregelmäßig kippelt. Diesen Rhythmus, ein Quintolenachtel zu vier Quintolenachtel, nehmen die Celli auf und führen ihn weiter in eine Struktur, die dem Kippeln entspringt. Der Kippelbewegung wird natürlich etwas entgegengesetzt – ein Atemfeld. Es ist kein echtes Atmen, sondern wird durch das Schieben von Stein auf Stein in verschiedener Körnung erzeugt. Jeweils eine Hälfte des Ensembles spielt unisono: Die rechte Hälfte atmet ein, die linke aus – eine Riesenlunge."[13]

Alltagsgegenstände wie Kugeln, Bälle, Topfschwämme, Lampenschirme, Kartons, Dosen, Luftballons und Becher scheinen oftmals unerwartet naturähnliche Geräusche hervorzubringen – vom knurrenden Löwen bis zum gellenden Schrei eines verletzten Tieres –,[14] die von den Musikinstrumenten übernommen oder aber zuvor bereits antizipiert worden sind. Insbesondere gilt dies für den nebelhornartigen Klang von Zinkwannen, die über den Boden gezogen werden. Die dabei entstehenden Klangprozesse lassen die Hörenden Gerhard R. Koch zufolge rätseln, ob bloß ein Reibe-Effekt des Metalls, ein denaturiertes Instrument oder ein elektronisches Phänomen als Klangquelle fungiert: „Das Assoziationsfeld schwankt zwischen oft unentscheidbaren Zuordnungen, je nach subjektiver Disposition. Und man findet sich wieder im Irrgarten der Schallquellen."[15]

In *hellhörig* hat Carola Bauckholt auf klare Bedeutungsträger wie Sprache, eine Handlung oder ein bestimmtes außermusikalisches Thema verzichtet, um Freiraum für individuelle Assoziationen, Imaginationen und Verknüpfungen zu geben.[16] Der Rezensent Michael Struck-Schloen beschreibt *hellhörig* treffend als „[…] ein packendes Drama für die Ohren, dessen Inhalt und Poesie aus Dingen entsteht, denen wir eigentlich gar keine Geschichte zutrauen: dem puren Geräusch, das sich plötzlich auflädt mit unserer eigenen Geschichte".[17] Die materiellen Reibungsflächen erzeugen somit Reibungsenergie in der audiovisuellen Wahrnehmung des Publikums. In diesem Kontext faszinieren Bauckholt vor allem die Momente,

> „wenn das ‚Abstrakte' und das ‚Konkrete' in perfekte Balance geraten. Wenn es mir gelingt, gleichzeitig in zwei Ebenen wahrzunehmen. Man kennt das von Vexierbildern, wo gleichzeitig die Treppe nach oben und nach unten führt […]. In dem Stück *Geräuschtöne* gibt es eine Passage, in der ein Plastikkästchen auf einer Glasscheibe kreist und neben dem rotierenden Schabgeräusch blitzsaubere hohe Töne strahlen. Gleichzeitig spielt die Geigerin blitzsaubere hohe Töne. Diese verschmelzen, und Plastikkästchen und Geige vertauschen ihre fremden Identitäten. Sofort erscheinen Plastikkästchen und Geige in einem anderen Licht und meine Beziehung zu ihnen hat sich verändert."[18]

2. Körperoberflächen: Kleidung, Haut und Mundinnenraum

Geräusche aus der alltäglichen Lebenswelt werden auch in *Hirn & Ei* (2010/11) für Schlagquartett ins Zentrum gerückt und künstlerisch verarbeitet. Das hier verwendete Instrumentarium besteht fast ausschließlich aus GORE-TEX- oder Texapore-Jacken. Ihrem Zweck als Wind- und Wetterschutz des Körpers entfremdet, werden die Jacken als eine im Alltag durchaus präsente, aber unbeachtete Klangquelle erkundet.[19] Das Spektrum der Klangmöglichkeiten reicht von verschiedenen fein variierten Arten an Wischklängen, über Kratzen und Rascheln bis hin zu rhythmischen Reißverschlussgeräuschen. Diese werden jedoch nicht durchdekliniert, sondern dazu verwendet, musikalische sowie theatralische Spannungsverläufe zu gestalten. Zudem wird das szenische Handeln der Musiker:innen auf der visuellen Ebene bzw. der musiktheatralische Einsatz der „Bühnenkörper"[20] – insbesondere über dem Alltag entlehnte Gesten wie das Wegwischen von Schuppen von der Schulter und einer Choreografie der Blickrichtungen – zu einem Werkbestandteil, der als Kontrapunkt zur Musik angesehen werden kann.[21] Auch wenn die Regenjacke hier als Oberfläche und klanggebendes Material ins Zentrum gestellt wird, verweist sie als Bekleidungsstück immer auch auf den darunter befindlichen menschlichen Körper. Die Windjacke stellt somit kein abstraktes Objekt zur Klangerzeugung dar, sondern eine im Alltag zum menschlichen Körper und der körperlichen Eigenwahrnehmung gehörende Hülle: Auch wenn die Jacken in *Hirn & Ei* ein gewisses klangliches Eigenleben entwickeln, so treten sie als Körperattribut und äußere Oberfläche eines darunter befindlichen Körpers in Erscheinung – ihrem Zweck des Wind- und Wetterschutzes entfremdet, um als Körper-Klangquelle neu entdeckt und erfunden zu werden.

Ein frühes Beispiel der Erforschung der Klangmöglichkeiten des (weitestgehend unbekleideten) Körpers ohne zusätzliche instrumentale Hilfsmittel stellt Vinko Globokars *?Corporel* für eine:n Schlagzeuger:in auf seinem oder ihrem Körper aus dem Jahr 1984 dar, welches vielerlei Parallelen zu *Hirn & Ei* aufweist, ohne eine direkte Inspirationsquelle gewesen zu sein.[22] In *?Corporel* wird der Körper selbst zum Musikinstrument, wobei die Hände als Werkzeug zur Klangerzeugung, die Haut als „Kontrollorgan" und die einzelnen Körperteile als perkussive Klanggeber in Erscheinung treten.[23] Eine Aufführung von *?Corporel* ereignet sich Stefan Drees zufolge „[…] für den Interpreten an der Grenze zwischen Klangerzeugung und körperlicher Eigenwahrnehmung. Wird der Körper dementsprechend instrumentalisiert, gerät der Umgang mit diesem ‚Instrument' wesentlich aufmerksamer als die Verwendung eines herkömmlichen Instruments, das immer ein dem Körper äußerliches Werkzeug darstellt."[24] Carola Bauckholt weist bei aller Verbundenheit auf einen wichtigen Unterschied zwischen beiden Werke hin: Da *?Corporel* auch den Atem miteinbezieht und den gesamten Körper mit all seinen Organen als Trommel verwendet, ist dieses Stück für Carola Bauckholt im höchsten Maße von innen heraus gedacht. *Hirn & Ei* hingegen verwendet den Körper nicht als Trommel bzw. „Resonanzkörper" und wäre daher eher mit einem Streichquartett zu vergleichen, da der klangliche Schwerpunkt auf Wischklängen und nicht auf Schlagaktionen liegt.[25] Beide Herangehensweisen in Bezug auf die breite Palette der Klangerzeugung zwischen Reiben und Schlagen stellen einen Sonderfall der Interaktion zwischen menschlichem Körper und Musikinstrument dar: Der Musiker:innenkörper tritt selbst als Klangkörper bzw. klingendes Instrument auf und ist demnach gleichzeitig Interpret und Instrument. Der Körper fungiert nicht als reines Klangobjekt, sondern als ein lebendiger Organismus eines sich bewegenden und handelnden Menschen, was Globokar folgendermaßen beschreibt:

> „Sitzend, liegend oder stehend, mit Gesten wie Streicheln, Wischen, Kratzen, Schlagen, mit vokalen Äußerungen, die auf dem Atmen oder mehr oder weniger deutlichen Artikulationen von Wörtern beruhen, mit einer Rhythmisierung, die bis zur Verrenkung der vier Gliedmaßen reicht, drückt sich der Mensch, der Schlagzeuger ganz in Klang aus, führt, durch die Situation gezwungen, eine Untersuchung seines eigenen Körpers und damit letztlich seiner eigenen Person aus."[26]

Der Körper bietet unterschiedliche Flächen, die – je nachdem, was sich unter der Haut befindet und ob man die Knochen oder das Fleisch mit den Fingerspitzen, mit der Hand, mit der Faust oder mit der hohlen Hand traktiert – einen mehr oder weniger perkussiven Klang hervorrufen. Der spezifische Klang von weichen Körperteilen wie Wangen, Bauch und Oberschenkeln und harten Körperteilen wie Schädel, Schlüsselbein, Brustbein, Knie und Zähne in Verbindung mit unterschiedlichen körperlichen Resonanzräumen charakterisiert die Klangfarben, die auch durch verschiedene Schlagarten von Schlagen, Klopfen bis Reiben hervorgerufen werden.[27] Eine zusätzliche Facette der klanglichen Körpererkundung erforscht Robin Hoffmann in seinem Werk *An-Sprache* für Body-Percussion solo (2000), indem nicht nur die Körperoberfläche, sondern auch der Innenkörper u. a. in Form des Artikulationsapparats und Mundinnenraums (Zähne) miteinbezogen wird. Indem die Haut als äußere Hülle bzw. Grenze des Körpers in den Fokus gestellt wird, da sie als Fläche zwischen dem Innen- und Außenkörper sowie dem Selbst und der Welt erfahrbar wird, scheint der Innenkörper mit dem Außenkörper in Interaktion zu geraten.[28] Die Interpretin Nikola Lutz beschreibt aus ihrer Aufführungserfahrung heraus, dass die Haut bei diesem Werk keine feste Außenhülle darstellt, sondern die von außen einwirkenden Kräfte an den Innenkörper abgibt – ähnlich einem Luftballon, bei dem sich durch Druck die Außenhülle nach innen wölbt.[29]

Dieses Bild erinnert an Carola Bauckholts *Vakuum Lieder* (2017), in dem eine besondere Interaktion zwischen dem Körperinneren und der äußeren Hülle durch den Einsatz eines Staubsaugers auf der Backenhaut und der Zunge herbeigeführt wird, dessen Klang durch die Stimme und die Artikulation im Mundinnenraum verändert wird. Ähnlich zu Nikola Lutz' Anmerkung in Bezug auf Hoffmanns *An-Sprache* können diese Aktionen auch im Falle von Carola Bauckholts *Vakuum Lieder* eine Assoziation zu einer Luftballonhülle hervorrufen, die hier sogar in den Einsatz eines Luftballons mündet, der in die Staubsaugeröffnung ein- und ausgeführt wird und dessen Klänge von einem ermunternden Zureden in einer Fantasiesprache begleitet wird.[30] Dabei scheinen die Antagonismen innen – außen, Luft – Vakuum, Sprachlaute – Kommunikation zwischen klarer Erfahrbarkeit ihrer Grenzen und deren Auflösung changierend in Bewegung zu geraten.

Spätestens seit dem 20. Jahrhundert wird die Haut als eine zentrale Metapher des „Getrenntseins" zwischen Innen und Außen angesehen.[31] Auch wenn der medizinische Fortschritt die Durchdringung und Offenlegung des Körperinneren ermöglicht hat, wird die Haut nach wie vor als eine Grenzfläche betrachtet,[32] die Durchlass nicht verhindert, sondern vielmehr reguliert:

„Dadurch, dass es sich um eine isolierende Schicht handelt, deren Rolle nicht die des Verbietens, sondern der Ermöglichung des Austausches zwischen einem Innen und Außen ist, kann sich etwas Lebendiges formen und wachsen."[33]

In diesem Sinne stellt die Haut weniger eine Grenze zur Außenwelt, als vielmehr eine Kontaktfläche dar, an der sich Benthien zufolge Subjekte begegnen können:

„Es gehört zu den zentralen Topoi einer Kulturgeschichte der Haut, dass sie in allen sozialen Situationen kontinuierlich gedeutet und interpretiert wird, dass man sie als Ausdruck der Tiefe, des Seelischen, des inneren

Charakters versteht und missversteht. Im menschlichen Kontakt ist man unweigerlich auf sie angewiesen, sie ist jener manifeste Ort des anderen, der dem Blick und der Berührung zugänglich ist."[34]

Die Haut bildet als sichtbare und berührbare Körperoberfläche einen Ort der Identitätsbildung und -zuschreibung, der als solcher insbesondere seit den 1970er Jahren auch in den Künsten in den Fokus gestellt wird.[35] In diesem Zusammenhang kommt der Selbstberührung eine Sonderstellung zu, da sie berührende und berührte Wahrnehmungsebenen kombiniert.[36] Die doppelte Eigenwahrnehmung der Aufführenden von Bodypercussionstücken als Objekt und Subjekt ergibt sich somit aus den unterschiedlichen Ebenen des Tastsinns, die sich aus aktiven und passiven Komponenten zusammensetzen. Während ein Objekt, das durch die Hand erkundet wird, den aktiven Tastsinn aktiviert, erfolgt die passive Wahrnehmung über Berührungen, die über die Haut aufgenommen werden: Bodypercussion impliziert den aktiven Tastsinn der eigenen Körperoberfläche, die dabei eine Art Rückkopplung der bespielten Körperteile spürt und sich gleichzeitig in einer aktiven als auch passiven Körperdimension wahrnimmt.

Da in Bodypercussionwerken der Körper gleichzeitig als spürender Leib, gesellschaftlich geformter Leibkörper, als symbolischer Körper, Werkzeugkörper und als performativ erscheinender Bühnenkörper erfahrbar wird,[37] scheinen Bodypercussionwerke auf den ersten Blick von großer körperlicher Nähe geprägt zu sein. Denn das Werk rückt sehr direkt an den eigenen Körper und damit auch an das Publikum heran. Das sich distanzierende verrätselnde Spiel gehört jedoch Robin Hoffmann zufolge ebenfalls unbedingt dazu und offenbart sich in den operativen Techniken und Konstruktionsprinzipien der Kompositionen. Dabei lassen sich beide Aspekte der Nähe und Distanz nicht als Pole, sondern als sich gegenseitig bedingende Einheit verstehen, wobei Kunst in dem Spiel der unterschiedlichen Distanzen zu einem Gegenstand stattfindet. Der Körper stellt demnach eine unumgängliche Voraussetzung für künstlerische Handlungen dar, die nicht unbedingt immer nur mit Nähe, Natur oder Unmittelbarkeit in Verbindung gebracht werden muss (auch wenn man gewisse Erfahrungen im Rahmen der Aufführung von *An-Sprache* „durchleidet" und beispielsweise nach mehreren Durchgängen grün und blau ist). Vielmehr verweisen körperliche Handlungen gerade auch auf die gesellschaftlich-kulturelle Konstruiertheit des Körpers in Verbindung mit unterschiedlichen Distanzgraden zwischen unmittelbarer Erfahrung und distanzierter Betrachtung, Freiheitsgefühl und struktureller Determiniertheit, die sich mit denjenigen der künstlerischen Auseinandersetzung reiben und ergänzen.[38]

Der individuelle Körper wird dabei schließlich im Prozess der Klangerzeugung und körperlichen Eigenwahrnehmung nicht nur als Medium der Realisierung einer Komposition thematisiert, sondern auch als sicht- und hörbares Material, das lebt: kein Holz, kein Blech, keine Tasten und Saiten, sondern

Fleisch und Knochen.³⁹ Laut Globokar genügt dieses Material voll und ganz, „um ein musikalisches und theatralisches Drama entstehen zu lassen, dessen Subjekt und Objekt zugleich der Mensch ist".⁴⁰ Die musiktheatralisch gestalteten Körperklangprozesse münden in Globokars *?Corporel* in ein zu rezitierendes Zitat René Chars: „Neulich las ich folgende Behauptung: Die Geschichte der Menschheit besteht aus einer langen Aneinanderreihung von Synonymen für denselben Begriff. Es gilt, diese Behauptung zu widerlegen." Globokar sieht an dieser Stelle konsequenterweise keine gewöhnliche Rezitation des Textes vor:

> „Ich habe sehr oft Aufführungen gesehen – es ist ein Modestück, besonders in Amerika –, aber niemand, weil es nicht geschrieben ist, ist bisher auf die Idee gekommen, dass er so anfangen soll zu sprechen, als ob er nie zuvor gesprochen habe. Voilà. Also diese Art von Stück benutzt eine Art Intelligenz – und diese Intelligenz ist nicht Routine."⁴¹

Körper und Sprache scheinen demzufolge nicht nur bei Globokar und – wie weiter oben erwähnt – in Bauckholts *Vakuum Lieder* reibungsvolle Verbindungen einzugehen, die Energien freisetzen und geradezu nach künstlerischer Verarbeitung verlangen, um Bedeutungsoberflächen und -ebenen in reibungsvolle Interaktion zu versetzen.

3. Sprachoberflächen und -ebenen: Schraube, Axt und Wortanfälle

In *Schraubdichtung* für Sprechstimme, Cello, Kontrafagott und Schlagzeug (1989/90) von Carola Bauckholt wird die Verwebung von Stimme mit Instrumentenklang konsequent entlang der außermusikalisch inspirierten und abgeleiteten Geräusche von Werkzeugen in Aktion – in Verbindung mit den jeweiligen Klängen der Wörter „Schraube", „Schraubenzieher", „Kontermutter" etc. – durchgeführt. Ohne Einsatz wirklicher Werkzeuge wird somit allein über die (den Lautgehalt der Bezeichnungen auskostende) Stimme und die Übertragung der Schlag- und Reibungsgeräusche auf Musikinstrumente die facettenreiche Klangwelt einer Werkstatt evoziert. Die Geräuschaktionen der Instrumente haben nicht die Funktion der Begleitung, sondern verschmelzen mit der Stimme zu einer Einheit, in der die besonderen Geräuschqualitäten der Wörter herausgearbeitet werden. Die Klänge der Instrumente orientieren sich farblich und dynamisch an der Sprechstimme. Die punktuelle instrumentale Imprägnierung des Wortes „Axt" beispielsweise lässt dieses Wort in Takt 78–89 selbst zu einem klanglichen Axthieb in der musikalischen Textur werden, wobei jeder Buchstabe folgendermaßen verstärkt wird: Zum „A" wird ein Schlafsack in Hülle mit kräftigem Stock geschlagen, so dass zusammen mit einem *ff*-Akzentklang auf dem Kontrafagott ein explosiver Klang entsteht; das „x" wird mit einem Beckenschlag unterlegt; und zum „t" erklingt ein Bartók-Pizzicato im Cello. Die besondere Verbindung von Instrumentalklängen mit der Stimme beschrieb Marion Saxer folgendermaßen:

> „Vom geräuschhaften Instrumentalklang durchtränkt verliert sie [die Stimme, Anm. d. Verf.] an Individualität und zeigt dennoch etwas von sich selbst, indem sie die geräuschhaften Anteile der Sprache in ihrer Nähe zu den Geräuschen der Dinge vorführt. Und gerade mit dieser Tendenz zum Impersonalen eröffnet sie einen musikalischen Erfahrungsraum, dessen Sinn nicht bereits vorgegeben ist."[42]

Der experimentelle Umgang mit der Stimme durchzieht Bauckholts gesamtes Schaffen, wobei die Stimme im Spannungsfeld zwischen Klang und Bedeutungsträger immer wieder neue Funktionen einnimmt.[43] In *Wortanfall* (1986) drückt sich die Stimme in einer eigens für dieses Werk geschaffenen rhythmisch und dynamisch durchartikulierten Fantasiesprache aus, der kein eindeutiger Sinn zu entnehmen ist, wenngleich semantische Andeutungen in einzelnen Wörtern sowie assoziativ anmutende Wortneubildungen, wie „Ammirusso", an die Entstehungszeit des Werks im Kalten Krieg erinnern mögen. Im Verlauf der Rezitation eines Textfragments aus Gertrude Steins *Drei Leben* spaltet sich die stimmliche Aktion genau an der Stelle, an der von dem „Verstehen" die Rede ist, in folgende zwei Bereiche auf: „die dem Logos verpflichtete, allgemein verständliche diskursive Wortsprache und die solchen Verstehensprozessen sich entziehende reine Lautsprache, in der allenfalls semantische Deutungen durchschimmern".[44] Die kunstvolle Verwebung des Gesangs mit der Klangtextur des Instrumentalensembles kennzeichnet nicht nur die darauf folgende Passage, sondern kann als charakteristisches kompositorisches Mittel Bauckholts angesehen werden. Diese exemplarisch herausgegriffene Passage weist das Verstehen als besonderes Thema der Textbehandlung in Bauckholts kompositorischer Arbeit aus, das Marion Saxer folgendermaßen zusammenfasste:

> „Die Stimme, die in dieser Erfahrung laut wird, ist eine gebrochene, zerteilte, gespaltene Stimme, denn angesichts der prinzipiellen Offenheit einer ‚wirklichen Erfahrung' erweist sich jede Homogenität oder Logizität als Einengung und Beschneidung. Verstehen ist aus dieser Perspektive paradoxerweise nur dann möglich, wenn Nicht-zu-Verstehendes zugelassen und eingelassen wird. Die gespaltene Stimme vermag beides zu artikulieren – reinen Stimmklang und verstehbare Sprache, Soma und Semantik –, sie erschließt erst so ihre uneingeschränkte Erfahrungswirklichkeit."[45]

Dieses reibungsvolle Mit-, In- und Aneinander verschiedener Wahrnehmungskategorien und Erfahrungswirklichkeiten in Verbindung mit deren (De-)Konstruktionen kratzt nicht selten auch an grundlegenden existenziellen Erfahrungen menschlichen Daseins, welches – ähnlich zur Stimme – in seiner gebrochenen, zerteilten und gespaltenen Existenz erfahrbar werden kann.[46]

4. Widerstände und Existenzreibungen: aufschlagende Beinknochen, „an / organische fürchterlichkeit", „krasse erfahrungen"

Eine existenzielle Form der Reibung von „an / organischer fürchterlichkeit, krasse erfahrung"[47] erzeugt Hans-Joachim Hespos in *O p !* (1996), begehbare Video-Szene mit Viola, Percussionen und Tape, in dem körperliche Extremzustände der Erschöpfung bis hin zu schmerzhaften Strapazen herbeigeführt werden. Drei Frauen ziehen Klangschleppen-Matten hinter sich her und legen „scheinbar unendliche Wege von bedrückender Langsamkeit"[48] durch das Publikum zurück, wobei sie sich nie gegenseitig begegnen. Jede der drei Frauen geht ihren eigenen, einsamen Weg mit ihrer Matte.[49]

> „die eine [Klangschleppen-Matte, Anm. d. Verf.] ist aus stahl mit klirrendem flaschenglas, eine zweite aus sirrenden steinen, die dritte mit quietschschurrenden bambuskielen: klirrend aufkreischende geräusche also. wie im zirkus ziehen die frauen eine stunde lang ihre weiten langsamen kreise im raum. sie haben zudem fußfesseln, die den schritt verkürzen, so dass sie immer mal wieder stolpern, stürzen und auf den boden aufknallen, was einem durch und durch geht. dieser dumpfe klang von auf den boden aufschlagenden beinknochen. an / organische fürchterlichkeit, krasse erfahrungen."[50]

Das enorme Gewicht der Matten in Verbindung mit den Fußfesseln erfordert von den Interpretinnen über den Zeitraum einer ganzen Stunde ein Maximum an körperlicher Leistungsfähigkeit, deren Fortbewegungsanstrengungen durch weitere Auflagen zudem maximal erhöht werden: „eine hand in kniekehlenhöhe zwischen den beinen hindurch, im rückwärtsgang gezogen" oder „vorwärts, zug über die schulter gelegt, mit der anderen hand durch den schritt gepackt".[51] Auf diese Weise werden körperliche Anstrengungen bis hin zur Erschöpfung „ungeniert hörbar".[52] Stefan Drees zufolge erfährt diese Situation keinerlei Entspannung oder Erlösung, „denn das Los der ins Joch gespannten Frauen wird in Verbindung mit den jeweils von ihnen im Raum erzeugten Klangbahnen als extreme Verausgabung hör- und wahrnehmbar gemacht, ist […] als Schleifen von ‚Lastenklängen' über den Boden des Aufführungsraums in jenes Geflecht aus Klang, Musik, Licht, Körper, Szene und Publikum eingebunden, aus dem *O p !* sich zusammensetzt und seine Wirkung gewinnt".[53] Während dieser qualvollen Körperbewegungen brechen zwölf relativ kurze, zum Teil extrem laute elektro-akustisch erzeugte Jets über die Aufführenden und das Publikum herein. Unvorhersehbar ereignen diese sich im Verlauf der 60 Minuten mit in den Ohren schmerzender Wucht. Diese „surReale[n] fensterEreignisse – vereinzelt weit und in einmaligen galaktischen random-kollisionen […] auch zeitverkehrt, verdrallt, zerbeult"[54] werden als schmerzhafte Klangattacken zu einer körperlichen Bedrohung, die dem Publikum jegliche Teilnahmslosigkeit verweigert.[55] Inmitten der Situation der fehlenden Bestuhlung für das Publikum, die dazu auffordert, den eigenen Blickwinkel zu ändern, ereignet sich darüber hinaus ein Bratschensolo, bei dem der/die Musiker:in spielend mit einem Stuhl durch den Raum wandert. Das Spiel wird durch den Stuhl erschwert, da dieser während des Spielens am Arm hängt oder auf dem Rücken transportiert werden muss. Der Stuhl stellt somit eine Behinderung dar, die sich direkt auf musikalische Prozesse und Gestaltung auswirkt.

In solchen Momenten des Widerstands, Risikos und der körperlichen Entkräftung zeichnet sich Stefan Drees zufolge deutlich die Intention des Komponisten ab, id est „vermittelt über den Impuls zur permanenten Erforschung extremer Situationen des Ausdrucks im Sinne von ‚distanzauflösenden Erlebnisverdichtungen' eine aus dem Leiblichen heraus gewonnene emotionale Dimension in die Musikausübung ein[zu]bring[en]".[56] Die in der Aufführung erfahrenen Extremsituationen werden von den Interpret:innen nicht nur durchlebt, sondern intensiv durchlitten, wobei Unvorhersehbarkeit, Unkalkulierbarkeit und Ereignishaftigkeit der Aufführung in den Fokus der Wahrnehmung gestellt werden. Hespos erläutert hierzu:

> „Mich interessieren diese Fast-Identifikationen. D. h. es muss auch für den Musiker anfangen, ein Wagnis zu sein, Musik zu machen […]. Wenn man Musik erzeugt, macht man etwas durch und muss sich auf diesen zum Teil sehr gefährlichen Prozess einlassen. Und wenn diese Distanz sehr eng geworden ist, zwischen dem Ausführenden und dem Werk, dann verringert sich auch die Distanz zum Publikum. Und so etwas wird unmittelbar wahrgenommen als Ereignis."[57]

Diese Form der Distanzauflösung führt die normalerweise als selbstverständlich angesehene eigene Existenz klar vor Augen, wobei Verdrängungsmechanismen und Existenzängste offengelegt werden. Hespos beabsichtigt dabei bewusst eine Destabilisierung des gesellschaftlich etablierten Sicherheitsgefühls. Während gängige Arten von „Gruselschockern"[58] in der Literatur, im Film, in der Kunst oder auch Musik in unserer Gesellschaft weite Verbreitung finden und gerade dazu dienen, die Sicherheiten des realen Alltags durch eine zeitweilige Flucht in fiktive ‚gefährliche' Welten – gleichsam als Gegenentwurf – zu bestätigen, widmen sich die Werke Hespos' gezielt einer möglichst realen Konfrontation mit Existenzängsten. Distanzierungsversuche werden dabei verhindert, Erwartungshaltungen erschüttert und Krisensituationen erzwungen.[59] Zuhörer:innen sollen auf diese Weise aus ihrer geistigen Unbeweglichkeit und Denkerstarrung gerissen werden, um ein Nachdenken über und Umsetzen von verantwortungsvollem reflexiven Handeln gegenüber sich selbst und der Umwelt zu fördern. Die Idee einer total vereinnehmenden Kunst[60] vermag eine unmittelbare Nähe zum Publikum herzustellen, welches von den körperlichen Anstrengungen der kämpfenden und erschöpften Kreaturen unmittelbar körperlich affiziert wird. Im Unterschied zu Hoffmann, der versucht, unterschiedliche Distanzqualitäten auszuloten, und auch sich entziehende und distanzierende Absichten verfolgt,[61] beabsichtigt Hespos in seiner Musik distanzauflösende Erlebnisverdichtungen von größtmöglicher Nähe durch körperlichen und emotionalen Mitvollzug herbeizuführen. Hespos führt gezielt Überforderungen im Moment der Aufführung herbei, welche „Wieder-Erstaunen" und „Hellhörigkeit" anregen möchten, was in Bezug auf eine Öffnung der Wahrnehmung durch einen „neugierdeträchtigen"[62] Stoff in Verbindung mit der Fokussierung des Hörens eine Parallele zu Bauckholt darstellt.

„Wie nehme ich wahr? Wie funktioniere ich?"[63] Zusammenfassend kann festgestellt werden, dass sich Komponist:innen wie Carola Bauckholt, Vinko Globokar, Robin Hoffmann und Hans-Joachim Hespos diese Fragen selbst, aber auch ihren Interpret:innen und Hörer:innen immer wieder neu vor Augen geführt haben und führen. Das Nachdenken über das Phänomen des Wahrnehmens ist daher zentraler Bestandteil der hier angesprochenen Werke, in all seiner Widerständigkeit, Rauheit und wunderbar reibungsvollen Kraft.

---

[1] Zit. nach https://www.lernhelfer.de/schuelerlexikon/physik/artikel/reibung# (zuletzt aufgerufen am 1. Juni 2023).

[2] Ebd.

[3] Martin Zenck / Tobias Fichte / Kay-Uwe Kirchert: „Gestisches Tempo. Die Verkörperung der Zeit in der Musik – Grenzen des Körpers und seine Überschreitungen", in: Erika Fischer-Lichte / Christian Horn / Matthias Warstat (Hg.): *Verkörperung* (= Theatralität, Bd. 2), Tübingen und Basel 2001, S. 345–368, hier S. 358.

[4] Siehe Carola Bauckholt: *Laufwerk* (2011) für Ensemble und Samples, T. 144–152.

[5] Siehe Carola Bauckholt: *hellhörig* (2004-2007) für Sopran, Mezzosopran, Bariton, drei Celli, Klavier und vier Schlagzeuger:innen.

[6] Carola Bauckholt: *Reibung und Verschleiß* (2004) für Stimme, drei Violoncelli, vier Percussionist:innen und Licht.

[7] Carola Bauckholt zit. nach Christa Brüstle: „Klang sehen – Konzepte audiovisueller Kunst in der neuen Musik", in: Jutta Eming / Annette J. Lehmann / Irmgard Maassen (Hg.): *Mediale Performanzen. Historische Konzepte und Perspektiven*, Freiburg 2002, S. 181–196, hier S. 189.

[8] Carola Bauckholt: „Bewegung erfassen – das Musiktheaterwerk *hellhörig*", in: Jörn Peter Hiekel (Hg.): *Neue Musik in Bewegung* (= Veröffentlichungen des Instituts für Neue Musik und Musikerziehung Darmstadt, Band 51), Mainz 2011, S. 121–132, hier S. 121.

[9] Carola Bauckholt zit. nach Stefan Keim: „Komponistin lässt Sänger wie Schlittenhunde jaulen", in: *Die Welt* vom 21. April 2012, http://www.welt.de/regionales/koeln/article106204257/Komponistin-laesst-Saenger-wie-Schlittenhunde-jaulen.html zuletzt aufgerufen am 1. Juni 2023).

[10] Bauckholt: „Bewegung erfassen – das Musiktheaterwerk *hellhörig*", a.a.O., S. 124.

[11] Ebd., S. 129.

[12] Ebd., S. 123–124.
[13] Ebd., S. 125.
[14] Vgl. ebd.
[15] Gerhard R. Koch: „Im Irrgarten der Töne. Carola Bauckholt schreibt Theater für die Ohren", in: *Frankfurter Allgemeine Zeitung* vom 28. August 2010, S. 34.
[16] Siehe Bauckholt: „Bewegung erfassen – das Musiktheaterwerk *hellhörig*", a. a. O., S. 121.
[17] Michael Struck-Schloen: „Concerto für Luftballons", in: *Kölner Stadt-Anzeiger* vom 26. April 2008. Auszug zugänglich auf der Homepage der Komponistin unter http://www.carolabauckholt.de/Carola_Bauckholt/Presse.html (zuletzt aufgerufen am 1. Juni 2023).
[18] Carola Bauckholt: „Balance zwischen abstrakt und konkret. Gedanken zu meiner Musik", in: *MusikTexte* 147 (Nov. 2015), S. 67–68, S. hier S. 68.
[19] Vgl. Karolin Schmitt-Weidmann: „Musik in gewohnter Umgebung. Die Ästhetik Carola Bauckholts im Spannungsfeld zwischen Kunst und Alltag", in: Jürgen Oberschmidt (Hg.): *Geräuschtöne. Über die Musik von Carola Bauckholt* (= Weingartener Schriften zur Neuen Musik, Band 1), Regensburg 2014, S. 55–77, hier S. 72–73.
[20] Vgl. Brüstle: *Konzert-Szenen*, a. a. O., S. 211–212.
[21] Vgl. ebd., S. 119.
[22] Unveröffentlichtes Telefoninterview der Verf. mit Carola Bauckholt vom 27. September 2014.
[23] Vgl. Stefan Drees: *Körper – Medien – Musik. Körperdiskurse nach 1950*, Hofheim 2011, S. 123.
[24] Ebd., S. 124.
[25] Unveröffentlichtes Telefoninterview der Verf. mit Carola Bauckholt vom 27. September 2014. Als ein weiteres Parallelstück, welches ebenfalls keine direkte Inspirationsquelle darstellt, führt Bauckholt Thierry de Meys *Musique de table* für drei Perkussionisten (1987) an, das ebenfalls ohne aufwendiges Schlagzeugmaterial auskommt. Die Tatsache, dass hier die Hände der Musiker:innen auf Holzbrettern mit einer virtuosen Händechoreografie „tanzen", lenkt allerdings im Unterschied zu *?Corporel* und *Hirn & Ei* die Aufmerksamkeit in viel stärkerem Maße auf die Hände als Werkzeug zur Klangerzeugung und als zentrale akustische wie auch visuelle Ausdrucksmittel.
[26] Vinko Globokar: „Antibadabum, Für eine neue Ästhetik des Schlagzeugs", in: *Neue Zeitschrift für Musik* 3/1989, S. 22–29, hier S. 28–29. Siehe hierzu auch Bernhard Waldenfels: *Das leibliche Selbst*, Frankfurt am Main 2013, S. 309–314.
[27] Siehe zu den folgenden Ausführungen Brüstle: *Konzert-Szenen*, a. a. O., S. 228–233.
[28] Vgl. Claudia Benthien: *Haut. Literaturgeschichte – Körperbilder – Grenzdiskurse*, Reinbek 1999, S. 7. Vgl. auch dies.: „Hand und Haut. Zur historischen Anthropologie von Tasten und Berührung", in: *Zeitschrift für Germanistik* 8/2 (1998), S. 335–348.
[29] Vgl. Interview der Verf. mit Robin Hoffmann vom 15. Oktober 2016 in Frankfurt am Main, abgedruckt in: Schmitt-Weidmann: *Der Körper als Vermittler zwischen Musik und (all)täglicher Lebenswelt*, Bielefeld 2021, S. 298–304, hier S. 300.
[30] Diese Fantasiesprache ist dem Werk *Der gefaltete Blick* (1984) entlehnt, siehe weiterführend auch Karolin Schmitt-Weidmann: „Language as an Element of Intermedial Contextualisation in Carola Bauckholt's *Der gefaltete Blick*, Cantata for Two Voices and Cello (1984)", in: Christa Brüstle: *Textmaterial im zeitgenössischen Musiktheater* (= Studien zur Wertungsforschung, Bd. 65), Wien, London, New York 2023, 149–158.
[31] Vgl. Benthien: *Haut*, a. a. O., S. 7.
[32] Vgl. ebd.

[33] Régis Debray: *Lob der Grenzen*, Hamburg 2010, S. 26.
[34] Benthien: *Haut*, a.a.O., S. 17.
[35] Vgl. ebd., S. 7–8 und S. 11.
[36] Vgl. ebd.
[37] Vgl. Jörg Zirfas: „Zur musikalischen Bildung des Körpers. Ein pädagogisch-anthropologischer Zugang", in: Lars Oberhaus / Christoph Stange (Hg.): *Musik und Körper. Interdisziplinäre Dialoge zum körperlichen Erleben und Verstehen von Musik*, Bielefeld 2017, S. 21–40.
[38] Vgl. Robin Hoffmann: „Ich komm' gleich runter und berühre! Heiße und kalte Körperversprechen in der Musik", in: Jörn Peter Hiekel (Hg.): *Body Sounds. Aspekte des Körperlichen in der Musik der Gegenwart* (= Veröffentlichungen des Instituts für Neue Musik und Musikerziehung Darmstadt, Band 57), Mainz 2017, S. 236–247, sowie das Interview der Verf. mit Robin Hoffmann vom 15. Oktober 2016 in Frankfurt am Main, a.a.O., S. 298–304.
[39] Vgl. Brüstle: *Konzert-Szenen*, a.a.O., S. 232; Eva-Maria Houben: *gelb. Neues Hören. Vinko Globokar, Hans-Joachim Hespos, Adriana Hölszky*, Saarbrücken 1996, S. 66; Drees: *Körper – Medien – Musik*, a.a.O., S. 124.
[40] Globokar: „Antibadabum", a.a.O., S. 29.
[41] Interview der Verf. mit Vinko Globokar vom 10. Februar 2017 in Paris, abgedruckt in: Schmitt-Weidmann: *Der Körper als Vermittler …*, a.a.O., S. 315–321, hier S. 318.
[42] Marion Saxer: „Soma und Semantik: Die gespaltene Stimme in den Vokalkompositionen Carola Bauckholts", in: Jürgen Oberschmidt (Hg.): *Geräuschtöne*, a.a.O., S. 157–170, hier S. 162.
[43] Vgl. ebd., S. 157.
[44] Ebd., S. 158.
[45] Ebd., S. 160. Saxer verweist zum Begriffspaar Soma und Semantik auf Doris Kolesch und Sybille Krämer: „Stimmen im Konzert der Disziplinen", in: dies. (Hg.): *Stimme. Annäherung an ein Phänomen*, Frankfurt am Main 2006, S. 7–16. Die Bezeichnung „wirkliche Erfahrung" spielt auf die Figur der Melanctha in Gertrude Steins Text an, die ein zur „wirklichen Erfahrung" fähiges Subjekt darstellt, vgl. Saxer: „Soma und Semantik", a.a.O., S. 160.
[46] Vgl. auch Roland Barthes: „Die Rauheit der Stimme", in: ders.: *Der entgegenkommende und der stumpfe Sinn*, Frankfurt am Main 2019, und Peter Röbke: „Körper, Leib, rauhe Klänge. Gibt es eine musikalische Art brut?", in: Lars Oberhaus / Christoph Stange (Hg.): *Musik und Körper. Interdisziplinäre Dialoge zum körperlichen Erleben und Verstehen von Musik*, Bielefeld 2017, S. 295–308.
[47] Hans-Joachim Hespos im Gespräch mit Tobias Daniel Reiser: *Höre Hespos!*, Berlin 2011, S. 87.
[48] Gisela Nauck: „OP! begehbare video-szene mit viola, percussionen und tape von Hans-Joachim Hespos", in: *Positionen* 40 (August 1999), S. 38–39, hier S. 38.
[49] Vgl. ebd.
[50] Hespos im Gespräch mit Reiser: *Höre Hespos!*, a.a.O., S. 87.
[51] Hans-Joachim Hespos: *O p ! begehbare video-szene mit viola, percussionen und tape* (1996–97), Partitur H 095 E, Ganderkesee 1997, S. 1; vgl. auch Nauck: „OP!", a.a.O., S. 38–39.
[52] Hespos: *O p !*, a.a.O., S. 1.
[53] Stefan Drees: *Kunst ist das Gegenteil von Verarmung. Aspekte zum Schaffen von Hans-Joachim Hespos*, Hofheim 2018, S. 172.
[54] Hespos: *O p !*, a.a.O., S. 1.
[55] Vgl. Nauck: „OP!", a.a.O., S. 39.

[56] Drees: *Kunst ist das Gegenteil von Verarmung*, a.a.O., S. 173 f.; vgl. auch Brüstle: *Konzert-Szenen*, a.a.O., S. 166.

[57] Hans-Joachim Hespos: „Hespos im Gespräch mit Roland Wächter und Thomas Meier" (22. November 1986, Zürich), in: ders.: *.redezeichen., Texte zur Musik 1969–1999*, hg. von Randolph Eichert und Stefan Fricke, Saarbrücken 2000, S. 124–142, S. 129.

[58] Vgl. Helmut Lachenmann: „Musik als Abbild vom Menschen. Über die Chancen der Schönheit im heutigen Komponieren", in: ders.: *Musik als existentielle Erfahrung, Schriften 1966–1995*, hg. von Josef Häusler, Wiesbaden 2004, S. 111–115, hier S. 113.

[59] Vgl. Drees: *Kunst ist das Gegenteil von Verarmung*, a.a.O., S. 180.

[60] Vgl. Johannes Breckner: „Wenn Wut sich in Tönen Luft macht, Hans-Joachim Hespos' ‚Seiltanz', Ein Abenteuer aus Musik und Szene", in: *Darmstädter Echo* vom 25. Juli 1984.

[61] Vgl. Hoffmann: „Ich komm' gleich runter und berühre!", a.a.O., S. 241.

[62] Hespos im Gespräch mit Hanspeter Krellmann: „Stolperdrähte zum Neu-Anderen. Gespräch mit dem Komponisten Hans-Joachim Hespos", in: *Musica* 30 (1976/3), S. 212–215, hier S. 213.

[63] Carola Bauckholt, zit. nacch Stefan Keim: „Komponistin lässt Sänger wie Schlittenhunde jaulen", a.a.O.

Egbert Hiller

„… meine Gedanken in Klang verwandeln …"
Die Komponistin Iris ter Schiphorst

„Insbesondere protestieren wir gegen jegliche populistische Polarisierung, Verunglimpfung der letzten Generation, sowie gegen Hetze, Heuchelei und Propaganda konservativer, rückwärtsgewandter und klimafeindlicher Personen der Politik und des öffentlichen Lebens. Kommt endlich zur Vernunft und hört auf, die Bevölkerung an der Nase herumzuführen!"[1]

Dieser Satz stammt von der „GFFKM", der „Gesellschaft der Freundinnen und Freunde der Kulturschätze der Menschheit", die sich mit den Klimaaktivist:innen der „Letzten Generation" solidarisiert und 2022 im Netz einen entsprechenden Aufruf verbreitete. Zu den Unterzeichner:innen des Aufrufs zählte, neben anderen Komponist:innen,[2] auch Iris ter Schiphorst. Mit dieser Solidaritätsbekundung unterstreicht sie einmal mehr ihr gesellschaftspolitisches Engagement als Mensch und Künstlerin – und gerade in rauen Zeiten wie den gegenwärtigen sieht sie es als extrem wichtig an, die Stimme zu erheben. Rau sind die Zeiten in ihrer Wahrnehmung allerdings schon länger, wie sie anlässlich der Verleihung des Heidelberger Künstlerinnenpreises an sie im Jahr 2015 unterstrich:
„Was kann Musik überhaupt noch in dieser Zeit, die so gewalttätig und korrupt ist und geprägt wird von einem entsetzlichen Neoliberalismus, der überall herrscht, der auch Musik vom Tisch fegt wie nichts Gutes. Die Utopie, die Musik eigentlich bedeutet – hörend, ausübend an einem Klangerlebnis teil zu haben, das im besten Falle sogar etwas aussagt –, gerät unter wachsenden Druck. Aber manchmal denke ich auch, dass unsere wunderbare Musik oder Musik überhaupt vielleicht tatsächlich zu wenig sagt. Im Grunde müsste man einfach aufstehen und viel mehr auch das Wort ergreifen, aber dann beschäftigt mich im Gegenzug wieder die Frage: Wie kann ich vielleicht meine Gedanken, die ich dazu habe, doch in Kunst, in Klang verwandeln?"[3]

Dieses ebenso fruchtbare wie aufreibende Spannungsfeld zwingt Iris ter Schiphorst immer wieder dazu, auch vor sich selbst, Position zu beziehen:
„Wenn ich etwas sagen will, und ich bin in der Lage, es klipp und klar in Sprache zu sagen, dann sollte ich das tun, aber dann brauche ich keine Musik dazu zu machen."[4]

Gleichwohl betont sie die ureigenen Qualitäten von Musik, die sich der Vermittlung bestimmter Inhalte oder eindeutiger Botschaften entzieht:

> „Musik ist ein anderes Ausdrucksmedium mit eigener Kraft und eigenen Möglichkeiten. Das, um was es in der Musik geht, lässt sich nicht einfach auf einen Nenner bringen und klar definieren. Der Klang hat sein eigenes Leben und seine eigene Ausdruckskapazität, und dieses Eigenleben ist auch für uns Komponierende nicht vollständig kontrollierbar, auch bereits im schöpferischen Prozess selbst."[5]

Rebellion und Abstraktion

Mit diesen Worten greift Iris ter Schiphorst die Dichotomie zwischen inhaltlichen Dimensionen und abstrahierender Gestaltung auf, oder auf gesellschaftspolitische Phänomene übertragen, die Dichotomie zwischen politischer Stellungnahme im Sinne von Aufbegehren gegen herrschende Verhältnisse einerseits und künstlerischer Abstraktion andererseits. Verfolgen lässt sich dieser Zwiespalt im Prinzip durch die Musikgeschichte bis heute – und er lenkt den Fokus auf den Wahrnehmungsprozess selbst und eröffnet vielschichtige Perspektiven; auch jenseits abendländischer Kunstmusik.

So ist die originale Musik der Ureinwohner:innen tropischer Regenwälder eng mit kultischen Funktionen und Alltagsverrichtungen verknüpft, aber sie verweist im übertragenen Sinne auch auf drohenden Verlust – denn sie gerät, zumindest indirekt, zum Ausdruck des Widerstands gegen die Zerstörung des Regenwaldes. Mit ihren Klängen setzen die Ureinwohner:innen die Bewahrung der eigenen Kultur und Identität der sogenannten Zivilisation und deren Auswüchsen entgegen: Sie wenden sich gegen die Gier der Konzerne und die kriminelle Energie der Holzfäller, Goldsucher und Bodenspekulanten.

Exemplarisch zeigt sich, dass der Kontext ein entscheidendes Kriterium dafür ist, ob Musik Elemente von Aufbegehren oder Rebellion transportiert oder ob sie sich derlei Bedeutungen eher entzieht und der Abstraktion verhaftet bleibt. Die Grenzen zwischen beiden Sphären sind fließend und verändern sich je nach Blickwinkel.

Vom tropischen Regenwald nach Deutschland, ins Jahr 1968, das von massiven Demonstrationen vor allem der Studierenden gegen Kapitalismus, Wirtschaftsimperialismus, Ausbeutung und dem von den USA geführten Vietnamkrieg bestimmt war. Die 68er-Bewegung, die ein internationales Phänomen war, ergriff auch die Alltagskultur – und sie hatte ihre eigene Klangwelt, ihren Soundtrack, obwohl sich viele der Musiker:innen selbst politisch nur wenig engagiert haben. Ihre Form der Rebellion spielte sich auf intuitiver und abstrakter Ebene ab: im Anderssein der Musik und der Menschen, die sie machten. Zwar gab es auf dem Feld der Popmusik auch Bands, die mit politisch-agitatorischen Texten die 68er-Bewegung unmittelbar unterfütterten. Diese Rebellion ohne

Abstraktion erschöpfte sich aber rasch und blieb eine Fußnote der (Musik-) Geschichte; abgesehen vielleicht von der Band „Ton Steine Scherben", die in einem ihrer besten Songs „Keine Macht für Niemand" forderte.

Der in den 1960er Jahren aufkeimende Geist der Rebellion strahlte auf das gesamte Musikleben aus. Schon im Vorgriff der 68er-Bewegung kamen Fluxus und Happening als Formen der Aktionskunst auf, die mit gängigen Erwartungshaltungen des Publikums brachen und ritualisierte Konzertabläufe untergruben. Eine spannende Verbindung von Rockmusik, Geräuschmusik und Klangexperimenten zeigte ab 1980 die Band „Einstürzende Neubauten" auf, die Rebellion und Abstraktion auf sehr eigensinnige Weise verknüpfte.

„… vorher zurückschlagen …"

Zu dieser Zeit hatte sich das politische Geschehen bereits dramatisch gewandelt – und das schlug sich in der Musik nieder. Noch frisch waren die als „Deutscher Herbst" apostrophierten Ereignisse des Jahres 1977 mit einer Anschlagsserie der RAF (Rote Armee Fraktion) und staatlicher Repression als Reaktion darauf. Davon beeinflusst wurde nicht nur die Band „Einstürzende Neubauten", sondern auch der Avantgarde-Komponist Mathias Spahlinger, der 1980/81 sein Doppelquartett *Aussageverweigerung/Gegendarstellung* schrieb. Der Partitur stellte Spahlinger Worte von Bommi Baumann, einem Mitbegründer der linksextremen „Bewegung 2. Juni", voran: „die gewalt wird einfach nur verschärft, wenn du dich dagegen auflehnst." „… vorher zurückschlagen …"[6]

Weitere Beispiele für politische Implikationen in Neuer Musik lassen sich mühelos finden: von Graciela Paraskevaídis in Lateinamerika über Hans-Joachim Hespos und Helmut Lachenmann bis zu aktuellen Positionen etwa von Cathy van Eck oder Jessie Marino, die in ihrem Performance-Stück *Endless Shrimp* (2015) ebenso humorvoll wie eindringlich die Produktionsverfahren der Lebensmittelindustrie aufs Korn nimmt.

„Expertin für das Dazwischen"

Somit hat Iris ter Schiphorst für ihre Denkprozesse im Spannungsfeld von politischer Kommentierung und schöpferischer Abstraktion Vorbilder und Mitstreiter:innen im Geiste – eine solche ist auch die österreichische Komponistin Olga Neuwirth, die sich im Zuge ihres gesellschaftspolitischen Engagements auch intensiv mit Fragen der Geschlechtergerechtigkeit in der Neuen Musik beschäftigt(e). Ähnlich wie bei Neuwirth ist auch für ter Schiphorst der Einfluss der Pop- und Rockmusik ein wesentliches Element ihrer Entwicklung. Kennzeichnend für sie ist, dass sie sich nicht auf ein Genre oder eine bestimmte ästhetische Richtung festlegen lässt. Ihre stilistische Offenheit und Vielseitigkeit ist ein zentrales Kriterium ihrer schöpferischen Identität und wurzelt in frühen musikalischen Erfahrungen.

„Ich glaube, es spielt eine Rolle, dass ich nicht so sehr über die Noten, sondern eher übers Gehör zum Klavier gekommen bin. Meine Mutter war Pianistin, und so war es selbstverständlich, dass ich zu Hause immer am Klavier herumfummelte. Ich habe versucht zu imitieren, was ich hörte, und meine Mutter sagte manchmal: ‚Mensch, nun spiel doch endlich mal was Anständiges.' Die klassischen Werke habe ich über das Ohr verinnerlicht, sodass ich sie ohne Noten auf der Tastatur irgendwie nachspielen konnte. Die Liebe zum Hören oder der Genuss, etwas über das Ohr zu finden, der hat sich bei mir unglaublich früh ausgeprägt. Ich habe mich früher immer als Expertin für das Dazwischen bezeichnet. Ich habe zwar mit großer Leidenschaft klassisches Klavier gespielt und bin mit dieser ganzen Tradition groß geworden. Trotzdem bin ich durch vielerlei Umstände auch mit vielen anderen Musikstilen in Berührung gekommen und habe mich mit großem Spaß auch darin als Musikerin betätigt."[7]

Iris ter Schiphorst war Bassgitarristin, Schlagzeugerin und Keyboarderin in Rock- und Popformationen; so war sie Mitbegründerin der Frauenband „Sven kick the can", für die sie auch eigene Songs schrieb. Dennoch fand sie zur Neuen Musik, was alles andere als ein Zufall war. Vielmehr verknüpfte sich ihr breitgestreutes Interesse an aktuellen künstlerischen und wissenschaftlichen Strömungen mit ihrer tiefen Neigung zur Musik.

„Ich bin über den Umweg der Philosophie zur zeitgenössischen Musik gekommen, denn als ich nach Berlin kam, eigentlich um Romane zu schreiben, brachte mich ein Uni-Seminar auf die Spur, mich intensiv mit den Poststrukturalisten zu beschäftigen. Ich habe sehr viel Jacques Derrida gelesen, dessen Texte in den 1980er Jahren noch brandneu waren, und irgendwann tauchte in mir die Frage auf: Was denkt man heutzutage über Musik, oder was ist heute Musik, was ist überhaupt zeitgenössische Musik?"[8]

Angeregt, sich mit dieser Frage auseinanderzusetzen, wurde Iris ter Schiphorst auch von Luigi Nono, dessen Kurse sie besuchte, und Dieter Schnebel. Immer stärker rückten für sie die politisch-gesellschaftlichen Dimensionen von Musik in den Fokus. Beispielhaft zeichnen sie sich in ihrem Werk *Zerstören* für Ensemble und CD-Zuspielung von 2005/06 ab – samt Zwiespalt zwischen unmittelbaren Ausdrucksbedürfnissen und künstlerischer Abstraktion. Eine Orchesterfassung, *Zerstören II*, stammt von 2006/07. Iris ter Schiphorst betont, „dass es natürlich viele Aspekte des Begriffs ‚Zerstören' gibt. Er ist nicht nur ‚destruktiv' gemeint, sondern dahinter steckt auch das Moment, durch Zerstören oder Kaputtmachen etwas Neues entstehen lassen zu können – ein, wenn man so will, utopisches Moment, dass womöglich etwas Besseres folgt, wenn das Alte und Überkommene zerstört wird."[9] (NB 1)

NB 1: Iris ter Schiphorst: *Zerstören*, S. 6, Takte 35–39

© 2006 by Boosey & Hawkes Bote & Bock GmbH, Berlin
Mit freundlicher Genehmigung Boosey & Hawkes Bote & Bock, Berlin

„Zerschlagung der symbolischen Ordnung"

Mit dem Faktor „Zerstörung" geht Iris ter Schiphorst indes sehr sensibel um. Martialische Ausdrucksintensität entfacht sie nur phasenweise. Vielmehr spielt sie subtil mit klanglichen Brüchigkeiten und Schwebezuständen – als würde ein vermeintlich stabiles System von innen ausgehöhlt, bis es krachend einstürzt. Experimentelle Spieltechniken bereichern das vielschichtige Klangbild, in das auch das gesprochene Wort einbezogen ist.

> „Es gibt nur Textfragmente, Worte, die auftauchen, ein kurzer Text von Marguerite Duras aus ihrem Roman *Détruire dit-elle*. An diesen Roman musste ich beim Komponieren immer wieder denken; er kreist um den Gedanken, wie sich eine andere Gesellschaftsordnung erreichen lässt. Duras ging es um die Zerschlagung der symbolischen Ordnung: In dem Roman gibt es eine Alissa, die durch Passivität und Nichtstun versucht, die Dinge zu verändern, sie aus dem Lot zu bringen. Ich finde, das ist ein spannender Ansatz."[10]

In der Partitur vermerkte Iris ter Schiphorst: „Es gibt in *Zerstören* drei extrem dichte Teile, die aus ineinander verwobenen cross-fades verschiedener Schichten bestehen."[11] Damit nahm sie Wesentliches über die Konstruktionsprinzipien des Werks vorweg, wobei dessen strukturelle Identität eng mit dem außermusikalischen Anliegen korrespondiert. In ihrem Werkkommentar charakterisierte sie *Zerstören* als „Klangprotokoll einer psychosomatischen Reaktion auf die globale Allgegenwart von Gewalt".[12] Jedenfalls seien die Bilder, „die derzeit um den Globus gehen, recht eindrücklich, und ich merke, dass sie etwas mit mir machen, dass sie mich verändern".[13]

Seit der Uraufführung von *Zerstören* bei den Wittener Tagen für neue Kammermusik 2006 hat sich die Situation der Menschheit nicht verbessert; die Zeiten sind vielmehr durch Pandemie und Ukraine-Krieg noch rauer geworden. An Aktualität mangelt es dem Werk mithin nicht – und die Frage, welche Rolle die Musik im gesellschaftlichen Kontext spielen kann, treibt ter Schiphorst mehr denn je um. Schon *Zerstören* bewegt sich genau in diesem Spannungsfeld. Die Musik „sagt" viel, bleibt aber im Mehrdeutigen und Abstrakten. Es ging ter Schiphorst um Atmosphärisches, um ein Klima der „Grund-Aufgeregtheit oder Anspannung, immer wieder unterbrochen von pseudo-pathetischen Ausbrüchen oder lauernder Stille".[14] Motiviert wurden ihre Klangvorstellungen auch und gerade von visuellen Dimensionen, ohne dass sie tonmalerische Ambitionen verfolgt hätte. Als Grundton schwebte ihr „ein dreckiges, sandiges Gelb"[15] vor. Diese „Farbe" verdichtete sich in ihr „zu einem inneren Film, der zur Vorlage für den Kompositionsprozess wurde".[16]

Dieser „innere Film" ist indes an keiner Handlung orientiert, sondern stellt eine Collage aus imaginären Bildsequenzen dar, die sich schemenhaft ein- und

NB 2: Iris ter Schiphorst: *Zerstören*, S. 45, Takte 235–239

© 2006 by Boosey & Hawkes Bote & Bock GmbH, Berlin
Mit freundlicher Genehmigung Boosey & Hawkes Bote & Bock, Berlin

ausblenden und sich, im Sinne von Doppel- und Mehrfachbelichtung, überschneiden, kreuzen, wechselseitig kommentieren und verdrängen. In ihrem Rückgriff auf filmische Mittel bezog sich ter Schiphorst auf technische Facetten des Mediums wie Montage oder Überblendungen statt auf Inhaltliches. Dieses Verfahren erinnert zudem an Aspekte einer Traumlogik, die ihren eigenen bizarren Ordnungskriterien unterliegt. Im Hinblick auf die Tonhöhen ist *Zerstören* vor allem im tiefen Register angesiedelt, und ein „dauer-erregter Puls"[17] durchzieht fast das ganze Stück. Besagte „lauernde Stille" dominiert vor allem den Schluss, der jedoch nicht an ein Versinken ins Nichts gemahnt, sondern einen neuerlichen Energieschub erwartet. (NB 2)

„Klänge sprechen zu mir"

Beides, der musikalische Gehalt bzw. die Auseinandersetzung mit politisch-gesellschaftlichen Fragen samt deren Relevanz in der Musik und die pure Freude am Klang, bedingen sich für Iris ter Schiphorst, obwohl das Verhältnis zwischen beiden Sphären komplex ist und immer wieder neu definiert werden muss:

> „Das beschäftigt mich sehr. Wenn wir über Gesellschaft, über Politik etc. reden oder nachdenken, dann sind wir kognitiv mit der Semantik der Sprache beschäftigt. Aber in der Musik spielt diese Art der Semantik ab irgendeinem Zeitpunkt keine Rolle mehr. Klänge sprechen zu mir in einer Sprache jenseits von Semantik."[18]

Im Gegenzug ist die semantische Aufladung von Musik, etwa mit Texten oder Tonsymbolen, problematisch, da damit die Eigengesetzlichkeit des Mediums Klang unterlaufen wird und es zum bloßen Vehikel außermusikalischer Anliegen oder Botschaften gerät. Davon ist Iris ter Schiphorst weit entfernt, auch wenn sich ihre Werke vorgefassten Konstruktionsmerkmalen weitgehend entziehen und sich aus ihrem persönlichen Erleben speisen. *Hi Bill* für Kontrabassklarinette solo von 2005 etwa, das von dem Jazz-Bassisten Bill Laswell inspiriert ist, begreift Iris ter Schiphorst, die ja selbst Bassgitarre spielte, als Hommage an unzählige Stunden in verrauchten Clubs und Übungskellern.

Eine andere Perspektive offenbart ihr Stück *Aus Kindertagen: verloren* für E-Gitarre, präpariertes Klavier, Sampler, Violine, Viola, Streichquartett und zwei CD-Player. Das Stück entstand 2004/05, somit wie *Hi Bill* ebenfalls unmittelbar vor *Zerstören*. Es scheint *Zerstören* diametral entgegenzustehen, und doch gibt es eine innere Verbindung.

Die Instrumentalklänge werden in *Aus Kindertagen: verloren* durchgängig verstärkt und durch Zuspielbänder angereichert und aufgeladen, wobei Kinderverse und Romanzitate eingestreut werden, was in anderer Form – mit dem Text von Marguerite Duras – auch in *Zerstören* präsent ist. Die Besetzung ist ungewöhnlich und erschließt ganz eigene Klangpotenziale, die auf höherer Ebene mit der Motivation für das Werk korrespondieren:

> „Es geht mir in dieser Arbeit um eine spezielle Energie, die gespeist ist von Neugier auf Leben, der Suche nach Abenteuer, Wildheit, nach Ungebändigtsein. Eine Energie, die sich nicht schert um Regeln, Verbindlichkeiten, Formen. Als Kind liebte ich es, Kasperletheater zu spielen. Mit einer Kinderfreundin haben wir aus dem Stegreif die verrücktesten Geschichten erfunden, uns berauscht an den Charakteren und unseren fremden Stimmen, die wir den jeweiligen Puppen gegeben haben – berauscht an der Energie und Wachheit des Hier und Jetzt."[19]

Diese Energie suchte Iris ter Schiphorst in *Aus Kindertagen: verloren* einzufangen, wodurch diese Musik fast den Charakter eines Selbstporträts erhält. Im Zusammenhang mit *Zerstören* erscheinen in den beiden Werken zwei Seiten ihrer Sicht auf die Welt, die aber eng aufeinander bezogen sind: zum einen die Rückblende auf die Kinderseele, auf die verlorene Kindheit, die indes durch Zitate aus dem Roman *Emilia gerät in die Kriegswirren oder O der neue Tag* von Karin Spielhofer keineswegs nur unbeschwert anmutet. Zum anderen die Vergegenwärtigung einer brutalen Wirklichkeit, die sich in *Zerstören* manifestiert. Traum und Realität, Utopie und Gegenwart durchdringen sich und bilden in der Gegenüberstellung ein markantes Gegensatzpaar.

„Die Welt ist immer noch finster"

Zu einer Form der Synthese von Traum und Realität fand Iris ter Schiphorst dann in ihrer Kurzoper *Undine geht*, eine Art Monodram nach dem gleichnamigen Text von Ingeborg Bachmann für eine Schauspielerin, einen singenden Cellisten, eine Sängerin, gemischtes Ensemble und Zuspiele, komponiert 2020/21 für das Salzburger Taschenopernfestival 2021. Sie schrieb das Libretto, nach besagtem Text von Ingeborg Bachmann, selbst.

Beim Salzburger Taschenopernfestival, das seit 2005 als Biennale ausgetragen wird, werden eigenständige Werke unter einer thematischen Klammer zusammengefasst. Für jede Ausgabe werden neue „Taschen"- bzw. Kurzopern in Auftrag gegeben, die von Regisseur Thierry Bruehl in ein Gesamtkonzept eingebunden werden. 2021 lautete das Motto „Hilfe! Undine geht". Der Undine-Mythos ist eine mittelalterliche Sage, nach der die mythische Meerjungfrau eine Seele erhält, sobald sie sich mit einem Mann vermählt. Wird dieser Mann ihr untreu, muss er sterben, sodass der Mythos auch als Eifersuchtsdrama verstanden werden kann.

Als inhaltliche Ausgangspunkte für schöpferische Reflexionen über Undine im Rahmen des Taschenopernfestivals dienten zwei Texte: Friedrich de la Motte Fouqués *Undine* von 1811 und Ingeborg Bachmanns *Undine geht* von 1961. Iris

NB 3: Iris ter Schiphorst: *Undine geht*, S. 2, Takte 8–19

© 2021 Boosey & Hawkes Bote & Bock GmbH, Berlin
Mit freundlicher Genehmigung Boosey & Hawkes Bote & Bock, Berlin

ter Schiphorst konzentrierte sich auf Bachmanns Text, den für die Thematik einzubeziehen sie bei Regisseur Thierry Bruehl selbst anregte und den sie in ihrer gleichnamigen Taschenoper auf seine Relevanz für die Gegenwart und Zukunft abklopfte.

„Für mich lag der Fokus darauf, mich noch mal an den Utopien, die in Bachmanns Text anklingen und die für mich auch zum Teil mehrdeutig sind, abzuarbeiten. Die Oper fängt märchenhaft an, mit Oberton-Martellato-Gesängen und einem Cello-Gezwitscher, was einen Raum eröffnet, der noch alles, auch die Möglichkeit einer Märchenoper, offen lässt."[20]

Die geheimnisvolle Stimmung vom Anfang schlägt rasch um in harsche Bitterkeit, schrägen Charme und bohrende Schärfe (NB 3, Seite 111). Schrille Revue-Anklänge verschmelzen mit gleichermaßen reflexiven wie politisierten Betrachtungen zum Verhältnis der Geschlechter, und Schlaglichter aus der Operntradition prallen auf Klangfratzen aus der Pop-Kultur, die zudem einen Einbruch der Subkultur in die Sphäre der sogenannten Hochkultur symbolisieren – was auf Iris ter Schiphorsts Verbindungen zur Popkultur, auf „die verrauchten Clubs und Übungskeller", zurückverweist.

Undine ist in ihrer Kurzoper gespalten in ein Naturwesen und eine Frau von heute, die ihren großen Auftritt als sprechende Undine hat – als eine Frau, die das Wort ergreift. Der oben skizzierte Gegensatz zwischen dem konkreten Wortergreifen einerseits und musikalischer Abstrahierung andererseits ist hier aufgelöst. Beides steht nebeneinander, wobei es Iris ter Schiphorst wichtig war, die Geschichte von Bachmanns Undine von hinten aufzurollen, denn die Figur spricht Text, der in Bachmanns *Undine geht* ganz am Ende steht: „Die Welt ist immer noch finster, auch 60 Jahre nach der Niederschrift ihres Textes ist noch immer keine Lichtung in Sicht."[21]

Iris ter Schiphorsts *Undine geht* bezieht Operntradition und Popkultur ein, Elemente aus dem Sprechtheater und einen hochvirtuosen Solocellisten (Hans Woudenberg), der zugleich die Figur des Hans aus Bachmanns Text verkörpert. Auch an das Ensemble einschließlich Sampler und Elektronik stellt das Werk spezielle Anforderungen, die sich mit Grenzüberschreitungen zum Singen, Schreien oder Flüstern von konventioneller Interpretation mitunter weit entfernen. Mehrere heterogene Schichten überlagern sich, etwa ab Takt 171 (NB 4) ein Adorno-Zitat aus dem Off, Textrezitation und perkussives Klatschen auf die Oberschenkel.

Zurück bleibt die raue Wirklichkeit

Die „Neugier auf Leben", die in *Aus Kindertagen: verloren* thematisiert wurde, gilt auch für *Undine geht*. Sie verkörpert sich in der Figur der Undine selbst, die als Naturwesen den Menschen mit eben dieser Neugier begegnet, aber an ihnen

NB 4: Iris ter Schiphorst: *Undine geht*, S. 33, Takte 171–175

© 2021 Boosey & Hawkes Bote & Bock GmbH, Berlin
Mit freundlicher Genehmigung Boosey & Hawkes Bote & Bock, Berlin

scheitern muss – eingedenk eines Zustands der Welt, in der sich in den sechzig Jahren seit Ingeborg Bachmanns gleichnamigem Text im Hinblick auf die Machtverhältnisse wenig Grundlegendes verändert hat – obwohl sich aus feministischem Blickwinkel, der für Iris ter Schiphorst auch ein wesentlicher ist, immerhin einiges getan hat.

Die Kurzoper *Undine geht* deutet auf eine Märchenwelt, die aber gebrochen wird und hart mit der Realität zusammenprallt. Auch in diesem Werk greifen Aufbegehren und Abstraktion ineinander, aber auf eine sehr spezifische, nämlich überraschend konkrete Weise, zumal was die schauspielerische Darstellung des Textes angeht – wenngleich die Sprache, die selbst Klang ist, auch als eine rein klangliche Schicht funktioniert. Das Werk bleibt in seiner Komplexität und der Durchdringung verschiedener Ebenen, darin, wie Iris ter Schiphorst ihre Gedanken in Klang verwandelt, vielschichtig und mehrdeutig. Und die Verklammerung vermeintlich gegensätzlicher Sphären kann als strukturelle Rauheit in der großformalen Konzeption betrachtet werden.

Aus der Befragung der mythischen Undine erwächst die Erkenntnis, dass die Natur- und Märchenwelt endgültig passé ist, dass sie nur mehr als imaginärer Rückzugsort, als Traumgebilde, taugt – denn die Flucht in verheißungsvolle (Natur-) Paradiese ist so gut wie unmöglich geworden: Alles ist erschlossen und durchökonomisiert, vieles bereits zerstört. Undine geht, sie muss gehen, zurück bleibt die raue Wirklichkeit, die seit der Entstehung dieser Kurzoper 2021 noch rauer geworden ist. Stellvertretend für die Komponistin selbst, aber auch für die Rezipient:innen ihrer Musik, scheinen Träume und Hoffnungen zu zerplatzen, doch nicht so ganz – ein Rest von Utopie bleibt, auch für Undine, die als Verkörperung des Utopischen rauen Zeiten entgegengeht.

---

[1] O. A.: „Die Kulturschätze der Menschheit", in: *MusikTexte* 176 (2023), S. 3–4, hier S. 3.

[2] Z. B. Annesley Black, Carola Bauckholt, Julia Gerlach, Kirsten Reese, Manos Tsangaris und Peter Ablinger. Siehe https://klimaschutzistkeinverbrechen.com/home/ (zuletzt aufgerufen am 6. September 2023).

[3] Iris ter Schiphorst im Gespräch mit dem Autor im Februar 2015.

[4] Ebd.

[5] Ebd.

[6] Vorwort der Partitur von Matthias Spahlingers *Aussageverweigerung/Gegendarstellung* von 1981, Peer Music, S. 3.

[7] Iris ter Schiphorst im Gespräch mit dem Autor im Februar 2015.

[8] Ebd.

[9] Ebd.

[10] Ebd.

[11] Partitur von *Zerstören*, Allgemeine Hinweise, S. 3, Boosey & Hawkes, Berlin 2006.

[12] Booklet zur CD-Dokumentation *Wittener Tagen für neue Kammermusik 2006*, S. 21.

[13] Ebd.

[14] Ebd.
[15] Ebd.
[16] Ebd.
[17] Ebd.
[18] Iris ter Schiphorst im Gespräch mit dem Autor im September 2021.
[19] Ebd.
[20] Ebd.
[21] Ebd.

Martina Seeber

Kann man Gedanken anfassen?
Unter- und Oberflächen bei Milica Djordjević

Klangkörper sind für Milica Djordjević keine austauschbaren Mittel zum Zweck. Während Johann Sebastian Bachs *Kunst der Fuge* immer neue Instrumentierungen erlaubt und verträgt, ohne dass der Kerngedanke angerührt würde, wäre es entweder sinnlos oder ein Quantensprung mit unkalkulierbaren Folgen, ein Kontrabass-Solo wie Djordjevićs *do you know how to bark?* für Posaune zu bearbeiten. Ihre Musik entsteht aus der Arbeit unmittelbar am Material. Zwar ist es möglich, dass bei ihr eine Harmonie zum Nukleus einer Komposition wird, aber selten ohne den unmittelbaren Bezug zum klingenden Objekt. Die Arbeit mit Wellen von Energie oder mit akustischen Oberflächen, die sich als Gefühl von Wärme oder Rauheit auf die eigene Haut übertragen, verraten, wie wenig ein Denken in Kategorien wie Tonhöhen, Intervallen oder Rhythmus für die Annäherung an ihre Werke ausreicht.

Material, schreibt Theodor W. Adorno, ist im weitesten Sinn „sedimentierter Geist", ein „gesellschaftlich, durchs Bewusstsein von Menschen hindurch Präformiertes", von dem aus gleichsam „Anweisungen an den Komponisten ergehen".[1] Mit dieser Dialektik zwischen Geist und Materie, Denken und körperlichem Fühlen hat Adorno 1949 den Grundstein zur Theorie des kritischen Komponierens gelegt. Unter Material versteht er laut Carl Dahlhaus die „Gesamtheit aller musikalischen Mittel",[2] also nicht nur einen Trompetenton, sondern auch seine Verortung in der Geschichte, seine Funktion im System der Tonhöhenordnungen und seine Symbolik. Und da Komponierende mit „gesellschaftlich Präformiertem"[3] arbeiten, kann es folglich sowohl „verbrauchtes" Material geben oder eben auch Material auf der Höhe der Zeit.

Warum aber der Rekurs auf Adorno zu Beginn dieser Annäherung an die Musik der in Belgrad geborenen und heute in Deutschland lebenden Serbin? In einem Porträtkonzert des WDR bei den Wittener Tagen für neue Kammermusik (WDR3 Konzert, 6. Mai 2022) konstatiert Milica Djordjević, sie sei „vom Material besessen", und markiert damit – bewusst oder unbewusst – eine Position, die Adorno in einer besonderen geschichtlichen Situation, unter dem Eindruck des Faschismus, des Holocaust und des Zweiten Weltkriegs, vehement zur Diskussion gestellt hat. Nach dem „Ausbruch der Irrationalität im kollektiven Umfang"[4] fordert er von der Kunst eine gesellschaftliche Haltung.

Indem sie sich kritisch mit der Welt – und nicht zuletzt über das Material mit sich selbst – auseinandersetzt, hat sie die Aufgabe, die Gesellschaft zu verbessern. Adornos Gedanken stehen für eine Utopie, die Komponist:innen nach ihm versuchten einzulösen. Auch als unmittelbare Nachwirkung seiner Überlegungen wurde das Komponieren in den folgenden Jahrzehnten im Extremfall zu einer kritisch-dialektischen Auseinandersetzung mit der Geschichte und Gegenwart. So zitiert der Komponist Nicolaus A. Huber aus der Partitur seines 1971 entstandenen Orchesterstücks *Harakiri*:

> „Lohnt der Aufwand eines Crescendos? Crescendopraxis steckt in Krieg und Frieden, in Arbeit und Erholung, im Morden und Schonen, in Sonnenaufgang und Sonnenuntergang, in Unterdrückung, in Stimmungen, in Freude, im Zugrunderichten. Crescendi sind nicht wertfrei. Musik verheimlicht ihre Gefährlichkeit, mystifiziert ihren Gebrauch."[5]

Fast zeitgleich hinterfragt Helmut Lachenmann in *Accanto* (1975) für Klarinette und Orchester die philharmonischen Gewohnheiten der Mozart-Rezeption oder polemisiert in *Fassade* (1973) gegen „gedankenlose Affekt-Behaglichkeit".[6] Allerdings sind weder Lachenmann noch Huber in den Siebzigerjahren zu dem Schluss gelangt, dass allem Dionysischen, also dem Rausch, der Besessenheit und der Selbstaufgabe, unbedingt ein Riegel vorzuschieben sei. Und auch Adorno sah in der Musik mehr als nur das Apollinische am Werk. Gerade er suchte immer wieder auch nach dem Moment im Kunstschaffen, der nicht berechenbar ist. Die *Dialektik der Aufklärung*, die er mit Max Horkheimer in den Kriegsjahren entwickelte, handelt in weiten Teilen von den Gefahren wie von der Faszination des Rausches und der Selbstvergessenheit, wenn er von den Konflikten zwischen Geist und Vorgeistigem schreibt.

Auch Milica Djordjević steht als nachgeborene Komponistin noch immer in der aufklärerischen Tradition der westlichen Neuen Musik, die sich über die kritische Auseinandersetzung mit dem Material definiert hat. Wenn sie jedoch gesteht, „vom Material besessen" zu sein, markiert diese ebenso schlichte wie entschiedene Feststellung nicht den Beginn einer dialektischen Abhandlung. Sie versteht das Material, dessen Macht sie sich aussetzt, anders als etwa Helmut Lachenmann oder Nicolaus A. Huber. Ihr geht es primär um die Vermittlung von Energie, und das fast immer in Extremzuständen. Dennoch ist der Kontrollverlust bei ihr kein unbekümmertes Spiel mit dem Feuer.

In einem ihrer jüngsten Werke, *Mit o ptici* (2022) für gemischten Chor und Orchester, vertont sie einen Text, in dem das Verhältnis zum Material in einem besonderen Licht betrachtet wird. Das in Ausschnitten vertonte Versepos des 1986 verstorbenen jugoslawischen Dichters Miroslav Antić *Der Mythos des Vogels* ist eine Parabel auf den schaffenden Künstler und das unkontrollierbare Eigenleben, das die Schöpfungen annehmen können. Bei Antić erschafft der Mensch einen Vogel, der sich als unkontrollierbares, hässliches Monster entpuppt. Mit der Wahl dieses Textes, den Djordjević in serbischer Sprache singen lässt „wegen ihrer Klänge, ihrer Intonation, der zischenden Geräusche und des Rhythmus",[7] steht das Misstrauen gegenüber den Folgen der nicht vom Intellekt kontrollierten künstlerischen Schaffenskraft im Mittelpunkt. Antićs Künstler ist vom Material besessen, wenn er die Tiergestalt aus Wasser und Sand erschafft. Sobald die Schöpfung ihr Eigenleben beginnt, ist sie es, die den / die Künstler:in „besitzt". Im selben Gespräch mit Anselm Cybinsky erläutert Djordjević: „Jedes Kunstwerk, alles irgendwie Geschaffene ist eine Selbstkonfrontation, die Stationen von Kampf, Anpassung, vielleicht auch Versöhnung durchmachen kann."[8] Somit richtet sich ihre Interpretation auf die „Selbstkonfrontation", was allerdings keine Antithese zu Adornos Perspektive darstellt, die das Material in einen besonderen gesellschaftlichen Zusammenhang stellt. Auch die Selbstkonfrontation kann politisch sein. Nur ist die Perspektive eine andere.

Zwischen dem Materialbegriff der 1984 geborenen Serbin und dem der Nachkriegsgenerationen liegt nicht nur mehr als ein halbes Jahrhundert, auch die historische Situation, in der sie aufwuchs, ist eine vollkommen andere. Djordjević hat als Kind und Jugendliche in Belgrad den Krieg miterlebt. Gerade in dieser Zeit hat sie sich intensiv dem Klavierspiel gewidmet, auch mit dem Gedanken gespielt, Bildende Künstlerin zu werden, um sich schließlich für das Komponieren zu entscheiden. Ihre Studien begann sie in Belgrad, wechselte dann nach Straßburg zu Ivan Fedele und von dort aus nach Berlin zu Hanspeter Kyburz. Vom radikalen Materialverständnis eines Helmut Lachenmann oder Nicolaus A. Huber war sie bei diesen Lehrern weit entfernt.

Zugleich ist der Umgang mit dem Material für die Betrachtung ihrer Werke aufschlussreich. Das Schlagzeugkonzert *Jadarit* (2022) ist zum Beispiel nach einem Mineral benannt, das in Serbien entdeckt wurde, in der Elektronikindustrie sehr begehrt ist und deshalb durch den drohenden intensiven Abbau die Ökologie des Landes bedroht. Stellvertretend für den, auch hier, obsessiven Umgang mit dem klingenden Material sei hier eine gut dreiminütige Passage hervorgehoben, die in Minute 11 beginnt. Das Streichorchester repetiert dichte, tiefe Akkorde. Anfangs mit starkem Bogendruck gestrichen, wirken sie schwer, als würde der Klang gegen einen Widerstand geschoben. Mit zunehmender Dichte beginnen die Harmonien zu leuchten, bis das pulsierende Schieben nachlässt, sich die Akkordrepetitionen zurückziehen und fließenden Bewegungen Raum geben. Ein Aufschwung aller Streicher:innen mündet in ein aufgepeitschtes Chaos, das in quietschenden hohen Tönen vergeht. Unmittelbar darauf folgt die Solokadenz des Schlagzeugers, geprägt durch den überraschenden Verzicht auf den Einsatz aller zur Verfügung stehender Klangerzeuger. Das Solo konzentriert sich auf das helle, fahle Geräusch von Steinen. Bis zum Exzess, in einem Tempo, das eher an eine Maschine als an eine:n von Hand arbeitende:n Musiker:in erinnert, schlägt der / die Solist:in die Steine aufeinander. Es ist ein Moment äußerster Reduktion und Konzentration. „Wir müssen lernen", sagt

Djordjević, „mit dem vorhandenen Material zu arbeiten."[9] In diesem Fall sind es die kleinen, harten Steine, in anderen Fällen Musikinstrumente, die sie beim Komponieren auch gern selbst in die Hand nimmt, um die haptischen Qualitäten selbst zu spüren.

Bei aller Tendenz zu klanglichen Exzessen sind die Instrumentierungen in ihren Werken oft extrem begrenzt, so auch in der 2020 begonnenen, aktuell vierteiligen Werkserie *transfixed* für Ensemble in variierten Besetzungen: *transfixed'* (2020) für Klarinette, Trompete, Schlagzeug, Klavier, Streichquartett, *transfixed* (2020) für Bassklarinette, Trompete, Schlagzeug, Klavier und Kontrabass, *transfixed.* (2022) für Klarinette, Trompete, Posaune und Violoncello sowie *transfixed:* (2022) für Klarinette, Trompete, Pauke, Schlagzeug, Klavier und Streichquartett.

Bezeichnend für die Werke dieser Serie, deren Abfolge bei Aufführungen frei wählbar ist, sind klare Prozesse. Kleine Bewegungen werden durch Wiederholung, Intensivierung von Lautstärke, Druck oder Dichte bis an einen Kipppunkt geführt. *transfixed* ist „Energie pur", kommentiert die Komponistin, „alle geben alles".[10] Dieser Idee entspricht die Form, die sich als „Crash- und Reboot-System" beschreiben lässt. Nach jedem Zusammenbruch startet die Musik neu, richtet ihre Bewegungsenergie in dieselbe oder in eine sehr ähnliche Richtung, bis sich mit dem Erreichen des extremen Steigerungsmoments fast zwangsläufig der nächste Zusammenbruch einstellt. Das erste Mal hat Milica Djordjević von einem „Crash- und Reboot-System" bereits in Bezug auf *FAIL* (2010) für Cello und Elektronik gesprochen, wo sie Episoden entwirft, „die sich meist in nur ein oder zwei kleine Motive hineinsteigern und daraus wahre Kosmen hervorholen".[11]

Ein Beispiel aus der jüngeren Werkserie: *transfixed* (2020) für Bassklarinette, Trompete, Perkussion, Klavier und einen umgestimmten Kontrabass besteht aus vier zunehmend längeren Episoden, deren Beginn jeweils von gongartigen Impulsen akzentuiert ist. Beginnend in der Tiefe bewegen sich die Stimmen, von teils animalischen Aufschreien durchsetzt, in die Höhe, bis der Kipppunkt erreicht ist. Mit jeder neuen Etappe intensiviert sich die Steigerung.

Aufschlussreich sind in diesem Zusammenhang die Skizzen, die den Entstehungsprozess begleiten. Schraffuren in unterschiedlicher Dicke und Deckkraft, Spiralen oder auch Türme aus gezackten und gebogenen Linien bestimmen die grafische Vornotation von *transfixed* (Abb. 1, Seite 120).

Auch in den Partituren und Stimmen setzt sich diese Art der Darstellung fort. Zusätzlich zur rhythmischen Notation werden die Textur und die Qualitäten von Klängen und Geräuschen gezeichnet. Punkte symbolisieren den crescendierenden und decrescendierenden, manchmal auch von plötzlichen Gesten akzentuierten Grad der Körnung. Das Raue, Körnige, Schabende und die musikalische Gestaltung dieser Klangaspekte verlangen nach eigenen Notationsformen wie hier in *transfixed'* (Abb. 2, Seite 121).

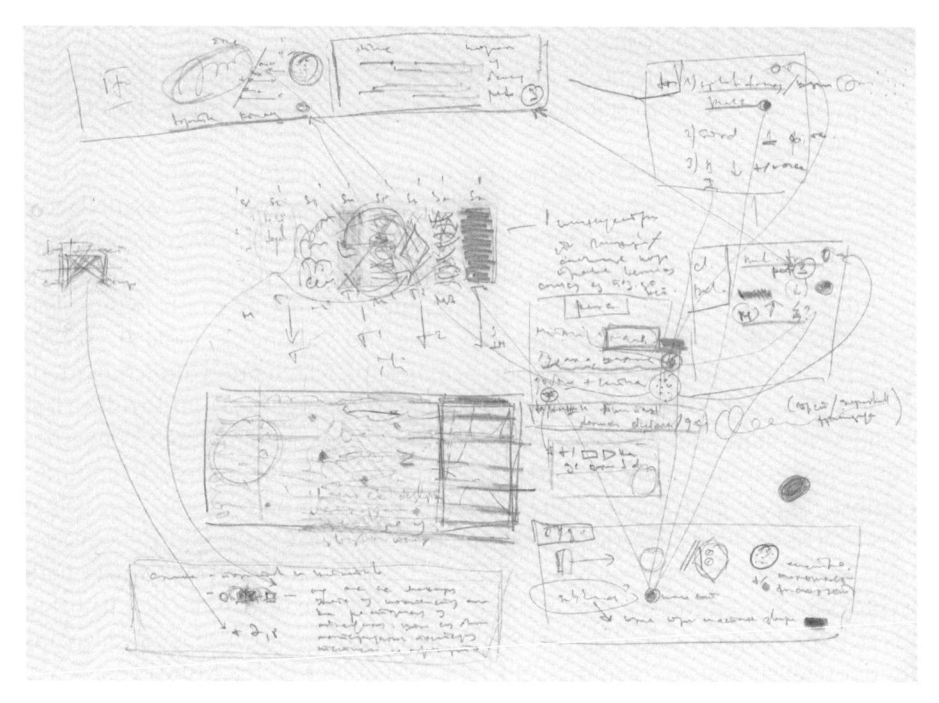

Abb. 1: Milica Djordjević: *transfixed* (2020), Skizze 1a
© Milica Djordjević. Mit freundlicher Genehmigung der Komponistin

Vom Versuch, solche Extremprozesse auf das Papier zu bannen, spricht auch der Titel der Serie. *transfixed* bedeutet „durchbohrt, gebannt [an einer Stelle oder in einem Zustand] durch eine zwingende Gewalt festgehalten, gebunden, gefesselt, fasziniert".[12]

Es ist zwar sinnvoll und auch aufschlussreich, in Milica Djordjevićs Werken Tonverhältnisse, Motivik, Rhythmik, Harmonik und Formverläufe zu analysieren, mindestens ebenso wichtig (und untrennbar damit verbunden) ist aber das, was oft abwertend als Oberfläche eines Klanggeschehens bezeichnet wird: die Physis des Spiels, die Art der Ton- oder Geräuscherzeugung, die Vermittlung einer körperlich-sinnlichen Wahrnehmung bis hin zum Eindruck, einen Bogenstrich oder den Widerstand der Saiten wie auf der eigenen Haut zu spüren. Es sind Phänomene, die den Hörenden buchstäblich zu Leibe rücken: häufig erinnern sie an Wetterphänomene wie die klackernden Steine in *Jadarit*, die den Raum wie vor einem Gewitter elektrisch aufladen. Erfahrungen dieser Kategorie, auch des Rauen, Glatten oder Stechenden, sind allerdings nicht die Oberfläche der Musik. Unter diesen Vorzeichen wäre das Haptische automatisch Oberfläche und stünde damit im Verdacht der „Oberflächlichkeit". Ohnehin

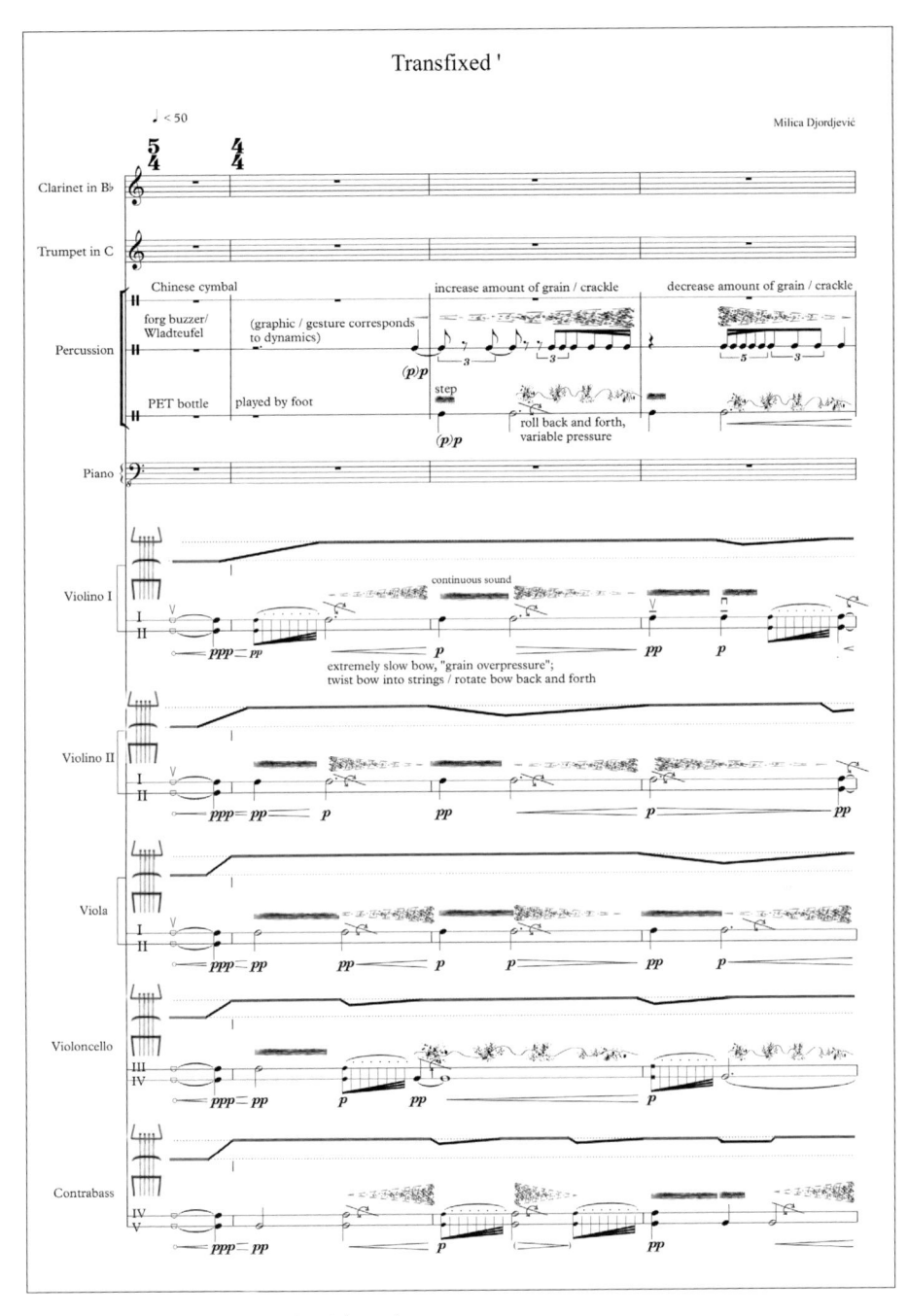

Abb. 2: Milica Djordjević: *transfixed'* (2020)

© Milica Djordjević. Mit freundlicher Genehmigung der Komponistin

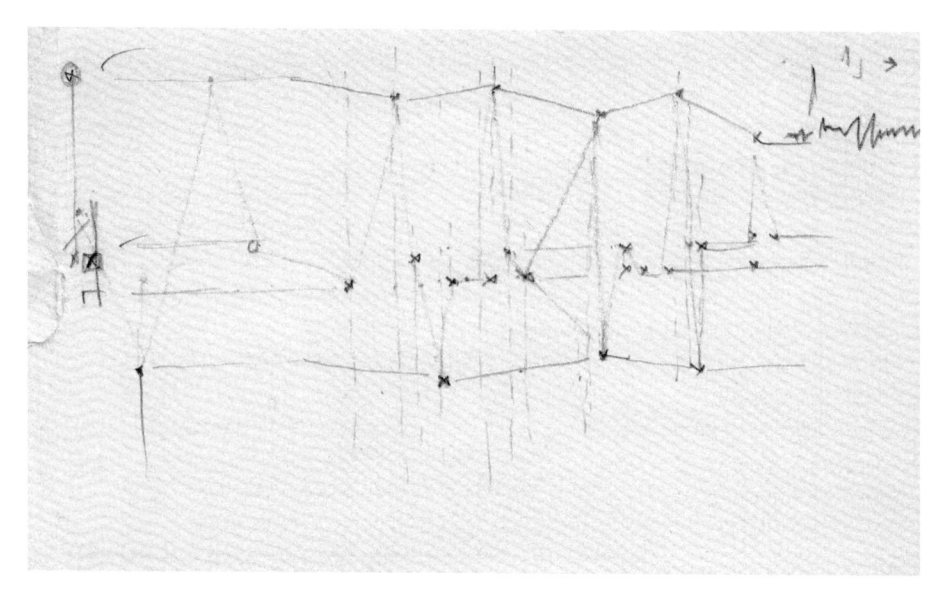

Abb. 3: Milica Djordjević: *transfixed* (2020), Skizze 3

© Milica Djordjević. Mit freundlicher Genehmigung der Komponistin

ließe sich umgekehrt fragen, ob es sich nicht um eine besondere Ausprägung von Oberflächlichkeit handelt, sich einem Werk ausschließlich durch die Analyse von messbaren Parametern wie Form, Harmonik, Rhythmik oder Zahlenverhältnissen zu nähern. Djordjević wählt weder den einen noch den anderen Ansatz. Ihr Umgang mit dem Material ist nicht einfach nur emotionsgetrieben oder gar von Willenlosigkeit geprägt. Gerade die Serie *transfixed* offenbart nachvollziehbare, ganz offensichtlich logisch gebaute Strukturen, was sich bis in die Entwürfe zurückverfolgen lässt. (Abb. 3, oben)

Aufschlussreicher, als scheinbare Oberflächen und kompositorische Strukturen gegeneinander auszuspielen, ist – wie immer – die Frage nach der Intention eines Werks. Was will es? Und: Was *ist* es? Im Fall der Serie *transfixed* ließe sich die Intention verkürzt darauf reduzieren, dass hier Crash-und-Reboot-Erfahrungen ins Werk gesetzt werden. Es sind Kompositionen aus Geräusch-Klang-Aggregaten, die von unterschiedlichen Graden energetischer Aufladung leben. Diese energetischen Prozesse sollen in Grenzbereiche führen. Dazu gehört auch die Absicht, durch Klänge, Geräusche und Entwicklungen zu überwältigen, an unserer Psyche zu rütteln und unsere Körper zu berühren.

Dabei steht Djordjevićs Musik dem kulturkritischen Diskurs fern und nah zugleich. Ein, vielleicht sogar *das* Referenzwerk für das Komponieren mit Geräuschen und Energien ist Helmut Lachenmanns Solo für Violoncello *Pression*

(1969/2010). In einem gedanklichen Balanceakt zwischen der Lust am sinnlichen Hörerlebnis und der Notwendigkeit kritischer Reflexion schrieb der Komponist 1972 dazu:

> „Das mag ein bloßes Spiel sein: Es ist auf jeden Fall ein Angebot an den Hörer, zu hören: anders zu hören und seine Hörgewohnheiten und die dahinter verborgenen ästhetischen Tabus anhand einer charakteristischen Provokation bewusst zu machen und zu überprüfen. Es ist außerdem ein Versuch über die Verständlichkeit, und dies anhand einfacher konkreter Spannungsprozesse, die es nicht zu entschlüsseln, sondern zunächst ganz realistisch zu erfahren gilt. Hören heißt hier auf keinen Fall wieder: zustimmend mitvollziehen, sondern heißt: Rückschlüsse ziehen, umschalten denken."[13]

Spielen, realistisch erfahren, denken. Das ist der Dreischritt bei Helmut Lachenmann. Bei Djordjević gibt es diese explizite Aufforderung nicht. Zum einen ist Lachenmanns provozierend aufklärerische Haltung – vor allem in Werkkommentaren – so oft kopiert und variiert worden, dass sie heute kaum noch verfängt und eher als didaktischer Übergriff verstanden werden kann, statt zu neuen Erfahrungen zu verleiten. Djordjević hingegen fordert kritisches Denken nicht explizit ein, zumindest nicht in Werkkommentaren. Dafür lässt sie den Hörenden die Freiheit der eigenen Erfahrung. Jedoch folgen ihre Crash-and-reboot-Prozesse, in denen sie das Geschehen immer wieder wie gegen eine Wand fahren lässt, anschließend die Trümmer zusammensammelt, um sie in dieselbe Richtung neu starten zu lassen, dem Sisyphos-Prinzip. Es sind zum Scheitern verurteilte Prozesse. Bezeichnend dafür ist nicht nur die Form der erwähnten Komposition *FAIL* (2010) für Cello und Elektronik, sondern auch der Titel dieses und eines verwandten Werks: *FAIL again* (2022) für E-Violine und E-Orgel. Die Worte stammen aus einem Zitat aus Samuel Becketts 1983 veröffentlichter Novelle *Worstward Ho*: „Ever tried. Ever failed. No matter. Try again. Fail again. Fail better."

Im Scheitern und Weitergehen sind Djordjevićs Werke extrem geradlinig. Sie treiben die Energien immer wieder nach vorne, vielleicht gegen Widerstände – im Prinzip geht es jedoch immer um die Entscheidung über Alles oder Nichts. Ein Nein wird nicht akzeptiert. In diesem existenziellen Konflikt begegnen sich in Djordjevićs Musik (wenn man von diesem Dualismus überhaupt sprechen will) Ober- und Unterfläche. Sie sucht das Extrem für das im Beckettschen Sinn verstandene „Alles oder Nichts".

Genau darin steht sie einem anderen, etwas älteren Vorbild viel näher als dem Vordenker der *Musique concrète instrumentale* Helmut Lachenmann. Ihre musikalische Heimat ist die Musik von Iannis Xenakis. Dafür gibt es biografische Gründe. Durch die besondere Situation in Serbien um die Jahrtausendwende war der Zugang zu Werken der zeitgenössischen Musik nur sehr selektiv möglich. Präsent und für Studierende zugänglich waren jedoch die Werke des damals längst in Frankreich lebenden Griechen. Bei ihm entdeckte Milica Djordjević vieles, wonach sie bis heute auch für ihre Musik sucht: das Überwältigen und Überwältigtwerden, das Ideal einer archaischen Klanggewalt, verbunden mit formaler Strenge. Das Credo, das Xenakis einst ebenso ungestüm formulierte wie er komponierte, passt auch auf Milica Djordjević: „Nieder mit dem frenetischen Blabla – Erbe einer gloriosen, aber toten Vergangenheit! Wir müssen wieder lernen, den Klang mit den Fingern zu berühren …!"[14]

[1] Theodor W. Adorno: *Gesammelte Schriften*, Band 12: *Philosophie der neuen Musik*, 2. Auflage, Frankfurt am Main 1990, S. 39.
[2] Carl Dahlhaus: „Aufklärung in der Musik", in: Josef Früchtl / Maria Calloni (Hg.): *Geist gegen den Zeitgeist*, Frankfurt am Main 1991, S. 125.
[3] Adorno: *Gesammelte Schriften*, Band 12, a.a.O., S. 39.
[4] Theodor W. Adorno / Max Horkheimer: *Dialektik der Aufklärung*, Frankfurt am Main 1969, S. 3.
[5] Nicolaus A. Huber: „Brief an den Auftraggeber von *Harakiri* 13.11.1971", in: ders.: *Durchleuchtungen. Texte zur Musik*, Wiesbaden 2000, S. 388.
[6] Helmut Lachenmann: Werkkommentar zu *Fassade* (1973).
[7] Gespräch mit Anselm Cybinski, in: Programmheft „musica viva", 28.10.2022, S. 19.
[8] Ebd., S. 18.
[9] Milica Djordjević im Podiumsgespräch mit der Verfasserin am 7. Mai 2022 bei den Wittener Tagen für neue Kammermusik, Sendung WDR3.
[10] Ebd.
[11] Milica Djordjević im Programmheft des ECLAT-Festivals 2022.
[12] Milica Djordjević im Podiumsgespräch mit der Verfasserin am 7. Mai 2022, a.a.O.
[13] Helmut Lachenmann: Werkkommentar zu *Pression* (1972), https://www.breitkopf.com/work/3878/pression (zuletzt aufgerufen am 20. September 2023).
[14] Makhi Xenakis: *Iannis Xenakis. Mein Vater*, Mainz 2022, S. 68.

Raue Zeiten

Roundtable mit Iris ter Schiphorst und Milica Djordjević[1]
Moderation: Charlotte Seither
Freitag, 14. April 2023, 11–12 Uhr
Akademie der Tonkunst Darmstadt, Probensaal

Charlotte Seither: Meine Damen und Herren, nachdem wir schon viel Musik gehört haben von unseren beiden Komponistinnen, freue ich mich sehr, dass wir sie nun auch persönlich auf dem Podium begrüßen dürfen. Herzlich willkommen, Iris ter Schiphorst und Milica Djordjević, schön, dass ihr da seid.

Liebe Iris [ter Schiphorst], „Raue Zeiten": Als wir dich eingeladen haben zu diesem Tagungsthema, wo hast du als Komponistin Berührungspunkte gesehen zu deiner Arbeit? Wo hast du umgekehrt vielleicht Fragezeichen gesetzt? Ich möchte kurz erläutern, wie es zu diesem Thema gekommen ist. Zuerst haben wir uns für euch als Komponistinnen entschieden. Wir haben eure Stücke angehört, ohne Texte oder Statements, haben intensiv darüber diskutiert. Irgendwann ist der Begriff „rau" gefallen, der uns auf ganz verschiedene Weise durch eure Musik hindurch begleitet hat. Wir haben das Thema dann um den Blick nach vorne, die „Zeiten", erweitert und es in dieser Formulierung wieder zu euch zurückgespielt: „Raue Zeiten" – du als Komponistin: Was synchronisiert sich bei dir, in deiner Arbeit, mit diesem Thema?

Iris ter Schiphorst: Ich würde den Bezug auf die rauen *Zeiten*, über die wir auf dieser Tagung schon viel gehört und gesprochen haben, für den Moment beiseite lassen und mit dem *klingenden* ‚Rauen' beginnen wollen. Du hast ja bereits erwähnt, dass man meinen Namen auf verschiedene Weise aussprechen kann: Im Holländischen sagt man „Schriphorst", im Deutschen „Schiphorst".[2] Da haben wir schon zwei verschiedene Klangformen: rau und nicht-rau. Das Deutsche klingt ‚glatter', für die holländische Aussprache ist mehr Reibung in der Kehle nötig, mehr Widerstand. Ich bin zweisprachig aufgewachsen, darum sind mir Verschiedenheiten wie diese sehr bewusst. Manchmal frage ich mich, ob sie nicht auch unterschiedliche Empfindungen, Wahrnehmungen und damit auch Denkprozesse nach sich ziehen. Jedenfalls kann man anhand dieses Beispiels festhalten, dass Reibung und Widerstand Elemente des ‚Rauen' sind.

Für mich ist ein „rauer" Klang aber immer auch einer, der sehr dicht ist, aus vielen unterschiedlichen Schichten besteht. Er ist in der Vertikalen nicht ‚flach' oder eindimensional, sondern ‚tief' [macht eine Geste zur räumlichen Tiefe] und komplex. Ein kehliges „krrr" [macht den Laut vor] ist ja nicht einfach nur ein Geräusch, sondern enthält ein bestimmtes Klangspektrum und viele verschiedene Frequenzanteile, sogar spezifische Pulsierungen.

Charlotte Seither: Ist das eine rein ästhetische Dimension, von der du sprichst – das Hineinfassen in einen Klang, der sich in seiner Vertikalen als rauer, vielfach gegliederter darlegt? Ist dies ein Aspekt des Handwerklichen, oder hat es auch damit zu tun, wie du durch die Welt gehst, wie du dich als Subjekt in der Welt wahrnimmst?

Iris ter Schiphorst: Es ist sicher kein Zufall, dass Berlin meine Stadt geworden ist, auch wenn sie sich in den letzten Jahren sehr verändert hat (Stichwort: Neoliberaler Ausverkauf). Berlin ist ja dafür berüchtigt, einen rauen Umgangston zu pflegen. Da gibt es keine Höflichkeits-Floskeln, wie z. B. in Wien, die ich dort übrigens sehr genossen habe, auch wenn sie mir immer etwas fremd geblieben sind. In Berlin kommt man – „zack" [macht eine Geste] – sofort zur Sache und erwartet das auch vom Gegenüber. Diese Direktheit kann in manchen Situationen aber auch umkippen in pure Aggressivität – das gefällt mir dann weniger. Dennoch: Die Direktheit ist es, die ich so sehr schätze. Die *Direktheit* der Kommunikation. Die *Direktheit* der Begegnung. Wir sind uns doch alle fremd, und keiner weiß, was im Kopf des anderen vorgeht. Darum muss es doch immer wieder darum gehen zu versuchen, miteinander in einen ehrlichen und direkten Austausch zu kommen, der nicht nur aus Floskeln besteht und nicht nur Schubladen bedient. Nur dann können wir im besten Fall unterschiedliche Haltungen und Meinungen produktiv austragen. Das hat vielleicht nicht unbedingt mit „rauen Zeiten" zu tun, aber es ist das, was mich auch im Komponieren umtreibt.

Charlotte Seither: Christa Brüstle hat in ihrer Begrüßung gestern[3] darauf hingewiesen, dass Rauheit nicht nur das ist, was wir im Ästhetischen verorten können und wollen (nach dem Motto: ich greife ein Schmirgelpapier und genieße, wie sich die Oberfläche wellt; wir haben in den Vorträgen dieser Tage auch Kunstobjekte gesehen aus den 1950er und 1960er Jahren, in die man am liebsten hineingreifen möchte, so ansprechend waren sie ausziseliert in ihrer „rauen" Form). Sie hat deutlich gemacht, dass Rauheit auch das wirkliche Grauen beinhalten kann – ein Grauen, von dem wir uns definitiv abwenden wollen: Städte, die zutiefst unsozial sind, Menschen, die anderen schaden und damit „rau" sind. Du hast gerade davon gesprochen, dass du in Berlin lebst, da begegnet dir diese Art von Rauheit ja öfters – ein Busfahrer, der dich anschnauzt. Wo ist für dich der Punkt, wo das Raue umkippt, wo du definitiv nicht mehr damit arbeiten kannst oder willst, wo es dich abstößt?

Iris ter Schiphorst: Ich möchte eher versuchen, mich eben *nicht* abzuwenden, sondern hinzuschauen, auch wenn es manchmal schwer auszuhalten ist. Welche Schlüsse ich daraus für mein Komponieren ziehe, ist damit noch nicht gesagt. Denn ich laufe ja nicht durch das Leben unter der Maßgabe der Verwertung. Dass wir sowieso immer nur einen Bruchteil dessen erfassen können, was man Realität nennt, ist uns ja allen klar: Wenn der Busfahrer mich anschnauzt – na wenn schon …, wer will denn schon jeden Tag acht Stunden in so einem Ding sitzen und es durch die Gegend fahren und womöglich dabei den Großteil des Tages im Stau stehen? Du sprichst von unsozialen Städten … Sind es nicht genau jene, die von einer totalen Ungleichheit gekennzeichnet sind? In denen die Schere zwischen Arm und Reich immer weiter aufgeht? Die sich nur wohlhabende Schichten leisten können? In denen die Ärmeren mehr und mehr an den Stadtrand verbannt werden? Christa wollte ja auf etwas Anderes hinaus, auf asoziale Zustände. Doch auch hier gilt für mich: Wenn es in bestimmten Stadtteilen brutal zugeht, es viel Kriminalität etc. gibt, möchte ich versuchen, zu verstehen, *warum* das so ist. Vielleicht ist dieser Stadtteil besonders heruntergekommen, weil schon lange nicht mehr in seine Infrastruktur investiert wurde und hier eine bestimmte Bevölkerungsschicht auf engstem Raum zusammengepfercht wird? Es geht doch um Zusammenhänge. Will ich mich davon abwenden? Nein, ich will versuchen zu *verstehen*! Verstehen, warum etwas in einem vielleicht abstoßenden Zustand ist, wie es dazu gekommen ist. Mir persönlich sind jedenfalls Städte lieber, in denen solche Formen von ‚Rauheit', von denen wir ja alle wissen, dass sie existieren, erkennbar sind.

Ein Beispiel: Ich brauchte neulich ein Passfoto für einen Amtstermin am nächsten Morgen. Es war bereits sehr spät, fast Mitternacht, und mir fiel der Foto-Automat am Hermannplatz bei mir in der Nähe ein; in der völlig verdreckten Fotokabine hatte sich aber bereits ein einarmiger Junkie notdürftig für die Nacht eingerichtet, den ich dort erst einmal rausziehen musste. In dem Moment trafen zwei Leben aufeinander, die normalerweise kaum Berührungspunkte miteinander haben: meines und das des Junkies. Diese Begegnung war zwar in gewisser Weise abstoßend, klar, aber konfrontierte mich zugleich mit einem Ausschnitt einer Realität, die ich ansonsten ganz gut ausblenden kann. Eine Realität, die letztlich doch sehr viel aussagt über unsere Zeit und Gesellschaft und über unser Miteinander. Das muss ich doch wahrnehmen wollen. Wofür sind wir denn da, wenn wir nicht wenigstens ein bisschen versuchen zu sehen, zu hören und zu verstehen? Das beschäftigt mich sehr – und natürlich fließt davon auf die eine oder andere Weise etwas mit hinein in meine Arbeit, in mein Komponieren.

Charlotte Seither: Milica, was hat dieses Motto „Raue Zeiten" bei dir ausgelöst, wo hast du ganz persönlich Reibungsflächen wahrgenommen zu dir und deiner Musik?

Milica Djordjević: Mein erster Gedanke war: Gut getroffen! (Und nebenbei erwähnt: Auch ich habe in Berlin am Hermannplatz gelebt und kenne all das, worüber du gesprochen hast, Iris). – Ich möchte das gar nicht melodramatisch oder psychologisch überfrachten, aber: Rauheit ist ein Teil meiner Geschichte. Ich bin in Jugoslawien geboren, ich komme aus Serbien. Meine ersten fünf Lebensjahre habe ich im Frieden zugebracht, aber schon da war eine ausgeprägte politische Krise zu spüren. 1989 ging dann der Teufel los. Für mich persönlich kann ich sagen: Mehr als zwei Drittel meines Lebens habe ich nicht in rauen Zeiten verbracht – im Sinne des rauen Grauens. Aber in meiner Heimat, da sprechen wir doch von wirklich existenziellen Sachen: Es ging um Leben und Tod. Du hast Freunde, die erschossen werden, Kinder. Du hast Freunde, die auf andere Weise gestorben sind. Die Bomben fielen an unseren Köpfen vorbei. Trennung von den Eltern, nichts zu essen. Da geht es nicht um Kunst, das ist Grauen pur. – Aber es gibt zum Glück auch andere Antworten. Als ich nach Berlin kam, fühlte ich mich bereits nach zwei Tagen zu Hause. Berlin ist genau das: wunderschön und hässlich zugleich, sehr rau, sehr direkt, manchmal brutal; aber auch in dieser Rauheit liegt eine Schönheit. Es geht doch immer darum, etwas zu tun, die Chance zu haben, zu reagieren und etwas ändern zu können, Dinge ein bisschen besser machen zu können. Zumindest aber nicht blind oder taub zu bleiben in dieser Situation. Mein erster Impuls, wenn ich an „rau" denke, ist also: Ich muss an mein Leben denken. In der Rauheit liegt eine herrliche Schönheit, es liegt in ihr eine Chance. *Cutting diamonds*: Aus etwas Rauem, einem bloßen Material, machst du einen Diamanten. Es ist die Dualität, die mich interessiert.

Charlotte Seither: Ich denke noch einmal an die Wohnsilos, die unfassbar trostlos und massenverbaut sind. Darin wohnen Menschen, die Tag für Tag ihren Alltag darin zubringen müssen. Das ist würdelos, einfach nur würdelos. Wenn wir sagen, das „Hässliche" ist doch interessant, dann missachten wir ja nicht zuletzt, dass es hier nicht (nur) um Kunst geht, es geht um reale Lebensbedingungen, die rau sind und die niemand freiwillig so für sich gewählt hat. Das Eine ist das Eine (die Kunst), das Andere ist das Andere (die Lebensbedingungen). Wo beginnt für dich, dass Dinge in ähnlicher Weise „rau", dass sie „inakzeptabel" sind?

Milica Djordjević: Dinge sind es nicht, aber Menschen können in ihrem Handeln sehr hässlich sein – als Charaktere, als Mitmenschen, in ihrem Geist, wie sie denken. (Ich verstehe übrigens sehr gut, was du meinst, auch in Belgrad gibt es solche Stadtteile und diese Brutalität, sie ist würdelos.) Es gibt viel Schlimmeres als das, was nur visuell hässlich ist: gesellschaftliche Situationen, schlimme Charaktere, Taten, die ungeheuer verletzend sein können.

Charlotte Seither: Vorhin fiel das Stichwort „Energie" in Zusammenhang mit dir, Iris. Was gibt dir Energie am „Rauen"?

Iris ter Schiphorst: Das ist eine Frage, die ich gar nicht so genau beantworten kann. Vielleicht das Ungebändigte, das Wilde, das Rohe, das Formlose, oder auch das Direkte, das Widerständige – und die vielen Ebenen, die sich damit auftun. Aber auch dass es mich konfrontiert, dass es mich zum Denken bringt, mich in Bewegung setzt, im übertragenen und buchstäblichen Sinn. Es ist mir etwas unangenehm, das öffentlich zu sagen, aber ich bin Synästhetikerin. Begriffe, Zahlen und Gedanken sind für mich konnotiert mit bestimmten je spezifischen Farben, Tönen und körperlichen Gesten im Raum, die wiederum von einem je spezifischen Klang begleitet werden; insgesamt ein komplexes, energetisches Bündel, wenn man so will, das mich umtreibt, mich häufig überfordert – und dennoch Anstoß für mein Komponieren ist. Die Frage ist, wie ich dieses Bündel fassen und konkret für das Komponieren nutzen kann. Wie ich es schaffe, das, was sich da in mir abspielt, diese Energien – und Energien sind ja prozesshaft, also nicht statisch –, wie ich es schaffe, sie zu Papier (oder in den Computer) zu bringen, sie festzuhalten. Ich habe dafür mit vielen verschiedenen Verfahren experimentiert. Zum Beispiel habe ich die Wände meines Arbeitszimmers mit Tapetenbahnen beklebt, die ich immer wieder abschreiten und dabei mit verschiedenfarbigen Stiften Strukturen darauf über- und untereinander skizzieren konnte. Auf diese Weise blieb ich in Bewegung und konnte gleichzeitig in der Horizontalen einen zeitlichen Verlauf markieren. Dieses Verfahren verschaffte mir also in einem ersten Arbeitsschritt eine gewisse Bewegungsfreiheit und half mir, das Bündel von Energien besser zu fassen.

Charlotte Seither: Du entscheidest dich in deinen Stücken ja für ein bestimmtes Material, etwa in Hi Bill!,[4] *das wir gestern gehört haben.*[5] *Auch wenn du solche Fragen nicht in den Mittelpunkt rückst: Es gibt darin ein* bass riff, *man kann den Background der Rockmusik darin erkennen, der deine Perspektiven ja immer auch sehr konstruktiv erweitert hat. Was macht vor diesem Hintergrund die „konstruktive Reibung" für dich aus in diesem Stück?*

Iris ter Schiphorst: *Hi Bill!* ist ja ein kurzes, sehr überschaubares Stück, das für einen ganz bestimmten Anlass – die Solo-CD des Bassklarinettisten Volker Hemken – geschrieben wurde, der sich von mir ein rockiges Stück gewünscht hatte. Für *Hi Bill!* braucht man nicht unbedingt eine Tapetenrolle, es geht auch auf kleinerem Papierformat. Was wirklich interessant ist an diesem Stück, ist die Vertikale. Ein *bass riff* ist schnell dahingesagt, aber was mache ich mit der Vertikalen? Wie kriege ich das Rauschen da hinein? Komplexität, Farben, Bewegungen, Gesten? All die ‚Rau-Zustände', die mich hier interessieren? Das ist eine Frage der Instrumentation, in diesem Fall der Spieltechniken. *Hi Bill!* ist voll von Mehrklängen, Slaps, Zahntönen, gesungenen Tönen und Kombinationen daraus. Heute sind ja Multiphonics weitgehend katalogisiert, es existieren Grifftabellen für jeden nur denkbaren Mehrklang. Die haben mich aber seinerzeit überhaupt nicht interessiert. Ich notiere in *Hi Bill!* die klingenden Ergebnisse, also das, was ich hören will, natürlich in Kenntnis der physikalischen Gegebenheiten der Bassklarinette. Ich überlasse es damit ein stückweit dem oder der Spieler:in, diese vielschichtigen Klänge auf seinem oder ihrem je spezifischen Instrument mit seinen oder ihren je individuellen Möglichkeiten zu finden. Das ist zwar auf den ersten Blick schwieriger als das Abrufen von einmal einstudierten Katalog-Klängen, schenkt aber andererseits auch mehr Freiheit. An einigen Stellen notiere ich im Stück sogar Alternativen, so dass auch hier von den Ausführenden selbst entschieden werden kann, welche Version sie spielen. Die Spieler:innen sollen inspiriert werden, *eigene* Wege mit dem Material zu finden, ihre eigene ‚Rauheit' ins Spiel zu bringen.

Charlotte Seither: Milica, du hast gesagt, du bist besessen von Material, du bist im Komponieren ganz im Prozess mit dir. Komponieren heißt ja immer: Man tut etwas für sich selbst, macht es dann aber auch öffentlich, stellt sich, setzt das Werk einem Urteil aus. Was ist der Grund dafür, vom eigenen Prozess in die Öffentlichkeit zu gehen?

Milica Djordjević: Material und Besessenheit – es ist mehr, was ich meine, es ist mehr als nur dieser erste Prozess. Ich finde es sehr schwierig, vom ersten Material aus oder dem, was mich gerade beschäftigt, loszuziehen im Arbeitsprozess. Vielleicht kann ich hier in die Richtung gehen, die du [Iris ter Schiphorst] als *crash and reboot in fail and just fix* bezeichnet hast: Du sprichst von einer Vertikalen, das finde ich sehr interessant, aber es ist für mich in meiner Arbeit nicht das Gleiche: Was mich beschäftigt, sind dichte Situationen. Komprimierte Situationen, komprimierte Klänge. [Wendet sich zum Publikum:] Stellen Sie sich ein Molekül vor, das sich von innen und von außen bewegt. Ich versuche immer zu verstehen, was dabei los ist. Es gibt stets mehrere Komponenten, es ist nie nur so, dass ich etwas nehme und etwas damit mache: Es *ist* bewegt. Es *klingt*. Meine Dinge sind stets in Bewegung und ich versuche, sie zu bewegen. Es sind sehr bewegliche Dinge, die ich da vor mir habe. Und sie haben auch mit Energie zu tun. Meine Musik ist Ausdruck von etwas, was mich in diesem Moment beschäftigt, sie ist Reaktion auf ein Außen und Innen. Dabei muss sie nicht unbedingt eine Botschaft haben und sagen: „Jetzt müssen alle zuhören", weil das, worum es geht, genau so sein muss, wie ich es mir vorgestellt habe. Aber natürlich kann ein Stück sehr wohl eine Einladung zum Denken, zum Kommunizieren, zum Reagieren beinhalten, auch in der Zusammenarbeit mit den Musiker:innen und in Gesprächen mit Kolleg:innen oder mit dem Publikum. Ich mag die Dinge lieber so. Es geht mir nicht um Aussagen, die ein fertiges Statement sind.

Charlotte Seither: Du gibst also etwas in den Diskurs, und im Diskurs wird dir etwas zurückgespiegelt, was Teil eines neuen Diskurses wird. So befruchtet es dich, aber auch die Musiker:innen und die Hörer:innen.

Milica Djordjević: Das ist meine Hoffnung. Es gibt immer Themen, die mich auch noch in zukünftigen Stücken beschäftigen werden. Man kann das sehr nachhaltig nennen. Das ist ein sehr lebendiger Prozess, die Tür ist nie geschlossen.

Charlotte Seither: In gewisser Weise ist jedes von euren Stücken höchst nachhaltig, eine Partitur, an der immer wieder gearbeitet, die immer wieder neu gelesen wird. Hi Bill!,[6] so hast du [Iris ter Schiphorst] ja erzählt, wird oft gespielt. Es kommt also immer etwas Neues in die Welt mit dieser Partitur und ihrer neuen Art, gelesen zu werden, das vorher noch nicht da war – durch den Geist, durch das Spiel, durch die Weiterentwicklung, mit der Schicht auf Schicht gesetzt wird im Verstehen, das ein Stück immer wieder neu belebt.
   [Wendet sich zu ter Schiphorst:] Iris, wir haben über Partizipation gesprochen. Auch du bist Teil dieser Kunstwelt, du gibst Input durch dein Komponieren, durch deine Stücke. Wie nimmst du dich in dieser Rolle wahr, in den Widerständen und Rauheiten, die Partizipation nicht immer so gelingen lassen, wie wir uns das vielleicht wünschen?

Iris ter Schiphorst: Das ist eine schwierige Frage: Erst einmal sitzen wir ja hier, das heißt: Wir [Milica und ich] sind da, wir partizipieren. Was das Wünschen angeht ... Wer meine Biografie ein bisschen kennt, der weiß, dass ich nicht bei der Neuen Musik angeklopft und gesagt habe: „Ich möchte auch mal rein!", sondern einfach meine Stücke geschrieben und mit meinem Ensemble intrors[7] aufgeführt habe, unabhängig von ‚der Szene'. Ich hatte intrors Ende der 1980er genau darum gegründet. Unser größter Erfolg war der „Blaue Brücke"-Preis in Hellerau 1997. Irgendwann in dieser Zeit ist die Neue Musik auf uns aufmerksam geworden und hat bei *mir* angeklopft. Da ging es dann los mit Kompositionsaufträgen und Einladungen in *diese* Szene ... Reibefläche bot für mich schon immer die Musikwissenschaft. Ich habe damals aus purem Interesse Seminare bei Carl Dahlhaus und Helga de la Motte besucht – das war für mich super spannend. Gleichzeitig habe ich mich intensiv mit feministischer Theorie beschäftigt und dazu auch Forschungsstipendien vom Berliner Senat erhalten. Im Ergebnis erwuchs daraus eine tiefe Skepsis gegenüber der Musikwissenschaft, die für mich eines der rückständigsten Fächer in Sachen Geschlechterdifferenz ist. Als ich z. B. damals mit Helmut Oehring im Duo komponierte und unsere Stücke u. a. in Donaueschingen und Witten aufgeführt wurden, war das Unverständnis für diese Form der Zusammenarbeit enorm. Wir hatten, ohne dass wir das beabsichtigt hätten, am Heiligsten gekratzt, was es in der Musikwissenschaft gibt: dem Werk, dem Original und seinem Autor. Es ist heute kaum mehr nachvollziehbar, wie das Feuilleton und die ‚Szene' insgesamt auf diese Zusammenarbeit reagiert haben und wie vor allem mit mir umgegangen wurde. Da stand in irgendeiner Kritik sinngemäß: Was hat sie wohl gemacht? Hat sie Kaffee gekocht? – Das war sehr despektierlich. Ich könnte davon tausende von Geschichten erzählen. Das hat uns beide damals sehr schockiert. Diese Szene nahm für sich in Anspruch, Avantgarde zu sein? Unfassbar! – Wie gesagt:

Es ist schön, dass wir hier jetzt sitzen und etwas über unsere Arbeit erzählen dürfen. Und auch schön, dass unsere Musik gehört wird, prima. Aber will ich denn in einer von euren [der Musikwissenschaft] Schubladen landen? Nein, das will ich nicht.

Milica Djordjević: Ich bin ein wenig jünger als du [gemeint ist Iris ter Schiphorst] und habe genau die gleichen Sachen erlebt. Ich habe Erfahrungen gemacht, die sehr vulgär waren. Und sehr, sehr beleidigend. Wie soll man darauf reagieren? Was macht das mit einem? Auch ich finde super, dass wir hier sind, danke, aber ich bin auch der Meinung, dass wir etwas tun müssen. Wir haben bei uns ein Konzert organisiert in der *prime time*, in dem nur Komponistinnen im Programm waren – ein tolles Konzert. – Wir sind doch keine Frauen, halb Schlange, halb mit Bart im Zirkus. – Es ist ermüdend, dass man das immer wieder betonen muss [imitiert eine andere Stimme]: „Ich bin so cool, dass ich nur Frauen in diesem Konzert programmiert habe" – also bitte, macht das weiter, aber ohne Betonung, dass es um Frauen geht! Das ist gerade *nicht* inklusiv. Sobald man daraus eine Geschichte macht, fühle ich mich exkludiert. In meiner Heimat Jugoslawien war dies anders: Als ich studierte, gab es bereits mehr Frauen als Männer, da ging es nicht um Quote, das war mein Jahrgang. Ich hatte eine Professorin und zwei Dozentinnen. Klar, die ganze Klasse war noch stark von älteren Männern geprägt, die sehr konservativ und chauvinistisch waren. Es war wirklich schwierig, aber niemand hat die Frage gestellt, wie viele Frauen oder Männer es gibt. Das Problem war damals eher die Neue Musik – es gab bei uns kaum wirkliche Neue Musik. Alles war sehr konservativ und vom Sozialrealismus geprägt, es gab eine inoffizielle Zensur, die eingeteilt hat in „gute" und „schlechte", in akzeptable oder nicht akzeptable Musik. In den späteren 1990er und Anfang der 2000er Jahre haben sich die Dinge ein bisschen mehr bewegt, mit der neuen Generation meiner Lehrerinnen zum Beispiel. In der Zeit vor dem Krieg mussten einfach alle mitmachen, um das Land wieder aufzubauen, alle Frauen hatten Jobs. Sie haben gearbeitet wie die Männer und sich dabei auch noch um die Familie gekümmert. Das war so, in der Musik- wie auch in der Arbeitswelt. Und jetzt ist es ein Wunder, dass es so weit ist, wie es ist.

Charlotte Seither: Anna Schürmer hat in der nmz *einen Artikel publiziert, in dem sie die Emanzipationsprozesse der 1960er Jahre genauer betrachtet hat.[8] Sie befragt darin, welche Paradigmen im Darmstadt der 1960er Jahre genau emanzipiert und neu bewertet wurden – und welche nicht. Was hat man alles in den Ferienkursen dieser Zeit emanzipiert: das Geräusch, den Zufall, das Nicht-Werk, die Stille – Dinge, die man fast über die gesamte Musikgeschichte hinweg vernachlässigt hat. Eines aber hat man dabei nicht ins Licht gerückt: das Werk der Frauen, rückwirkend auf die Musikgeschichte bezogen, wie auch auf die Gegenwart. Wie kann es sein, dass gerade die „Avantgarde" hier genauso blind geblieben ist gegenüber den Frauen, wie sie das schon immer war?*

Iris ter Schiphorst: Gute Frage, ja, es gibt dazu Anekdoten genug, auch übrigens aus der Studentenbewegung der 68iger …, wie Genoss*innen* in Veranstaltungen *ihre* Anliegen und Meinungen nicht vortragen durften, oder wie sie nach wie vor wie selbstverständlich allein für Haushalt und Kindererziehung und das obligatorische Kaffee-Kochen auf Sitzungen zuständig sein sollten; das muss man einfach nur nachlesen, z. B.: Helke Sanders / Sigrid Rüger / Tomatenwurf. – Im Bereich Musik wird uns zumeist vermittelt, es gäbe einen unumstößlichen Kanon. Bezeichnenderweise kommt dieser Begriff ursprünglich aus dem religiösen Bereich. Das passt sehr gut in unseren Zusammenhang. Die Frage ist nämlich: Wer entscheidet über diesen Kanon? Wir alle wissen: Kein Kanon ist gottgegeben, sondern Menschenwerk. Dazu gehört auch die Musikgeschichtsschreibung, die *immer* tendenziös ist: Wer entscheidet also, was überlieferungswürdig, was maßgeblich ist? Und warum? Was sind die Kriterien? Und was wird ausgeschlossen und aus welchen Gründen? Fragen, die fast nie im Inneren der Musikwissenschaft gestellt, sondern von außen, häufig von Feministinnen, an sie herangetragen wurden. Viele Bereiche, die die Geschichte(n) von Musik ausmachen, werden von ihrem Kanon gar nicht erfasst, vor allem jene, die nicht nur um das ‚Werk' und ihre heroischen Autoren [hier in dezidiert männlicher Form] kreisen. Aber ohne Werk ist die Musikwissenschaft als Disziplin natürlich verloren. Insofern werden da bis heute aus ganz verschiedenen Richtungen Verfestigungen weiter als Kanon geführt. Ich will das auch gar nicht kleinreden, das ist sicherlich alles sehr interessant, aber es ist sehr einseitig – und hinkt mittlerweile dem internationalen Forschungsstand hinterher.

Ich finde interessant, was du [Milica Djordjević] uns über deine Kompositions-Professorinnen in Jugoslawien berichtet hast; ähnliches hat mir Violeta Dinescu aus Rumänien erzählt. Vielleicht ist das Problem der Geschlechterdifferenz im Musikbereich auch eine sehr deutsche Geschichte? Ebenso wie die Darmstädter Ferienkurse, oder Herr Forkel mit seinem Versuch einer universalen Musikgeschichte (deren Höhe- und Schlusspunkt er natürlich in der deutschen Musik ausmachte)? Wie kommt es, dass sich gerade im deutschsprachigen Raum sowohl im Bereich der traditionellen Musik als auch in der sogenannten Avantgarde solch ‚verfestigte Meinungen' und Geschlechterstereotypen zusammenballen konnten? Das ist eine komplexe Frage, die aufzudröseln nicht zuletzt auch eine Aufforderung an die Musikwissenschaft ist.

Charlotte Seither: Milica, wie hast du aus Jugoslawien, deiner früheren Heimat, heraus Darmstadt in der Tradition der 1960er Jahre wahrgenommen, aus der Perspektive deiner Generation? Gerade auch ob der Tatsache, dass man die Frauen auch dort vergessen hat?

Milica Djordjević: Es war um die fünf oder sechs Jahre vor meinem Studium, als die Situation angefangen hat sich ein bisschen zu bewegen in Serbien. Davor gab es noch eine ganz andere Musik, wie soll ich sie nennen? Niemand kennt diese Komponisten. Nichts ist davon geblieben. – In Belgrad, wo ich studiert habe, gab es dann nur Messiaen an der Musikhochschule. Was in Darmstadt gespielt wurde, hatte also keinerlei Chance, da gespielt zu werden. Ich erinnere mich, dass ich in einem Meisterkurs war, bei dem es Partituren gab von Stockhausen. Ich habe dies meiner Professorin erzählt und gefragt: „Wie liest man das?" Sie hat mir geantwortet, dass das keine Musik ist. Sie kannte diese Werke gar nicht und sie konnte die Partituren auch nicht lesen. Man muss aber auch daran denken, dass es mehr als eine Dekade lang Krieg gab, das waren schreckliche Zeiten in Jugoslawien. Man konnte nicht über Kunst oder Ästhetik sprechen, man war mit dem purem Überleben beschäftigt. Erst als ich hierher [nach Deutschland] kam, oder auch nach Straßburg, habe ich angefangen, die Werke der Neuen Musik für mich zu entdecken. Und ich habe mich gewundert: Wie ist das möglich? Wie kann Musik so ganz anders sein als das, was ich aus dem Studium kannte?

Charlotte Seither: Ich mache an dieser Stelle einen Cut und wir gehen einen Schritt zurück: Wir haben über Rauheit gesprochen. Martin Kaltenecker hat gestern in seinem Vortrag eine Gegenposition aufgezeigt, in der er dem Rauen etwas ganz Anderes gegenübergestellt hat: den Kitsch.[9] Es gibt sicher noch andere Paradigmen, die man der Rauheit entgegenstellen kann – das Nicht-Pejorative wäre eine Möglichkeit, Eleganz zum Beispiel, eine Kategorie, die in der Musikgeschichte ja über viele Epochen hinweg sehr en vogue *war. Nun verbündet sich die Eleganz aber gerade* nicht *mit der Rauheit, sie übertüncht sie, versucht vielleicht sogar, sie zu überwältigen und zu eliminieren. Das wäre dann das genaue Gegenteil von dem, was wir in der Neuen Musik so mühevoll „emanzipiert" haben mit dem Geräusch, dem Unfertigen, der Stille, dem Fragment, dem Bruch der Genres oder auch der Öffnung in den Pop und in die Unterhaltungsmusik. Iris, wenn ich es einmal pointiert zuspitze: Ist Eleganz „politischer Verrat"?*

Iris ter Schiphorst: Nein. Das würde ja im Umkehrschluss bedeuten, Rauheit sei politisch korrekt – absurd. Ich kenne einige Kolleginnen und Kollegen, die ihr Werk oder bestimmte Teile daraus als „elegant" bezeichnen würden, oder die durchaus die Absicht verfolgen, elegante Stücke zu schreiben. Ich kann das mit großem Interesse und mit Aufmerksamkeit verfolgen – ich kann diese Stücke eventuell auch goutieren. Eleganz als Erscheinungsform beschäftigt *mich* aber in *meiner* Arbeit nicht an erster Stelle. Ich nähere mich den Dingen, die mich anziehen, die mich bewegen und umtreiben, auf andere Weise, aber grundsätzlich *nicht* über den negativen Ausschluss. Ich kann z. B. auch mit Kitsch arbeiten, wenn ich meine, dass es für die Ausdrucksabsicht einer Komposition nötig ist. Dass Kitsch als Kategorie in der Kunstmusik verpönt ist, interessiert mich dabei nicht. Aber grundsätzlich fühle ich mich energetisch besonders hingezogen zu dem, was widerständig ist, auf welche Art auch immer – was Reibung erzeugt, was ‚rau' ist. *Da* will ich fummeln, *da* will ich arbeiten.

Charlotte Seither: Als wir nach dem Konzert mit Hi Bill![10] *miteinander gesprochen haben, habe ich dir gesagt, wie gelungen ich die Aufführung fand. Moritz [Schneidewendt, der Spieler] hat es geschafft, sich ganz in die Rauheit fallen zu lassen, und dabei aber eben nie mit seinem Körper aus dem Rahmen zu fallen. Bei aller Rauheit in der Vertikalen hatte das Stück einen höchst eigenständigen* frame, *eine geradezu „feine" Ästhetik in der Beherrschung des Körpers und der Zeit – das war kein Widerspruch. Ich könnte sagen: Ich habe das Stück genossen in seiner Eleganz. Ist dies ein Widerspruch?*

Iris ter Schiphorst: Nein, das muss es nicht sein. Es freut mich, dass du es auf diese Weise wahrgenommen hast. Du sprichst vom Körper des Musikers [Moritz Schneidewendt]; mehr und mehr interessiert mich, was sich in diesen hochspezialisierten und -trainierten Körpern an Wissen angelagert hat und wie ich dieses Wissen in Zusammenarbeit mit den Ausführenden noch besser einarbeiten kann. Ich habe dazu u. a. ein Verfahren entwickelt, das ich *Performing Composing*[11] nenne. Dabei geht es darum, die Ausführenden durch immer neue Improvisationsaufgaben bis an ihre spielerische Grenze bzw. knapp darüber hinaus zu bringen. Diese Improvisationen werden aufgezeichnet und von mir anschließend transkribiert, um darauf aufbauend weitere, noch komplexere Spielanweisungen zu generieren. Letztlich geht es in diesem aufwendigen Arbeitsprozess am Ende darum, eine ‚virtuose' Rauheit (so möchte ich es an dieser Stelle nennen) im Körper der Ausführenden zu provozieren. – Es ist so, wie Moritz [Schneidewendt] uns gestern erzählt hat: Man lernt den „schönen Ton" auf dem Instrument, das Belcanto für den Gesang, das ist der jeweils übliche Kanon. Aber wo ist das, was da darunter liegt? Und wo ist das, was darüber hinausreicht? Wo zeigt sich der triebhafte Körper? Sein Widerstand, seine Wildheit, seine je ganz eigene ‚raue' Virtuosität? Das ist es, was mich interessiert.

Charlotte Seither: Noch einmal gefragt: Ist Eleganz, wie du sie bei anderen Komponist:innen in ihrem Werk wahrnimmst, ist dies letztlich ein politischer Verrat?

Iris ter Schiphorst: Ich denke nicht in diesen Kategorien: Verrat, das klingt so pathetisch, so strategisch – gewichtig, fast militärisch – und eben damit vielleicht auch ein bisschen größenwahnsinnig, verstehst du: Dafür ist die Szene der Neuen Musik doch viel zu klein und marginal. Ob da jemand ein elegantes Stück schreibt, und daraus dann eine große Geste gemacht wird, oder nicht, daraus resultiert politisch doch letztlich gar nichts. Wir dürfen unseren eigenen Narzissmus nicht so hochhalten – unsere Szene ist super marginal. Wenn wir wirklich etwas politisch bewegen wollen, dann sollten wir Aktivist:innen werden, das wäre dann vielleicht die bessere Idee. Natürlich frage ich mich bei bestimmten Kompositionen manchmal: Meine Güte, warum diese Ästhetik? Das ist aber dann mein eigener Wahrnehmungsapparat, meine eigene Geschichte, mein eigenes Denken, das mich das fragen lässt. Wenn jemand meint, er muss da genau in diesem Bereich forschen und elegante Stücke schreiben (was auch immer das im Einzelnen heißt – denn erst im Konkreten wird es ja eigentlich interessant): bitteschön, warum denn nicht? Wir brauchen viele Wege, die weiterführen.

Charlotte Seither: Milica, wie ist dein Schaffen, das Raue darin, mit deinem ganz persönlichen Blick auf die Gesellschaft verbunden? Wie schaust du mit deinem Werk auf die Gesellschaft?

Milica Djordjević: Ich betrachte mich immer als Teil dieser Gesellschaft, ich kann die Dinge nicht voneinander trennen. Alles, was ich mache, ist auf die eine oder andere Weise gefärbt – es reagiert auf eine Situation oder wird von ihr ausgelöst. Ich kann mich nicht einfach herausziehen aus meiner Umgebung und sagen: Das interessiert mich nicht. Ich habe mich lange Zeit nur apolitisch geäußert, was ein sehr politischer Standpunkt ist, der darin gründet, woher ich komme und was ich erlebt habe in meiner Heimat. Beim Stück *Jadarit*[12] wird wohl niemand verstehen, worum es geht, ohne mehr darüber zu wissen. Mich hat das zutiefst beschäftigt und war mein tiefstes Bedürfnis, mit dem Stück zu reagieren. Mein Mittel ist die Musik.

Charlotte Seither: Unsere Zeit hier auf dem Podium ist fast um – das war doch fast schon ein Schlusswort. Dann öffnen wir hiermit gerne die Diskussion für Fragen an euch aus dem Publikum.

P1 [Person aus dem Publikum][13]: Ich habe mich gefragt, wie diese Musik [die Neue Musik unserer Zeit] innerhalb einer Gesellschaft kommuniziert und wie sie mit der Gesellschaft im Austausch steht. Gibt es an dieser Schnittstelle – zwischen Musik und Gesellschaft – noch Reibung oder wo kann diese dann eigentlich noch entstehen? Wir predigen hier alle den Bekehrten. Und wo ist diese Reibung?

Iris ter Schiphorst: Ich gebe die Frage gerne zurück: Wo ist die Reibung? Diese Frage beschäftigt auch mich immer wieder … Unsere Zeiten sind rau, ohne Frage. Wie schon gesagt: Wer die Kraft in sich verspürt, sollte vielleicht Aktivist:in werden, denn alle Verbesserungen in Sachen Demokratie, Menschenrechten oder Klimawandel verdanken sich schließlich Bewegungen aus der Zivilgesellschaft. Apropos Gesellschaft: Was überall zu kurz kommt, weggespart und völlig vernachlässigt wird, ist die musikalischen Bildung von Kindern und Jugendlichen; und das, obwohl sie erwiesenermaßen zur Demokratie-Fähigkeit und Kreativität beiträgt.

Ob jedoch einzelne Musikwerke politisch großen Einfluss nehmen können, wage ich zu bezweifeln. Ist unsere Gesellschaft durch Stücke von Helmut Lachenmann besser geworden? Trotzdem ist es natürlich wunderbar, dass es sie gibt.

Aber im Grunde bin ich jetzt zu pauschal und auch ungerecht. Denn wir können nie wissen, was ein Musikstück bei einem anderen Menschen auslöst. Wir haben es nicht in der Hand und können es auch nicht planen. Wenn ich in einem Konzert ein Stück höre, so wie von dir [Milica Djordjević] gestern, und merke: da *tut* sich etwas in mir – dann interessiert mich in dem Moment überhaupt nicht, ob dieses Stück eher zur Kategorie „glatt" oder „rau" gehört. Oder ob und wie es sich mit der Gesellschaft reiben könnte oder auch nicht. Es erzeugt zu allererst *in mir* etwas. Darum *gehe* ich ja ins Konzert. Und genau darum mache ich ja Musik, weil da etwas *in mir* passiert. Und selbst wenn wir jetzt darüber reden – dies ist glatt – das ist rau – das perlt ab oder nicht – und das alles auch noch versuchen, zu werten! – dann tun wir doch erstens so, als würde es einen unumstößlichen Kriterienkatalog geben (und landen dann unversehens wieder bei der Frage, wer ihn definiert – und warum), und zweitens, als hätten wir Kontrolle darüber. Das ist aber nicht der Fall. Wir wissen nicht, was eine Musik bei einem Einzelnen auszulösen vermag; vielleicht verändert es ihn oder sie, vielleicht erlebt er oder sie sich und die Welt danach anders als zuvor. Das ist unvorhersehbar – und zutiefst individuell.

Ich bin Komponistin geworden, weil ich mir letztlich nichts Anderes vorstellen kann, als das, um was es mir ganz persönlich geht, in Musik zu gestalten. Und ich weiß genau, dass ich damit die Welt nicht verbessere. Trotzdem ist es dieses Tun – mich in Musik auszudrücken –, was mich anzieht und antreibt, wo ich immer wieder hin will. Das ist für dich [richtet sich an den Fragenden] wahrscheinlich genauso, denn sonst würdest du hier wahrscheinlich nicht sitzen. Und für Sie alle [richtet sich an das gesamte Publikum], die Sie Musikwissenschaften studieren, ebenso. Ich vermute, Sie alle lieben Musik. Man sucht in ihr etwas, wünscht sich von ihr etwas, ist vielleicht manchmal enttäuscht von ihr, oder hört im Konzert ein Stück und denkt: Was für ein Mist! – Aber man geht das nächste Mal wieder ins Konzert, um zu hören, weil man eben genau diese Leidenschaft hat.

P2: Wir sind jetzt hier in Darmstadt und es wird von „rauen Zeiten" gesprochen. Der Krieg ist weit weg, wir bewegen uns in der eigenen Neue-Musik-Blase. Da bleibt bei mir die Frage: Worauf sollen die Komponist:innen eigentlich reagieren? Sollen die überhaupt auf irgendwas reagieren, wenn etwa die Zeiten „rau" sind? Es gibt existenzielle Probleme, klar, davon gibt es da draußen viele. Und trotzdem muss die Kunst ja nicht hier und jetzt darauf reagieren. Es kann sich auch noch in zehn Jahren niederschlagen, auf welche Weise auch immer. Es gibt doch keinen Zwang, mit Rauheit auf die Zeiten reagieren zu müssen. Das beschäftigt mich gerade.

Charlotte Seither: Ja, zum Glück gibt es keinen „Zwang". Kunst „gelingt" ja nicht dadurch, dass sie einem gesellschaftlichen Automatismus folgt, den du gerade völlig zu Recht in seiner Relevanz hinterfragt hast. Es gibt viele Arten des Überwinterns: Draußen sind die Dinge rau – und die Kunst macht vielleicht etwas was ganz anderes. Jahre später erst – wenn überhaupt – taucht vielleicht etwas auf, was ohne ein Früheres niemals zutage getreten wäre. Um auf Milicas Erzählungen aus Ex-Jugoslawien zurückzukommen: Die Antennen sind voll geladen, die ganze Zeit hinweg. Es macht keinen Sinn vorauszusetzen, dass Ladung und Output in einem rationalisierbaren Verhältnis zueinander stehen. Warum auch? Es gibt keine Agenda, die Kunst noch hier oder da in ihrem volatilen Verhältnis zur Gesellschaft „kapern" könnte. Und das ist auch gut so.

Iris ter Schiphorst: Ich möchte dem auch noch kurz etwas hinzufügen. Wie Charlotte schon sagte: Natürlich gibt es keinen Zwang, sich künstlerisch mit rauen Zeiten zu beschäftigen. Doch auch wenn man es tut, ist ja Input nicht gleich Output. Die Fragestellung suggeriert, dass eine künstlerische „Antwort", also der ‚Output', quasi automatisch und deutlich erkennbar übereinzustimmen hat mit dem Input, in unserem Fall den vermeintlich ‚rauen Zeiten'. Womöglich noch aufgeladen mit einer eindeutig erkennbaren, davon bestimmten Botschaft … Eine solche Gleichung ist zu simpel. Vielleicht ist meine künstlerische Antwort auf die rauen Zeiten im Ergebnis das Gegenteil von rau, vielleicht ist sie sogar ‚elegant', um ein Wort zu verwenden, das in unseren Diskussionen oft gefallen ist. Im Prozess der künstlerischen Verarbeitung durchläuft doch jeder ‚Input' so viele Schichten, erfordert so viel Gedanken-Arbeit, dass am Ende möglicherweise *phänomenologisch* gar nicht mehr eindeutig wahrnehmbar ist, was der Input war, weil er sich künstlerisch auf einer ganz anderen Ebene äußert. Die Wege, wie ich als Künstlerin zu einem Ergebnis komme, sind doch viel komplexer – und die Arbeiten selbst auch. Sie [die Musikwissenschaft] brauchen Ihre Kategorien, das leuchtet mir ein, aber die Verengung, die dadurch stattfindet, die muss man im Blick behalten.

P3: Ich finde es sehr erhellend, was hier aufeinandertrifft, und muss sagen: Es ist belebend, was die Thematik der Tagung hier alles in Gang setzt. Ich habe Ihre [ter Schiphorsts] Werke sehr genossen. Ich achte Sie hoch als Künstlerin und vor allem die Authentizität, die Sie auch hier im Raum behalten, obwohl natürlich alle denkbaren Ansprüche und Fragestellungen an Sie herangetragen werden, die Weiteres provozieren könnten. Aber sie bleiben in ihrer eigenen, subjektiven Stärke. Das finde ich großartig. Es gibt Schubladen und es gibt Leute, die da drüberstehen. – Ich wollte nur kurz ergänzen: „Rau" ist etwas ganz Feines. Eine raue Oberfläche schafft Durchlässigkeit. Eine geschnitzte Fläche ist zwar perfekt, aber sie ist zu glatt, um irgendetwas anderes hereinzulassen. Eine gehobelte Fläche ist rau, sie kann etwas aufsaugen. Und ich wünsche mir eigentlich, egal wie rau die Zeiten empfunden werden, eine gewisse „Rauheit" an der eigenen Oberfläche: dass man etwas an sich heranlassen, dass man inspiriert werden kann, dass man auch ganz naiv hören oder ungebildet an ein Werk herantreten kann, das einem irgendetwas sagen wird, ohne dass man vorab weiß, was es denn sagen soll.

P4: In dieser Tagung wurde „Rauheit" immer wieder mit den Kategorien „schön" oder „hässlich" in Verbindung gebracht. Wenn jemand zu meiner Komposition sagt: Ich fand sie schön, dann nehme ich daraus nichts mit, ich lerne nicht daraus, da entsteht eine Leerstelle. Ich frage dann nach: Kannst du mir nicht mehr dazu sagen? Wenn wir über Industrieanlagen sprechen – Architektur, Brutalismus, Objekte, die stark mit dem Thema „Rauheit" verbunden sind – dann finde ich Begriffe, die Kaltenecker[14] vorgestellt hat, sehr interessant.

P5: Sie haben auf dem Podium auch den Frauen-Aspekt angesprochen. Ich finde, das gehört hierher, aber ich frage mich, ob das an einem so traditionsreichen Ort wie hier eine Wirkung hat. Ich kann Sie sehr gut verstehen, aber gab es in Ihrer Karriere oder Ihrem Leben einen Ort, an dem Sie gesagt haben, okay, ich bin Komponistin und es spielt jetzt keine Rolle mehr? Ich werde ernst genommen und muss nicht zusätzlich noch für etwas stehen, was ich nicht selbst als Spannungsfeld gewählt habe?

Iris ter Schiphorst: Als Ältere kann ich vielleicht zuerst antworten [lacht], und dann übergebe ich gerne an dich [Milica Djordjević]. Es hat sich in den letzten Jahrzehnten in Sachen Gender Gott sei Dank sehr viel getan. Wenn man bedenkt, dass noch vor etwas mehr als 100 Jahren Frauen in Deutschland nicht wählen oder studieren oder bis weit in die zweite Hälfte des 20. Jahrhunderts bestimmte Dinge nur mit Erlaubnis ihres Mannes tun durften (z. B. ein eigenes Konto haben, arbeiten gehen oder Auto fahren), dann ist doch erstaunlich, wie viel sich seitdem verändert hat. Das ist auf den ersten Blick sehr ermutigend, auch wenn sich das Wissen um all diese Ungerechtigkeiten, von denen die Mütter und Großmütter meiner Generation noch direkt betroffen waren, natürlich in mich eingeschrieben und mein Denken und Tun geformt hat. Zudem ist die Liste der Ungleichbehandlungen noch längst nicht abgearbeitet. Um also ganz konkret auf Ihre Frage zu antworten: Es spielt in meinem Leben nach wie vor eine große Rolle, dass ich Komponist*in* bin, ob ich will oder nicht; ich werde immer wieder darauf gestoßen, eigentlich in jedem Projekt …

Dazu kommt: Was seit einiger Zeit gesamtgesellschaftlich oder auch global passiert, ist doch zum Verzweifeln! Demokratien sind auf dem Rückmarsch (selbst die USA sind dabei, ein *failed state* zu werden), Emanzipationsbewegungen werden brutal niedergeschlagen – Beispiel Iran oder Afghanistan (dort dürfen Mädchen und Frauen noch nicht einmal mehr zur Schule gehen) – und auch in Europa erstarken mehr und mehr Kräfte, die das Rad wieder zurückdrehen wollen. Was das im Endeffekt für alle Emanzipationsbewegungen bedeutet, und nicht zuletzt auch für die Freiheit der Kunst, ist kaum auszudenken. Dieses Wissen *macht* natürlich etwas mit mir.

Nichtsdestotrotz ist es natürlich gut, dass es in unserer kleinen Szene vorangeht und Komponistinnen vermehrt und selbstverständlicher aufgeführt werden.

Milica Djordjević: Es verändert sich viel. Aber auch mir ist es wichtig, dass all diese Dinge selbstverständlicher werden. Es ist noch immer nicht so, dass ein Konzert nur mit Frauen im Programm stattfindet und niemand extra darauf hinweist. Und im Kontext der globalen Situation sind wir noch sehr, sehr weit von einer wirklichen Gleichstellung entfernt. Ich wünsche mir, dass niemand mehr die Frage nach den Frauen stellen muss – dann ist es für mich o.k.

Iris ter Schiphorst: Vielleicht noch ein Letztes: Wenn ich daran denke, wie sich meine Generation am traditionellen Kanon der Musik abgearbeitet hat, wie wir ihn hinterfragt, wie wir versucht haben, andere, gender-reflektierte Sichtweisen einzubringen und dafür vom herrschenden Diskurs immer wieder belächelt oder marginalisiert wurden etc., dann wird hoffentlich auch verständlicher, dass ich als eine Vertreterin dieser Generation allergisch reagiere, wenn dieser Kanon – auch hier und heute! – zum tausendsten Mal heruntergebetet wird – ohne dazu auch nur irgendeine neue Perspektive aufzuzeigen. In fast allen Vorträgen, die wir hier auf der Tagung bisher hören durften, wurden – bis auf eine Ausnahme! – ausschließlich Komponist*en* und Philosoph*en* zur Untermauerung der eigenen Statements zitiert oder als Bezugspunkte genannt – und das, obwohl hier die Arbeit von zwei Komponst*innen* im Zentrum steht. Wo sind die Verweise auf andere Komponist*innen*, Philosoph*innen*, Musikwissenschaftler*innen*? Es gibt sie doch! Auf diese Weise schreibt sich eine Geschichte fort, die man – so möchte ich unterstellen – doch eigentlich aufbrechen möchte.

P6: Wie sollte Ihrer Meinung nach mit dem männlichen musikalischen Œuvre umgegangen werden?

Iris ter Schiphorst: Was glauben Sie, ich liebe Bach-Stücke! Es ist doch wunderbar, dass es diese Musik gibt, das ist doch klar. Aber im 21. Jahrhundert muss sich doch die Forschung, die Musikwissenschaft fragen lassen, wie sie zu Phänomenen steht, die nicht seit jeher ihren Kanon ausmachen. Schon 1995 habe ich auf dem 9th International Congress on Women in Music in Wien einen Vortrag gehalten mit dem Titel „Musikwissenschaft als Geisteswissenschaft, oder: Das Ver-Sprechen von SOUND", in dem ich den Versuch unternahm, Wege zur Dekonstruktion herrschender Paradigmen der deutschen Musikwissenschaft aufzuzeigen: ihre Zentrierung auf das Werk und ihre Konstruktion einer Musikgeschichte als die von Komponisten-Titanen. Mein Ansatz war natürlich in gewisser Weise größenwahnsinnig – zumal für eine Nicht-Musikwissenschaftlerin, und damals auch für viele sich selbst als feministisch bezeichnenden Musikwissenschaftlerinnen ziemlich ungewöhnlich. Heute kommt glücklicherweise der ganze Fachbereich nicht mehr um eine gender-reflektierte Musikwissenschafts- und Geschichtsschreibung herum, auch wenn sich das in facheinschlägigen Diskursen noch immer nicht deutlich zeigt.

P7: Ich möchte ein Beispiel einbringen von Kompositionen, die ich unter männlichem Namen veröffentlicht und teilweise auch selbst vorgetragen habe, alleine oder im kleinen Ensemble. Die Resonanz war fantastisch, es wurde gesagt: ein interessanter Komponist – und ich wusste genau, unter meinem Frauennamen hätte das nicht funktioniert in den 1970er Jahren.

Iris ter Schiphorst: Das glaube ich sofort. Der Roman *Die gleißende Welt*[15] von Siri Hustvedt handelt genau von einer solchen Konstellation, sehr lesenswert. Und immer noch und immer wieder zeigen Studien zu Geschlechterstereotypen, dass Essays oder Geschichten von vermeintlich männlichen Autoren höher geschätzt werden. Es steckt dies einfach noch tief in uns drin, da muss sich noch vieles verändern.

Wie man offensiv und mit einer Prise Humor als Künstlerin auf despektierliche, geschlechter-stereotypische Zuschreibungen reagieren kann, hat Pauline Oliveros in den 1970er Jahren mit ihrem ‚Post-Card Theatre'[16] vorgemacht.

Charlotte Seither: Ja, man kann heute aber auch beobachten, wie sich jüngere Komponierende auch im Rock / Pop bewegen und dafür dann ein Pseudonym benutzen, um das eine vom anderen zu trennen. Luciano Berio ist ein prominentes Beispiel. Er hat ebenfalls Popmusik (unter Pseudonym) geschrieben und hat das durchaus gerne gemacht.

P7 [erneut]: Es wäre doch eine spannende Frage, welcher männliche Komponist heute unter weiblichen Namen publizieren würde. Ich kenne keinen.

P8 [zu Iris ter Schiphorst]: Sie wollen die Primärgeschichte wieder ins Bewusstsein holen. Können Sie erklären, was das bedeutet?
Iris ter Schiphorst: Da habe ich mich möglicherweise unklar ausgedrückt. Lassen Sie es mich so versuchen: Biografien und Musikgeschichtsschreibung sind Effekt von Überlieferung. Ein Umstand, der besonders fatal für Künstlerinnen war und ist. Denn: Welches Material gilt als überlieferungswürdig? Was landet warum in einem Archiv – und was nicht? Und wer ist befugt, darüber zu entscheiden? Wer interpretiert es oder hat es in der Vergangenheit interpretiert – und unter welchen Voraussetzungen und in welchem Kontext? Und welche Rolle spielt dabei die jeweilige Weltanschauung, das Geschlecht, der Begriff von

Musik? Sehr aufschlussreich ist in diesem Zusammenhang die Forschungsarbeit der Musikwissenschaftlerin Beatrix Borchard, *Stimme und Geige*, über die Sängerin Amalie Joachim und ihren Ehemann Joseph Joachim,[17] die viele von Ihnen wahrscheinlich kennen.

Bei all diesen Fragen geht es eben nicht nur um Qualität, da geht es auch um ideologische Vorprägungen und Strömungen. Wenn man wie seinerzeit der Musikwissenschaftler Forkel davon überzeugt ist, dass Bach das Nonplusultra in der Musiktradition ist, dann heißt das auch, dass diese Vorstellung sich immer „mit schreibt". Und wie oft bezieht sich Rezeption wieder auf Rezeption, Sekundärliteratur auf Sekundärliteratur. Man stellt sich irgendwann also gar nicht mehr die Frage, woher eine Überlieferung kommt, was in ihr mitschwingt, welche Ideologie dahintersteht, und was eventuell gar nicht mitgezählt wird etc. Dafür möchte ich an dieser Stelle sensibilisieren.

Charlotte Seither: Vielen Dank. Wir nehmen den kritischen und wachen Blick auf die Musikrezeption in diesem Sinne auch als Aufgabe für die Zukunft mit. Ich danke euch beiden, Iris ter Schiphorst und Milica Djordjević, sehr herzlich für die Diskussion und Ihnen, dem Publikum, für Ihre rege Teilnahme.

[1] Vorliegender Text gibt das Podiumsgespräch in leicht redigierter Fassung wieder. Anmerkungen in eckiger Klammer wurden hinzugefügt. Die Zusammenfassung des Gesprächs erfolgte durch Charlotte Seither.
[2] Die Schreibweise erfolgt hier ohne Lautschrift.
[3] Christa Brüstle: Begrüßung der Teilnehmer und Teilnehmerinnen zum Themenblock I: Raues in den Künsten, Donnerstag, 13. April 2023, 9 Uhr.
[4] Iris ter Schiphorst: *Hi Bill! (2005) for solo bass clarinet*, Boosey & Hawkes / Bote & Bock, Nr. M202533055, Dauer: 3 Minuten.
[5] Der Hinweis bezieht sich auf das Hörlabor I vom 13. April 2023, in dem sich die Komponistin, moderiert von Wolfgang Rüdiger, den Fragen des Publikums zum Stück gestellt hat, nachdem dieses gespielt worden war.
[6] Vgl. Fussnote 4.
[7] Das Ensemble machte von 1989 bis 1998 in Berlin und Umgebung von sich reden, seine Musikerinnen waren in unterschiedlichen Musikgenres und Szenen zu Hause.
[8] Anna Schürmer: „Die Revolution frisst ihre Kinder", in: *neue musikzeitung* 2/2014, auch online vom 3.2.2014, https://www.nmz.de/die-revolution-frisst-ihre-kinder (letzter Zugriff am 20.2.2024).
[9] Martin Kaltenecker: „Rosa, schwarz und grün. Bemerkungen zu rauer Sanftheit und idyllischer Schwärze", Vortrag, gehalten im Rahmen der 76. Frühjahrstagung des INMM 2023 Darmstadt, 13. April 2023, vgl. Beitrag in diesem Band S. 62–85.
[10] Vgl. Fussnote 4.
[11] Der Begriff steht in Anlehnung an das von der feministischen Performance-Theoretikerin Della Pollock so bezeichnete „Performative Writing", das die Komponistin auf den Kompositionsprozess übertragen hat.
[12] Milica Djordjević: *Jadarit. Concerto for percussion and string orchestra* (2022).

[13] Die Personen aus dem Publikum werden durch ein Kürzel gekennzeichnet, da sie namentlich nicht bekannt waren. Es handelt sich um verschiedene Personen, außer ein Kürzel wiederholt sich wörtlich.

[14] Vgl. Fussnote 9.

[15] Siri Hustvedt: *Die gleißende Welt*, Reinbek 2015.

[16] Vgl. dazu https://www.thewire.co.uk/in-writing/essays/pauline-oliveros-louise-gray (letzter Zugriff am 12.12.2023).

[17] Vgl. Beatrix Borchard: *Stimme und Geige. Amalie und Joseph Joachim. Biographie und Interpretationsgeschichte* (= Wiener Veröffentlichungen zur Musikgeschichte 5), Wien 2007.

Clemens Rathe

Raue Oberflächen
Eine Analyse des Rauen aus medienwissenschaftlicher Perspektive

Die Eigenschaft „rau" dient zur Umschreibung und Charakterisierung der unterschiedlichsten Phänomene. Während wir sie im Alltag als materielle Beschaffenheit meist übersehen, begegnet uns das Raue oft in einem übertragenen Sinn. So kann zum Beispiel ein raues Klima oder ein rauer Umgangston herrschen, eine Person kann eine raue Stimme haben oder ein raues Benehmen an den Tag legen, während eine ganze Gesellschaft mitunter in rauen Zeiten zu leben meint.

Das Raue soll im Folgenden vor allem als materielle Erscheinung – genauer gesagt: als raue Oberfläche – beschrieben werden. Anders als es vielleicht erscheinen mag, handelt es sich bei der Oberfläche nun allerdings um ein überaus komplexes und widersprüchliches Phänomen. Bevor also im Folgenden näher auf die raue Oberfläche im Speziellen eingegangen wird, sollen zunächst einmal die Eigenschaften von Oberflächen im Allgemeinen beschrieben werden.

Die Oberfläche wird in der Regel als ein defizitäres oder trügerisches Phänomen wahrgenommen. Sie sei – so der Vorwurf – nur die äußere Grenze des Realen. Das Wesentliche – sprich: Inhalt, Bedeutung oder Wahrheit – wird dagegen unter der Oberfläche, in den verborgenen Bereichen der Tiefe vermutet. Von dieser Annahme ausgehend, wird menschliches Wahrnehmen, Denken und Urteilen gering geschätzt, solange es sich nur auf die Oberfläche bezieht.[1]

Entgegen dieser Auffassung soll die Oberfläche nun vielmehr als ein Medium nähergebracht werden, das eine ambivalente Position zwischen innen und außen einnimmt.[2] Innerhalb dieser Zwischenposition, so die These, vermitteln und prägen Oberflächen Prozesse des Austauschs, der Wahrnehmung und der Signifikation. Oberflächen sind damit nicht länger die profanen Außenseiten der Realität, sondern stellen zentrale Schnittstellen zur Vermittlung unserer Umgebung dar. Um dieses Konzept der Oberfläche näherzubringen, soll kurz auf die Schwierigkeiten eingegangen werden, die sich bei der Beschäftigung mit der Oberfläche ergeben. Im Zuge dessen wird es ebenfalls möglich, den methodischen Ansatz dieses Konzepts zu erläutern.

Eine erste Schwierigkeit, die zu nennen wäre, ist, dass bislang keine allgemeingültige Definition zur Oberfläche existiert.[3] Was als Oberfläche bezeichnet werden kann und darf, unterscheidet sich zum Teil gravierend, je nach Kontext und wissenschaftlicher Disziplin. In seiner Monografie *Surfaces* hat der amerikanische Philosoph Avrum Stroll verschiedene Definitionen zur Oberfläche zusammengetragen, miteinander verglichen und deren Unstimmigkeiten herausgearbeitet. Stroll zufolge handelt es sich bei der Oberfläche nicht allein um eine äußere Grenzfläche, die sich deutlich von einer darunterliegenden Tiefe abgrenzen lässt. Wie er am Beispiel eines Tischs verdeutlicht, haben wir es in der Regel mit einer Vielzahl an unterschiedlich gelagerten Oberflächen zu tun.[4] So hat nicht etwa nur die Arbeitsfläche eines Tisches eine Oberfläche – auch die Beine, Ränder und Kanten sowie die Unterseite des Tisches besitzen ebenfalls Oberflächen. Noch einmal komplizierter wird die Bestimmung der Oberfläche, wenn auf der Arbeitsfläche des Tisches eine Tischdecke liegt. In diesem Fall haben wir es mit einer Schichtung von mehreren sichtbaren wie verdeckten Oberflächen zu tun, die räumlich unterschiedlich gelagert sind und sich sowohl innen als auch außen befinden können. Wie bei einer Zwiebel fächern sich hier mehrere Schichten hintereinander auf, und hinter jeder Oberfläche verbirgt sich nur eine weitere, tiefer liegende Oberfläche. Im Sinne dieses „Schichtenmodells" sind Oberfläche und Tiefe keine eindeutigen Größen mehr, die klar voneinander abzugrenzen wären. Oberfläche und Tiefe, so zeigt sich, stehen vielmehr in einem relativen Verhältnis zueinander. Was nun also als Oberfläche bezeichnet werden kann, hängt wesentlich von den Betrachtenden, der Betrachtungsperspektive, dem Schwerpunkt der Betrachtung sowie dem Zeitpunkt der Betrachtung ab.

Eine weitere Schwierigkeit, die zu erwähnen wäre, ist, dass der Begriff der Oberfläche nicht nur zur Beschreibung von materiell-räumlichen Gegensatzverhältnissen wie Außen/Innen, Davor/Dahinter oder Oben/Unten verwendet wird. In einem übertragenen Sinne taucht der Begriff auch immer wieder bei der Beschreibung von metaphorischen Rede- und Denkfiguren auf. Dabei haben wir es meist mit etwas Gegenwärtigem und unmittelbar Wahrnehmbarem zu tun (Oberfläche), das sich von etwas Verborgenem unterscheiden lässt, welches nicht oder nur vermittelt erfahrbar ist (Tiefe). Als Beispiele wären hier Gegensatzpaare zu nennen wie Form und Inhalt, Hülle und Kern, Erscheinung und Wesen, Diesseits und Jenseits oder materiell und immateriell. Im Zuge dieser Übertragung auf andere Denkmodelle wird der Oberflächenbegriff stets um weitere Bedeutungsdimensionen ergänzt. Die konkreten und ideellen Dimensionen des Begriffs vermischen sich dabei derart, dass zwischen eigentlichen und uneigentlichen Redeweisen nicht mehr zu unterscheiden ist.

Das hier skizzierte Oberflächenkonzept versucht dieser Ambivalenz und Komplexität der Oberfläche Rechnung zu tragen. Oberflächen, so die These, nehmen als äußere Objektgrenzen eine Zwischenposition zwischen innen und außen ein und lassen sich somit als Medien begreifen, denen eine vermittelnde Aufgabe zukommt. Zwei medientheoretische Perspektiven sind dafür ausschlaggebend: eine materialitätsbezogene und eine semiotische.[5] Im Sinne einer materialitätsbezogenen Perspektive stellen Oberflächen Wahrnehmungsmedien dar. Oberflächen, so die Vorstellung, erzeugen über ihre konkrete Materialität Präsenzeffekte, die uns einen Eindruck von der sinnlichen Verfasstheit unserer Umgebung vermitteln. Die materialitätsbezogene Perspektive konzentriert sich daher in erster Linie auf die konkrete Präsenz der Oberfläche. Auf dasjenige also, was *auf* der Oberfläche zur Erscheinung kommt.

Von einer semiotischen Perspektive aus lassen sich Oberflächen wiederum als Trägermedien begreifen. Die Materialität der Oberfläche fungiert hier als Grundlage für Zeichen und Symbole, die auf immaterielle Sinngehalte verweisen. Da diese Sinngehalte – im Sinne der Semiotik – jedoch unter der Oberfläche verborgen liegen, konzentriert sich die semiotische Perspektive wiederum auf die Bereiche *jenseits* der Oberfläche. Sie sucht die opake Materialität der Oberfläche zugunsten des darunter verborgenen Sinns aufzulösen bzw. transparent werden zu lassen.

Mit diesen unterschiedlichen Fokussierungen auf opake Präsenzeffekte einerseits und transparente Sinneffekte andererseits, scheinen sich die beiden medientheoretischen Perspektiven zunächst einmal auszuschließen. Folgt man jedoch der „negativen Medientheorie", wie sie u. a. von Dieter Mersch und Sybille Krämer vertreten wird, so schließen sich beide Perspektiven keinesfalls aus. Sie stellen vielmehr Pole eines Spannungsverhältnisses dar, das für Medien als solche konstitutiv ist.[6] Medien sind somit beides: Sie besitzen eine Materialität, die für uns sinnlich wahrnehmbar ist, und sie können über sich hinaus auf anderes verweisen, indem sie ihre Materialität in den Hintergrund treten lassen. Sinnlichkeit und Sinn sind zwei Seiten einer Medaille, die medial vermittelt sind. Wie Sybille Krämer schreibt, bewegen sich Medien daher stets in einem „Spannungsfeld zwischen der Ordnung der Zeichen (Transparenz) und der Ordnung der Dinge (Opazität).“[7]

Diese Ambivalenz von materieller Opazität und semiotischer Transparenz ist eine Eigenschaft von Medien, die wesentlich mit der Oberfläche verknüpft ist. Folgt man Boris Groys, so ist sie aber auch der Grund für die sogenannte „Verdächtigkeit" von Medien. In seiner medienphilosophischen Schrift *Unter Verdacht* vertritt er die Auffassung, dass Medien uns verdächtig erscheinen und wir das Gefühl gewinnen, sie würden uns etwas vorenthalten. Unsere Aufmerksamkeit richte sich daher nicht allein auf die sichtbare Oberfläche. Jenseits der medialen Oberfläche würden wir zugleich einen verborgenen Bereich vermuten. Diesen verborgenen – sogenannten „submedialen" Raum – bestimmt Groys als den Ort des Verdachts.[8] Hier ahne der Medienbetrachter wahlweise eine manipulative Kraft, eine geheime Intrige oder eine unter Verschluss gehaltene Wahrheit. Wie genau der submediale Raum jedoch tatsächlich beschaffen sei, bleibe stets fraglich. Der Verdacht ließe sich nämlich weder endgültig beweisen noch widerlegen:

„Der Verdacht kann […] niemals entkräftet, abgeschafft oder untergraben werden, denn der Verdacht ist für die Betrachtung der medialen Oberfläche konstitutiv: Alles, was sich zeigt, macht sich automatisch verdächtig – und der Verdacht trägt, indem er vermuten lässt, das sich hinter allem Sichtbaren etwas Unsichtbares verbirgt."[9]

Der Grund hierfür liegt in einer ganz einfachen Tatsache, die nahezu alle Oberflächen miteinander teilen: Um überhaupt sichtbar zu sein, müssen Oberflächen Licht reflektieren können und dafür einen gewissen Grad an materieller Opazität aufweisen. Dies bedeutet, dass jede sichtbare Oberfläche uns unweigerlich als eine mehr oder weniger blickdichte Grenze begegnet mit einem dahinterliegenden, nicht sichtbaren Bereich. Jede Oberfläche, die etwas zeigt, verbirgt also auch etwas und ist damit potenziell verdächtig.[10]

Im Sinne des hier skizzierten Oberflächenkonzepts werden unter dem Schlagwort des Verdachts alle Formen der Aufmerksamkeit subsumiert, die in den Erscheinungen der Oberfläche mehr zu erblicken meinen als die reine Materialität. Stärker noch als bei Groys soll jedoch darauf hingewiesen werden, dass der Verdacht nicht zwangsläufig von negativen Motiven wie Argwohn oder Misstrauen geleitet sein muss. Der Verdacht kann genauso gut von Neugierde, Begehren, Wissensdurst, religiöser Ergriffenheit oder ästhetischer Faszination geleitet sein.[11] Entscheidend ist, dass in der Wahrnehmung von Oberflächen Auffälligkeiten registriert werden, die zu einer tiefergehenden Auseinandersetzung verleiten. Anders als die tradierte Vorstellung es nahelegt, erweist sich die Oberfläche dabei nun gerade nicht als ein Hindernis auf dem Weg zur Tiefe. In ihrer Verdächtigkeit wird sie überhaupt erst zum Anlass, sich intensiver mit Phänomenen und Sachverhalten zu beschäftigen, ihren Geheimnissen nachzuspüren und den Dingen auf den Grund zu gehen.

Dies sind – in aller Kürze – die Kernthesen eines Oberflächenkonzepts, das als Grundlage zum Verständnis von Oberflächen im Allgemeinen dienen soll und zugleich als Basis für die nun folgende Analyse von rauen Oberflächen fungiert. Fünf charakteristische Eigenschaften von rauen Oberflächen sollen dabei hervorgehoben werden. Im eigentlichen Wortsinn bezeichnet der Begriff „rau" zunächst eine materielle Eigenschaft. Er beschreibt die unebene Struktur einer Oberfläche und damit das wechselvolle Auf- und Absteigen der äußersten atomaren Schicht von Festkörpern. Das Wort „rau" wird oft als eine Art Überbegriff verwendet, unter dem sich viele weitere Beschreibungen von Unebenheiten subsumieren lassen. Hierzu zählen beispielsweise Begriffe wie „rissig", „spröde", „schroff", „körnig" oder „kratzig".[12] Im Unterschied zu seinem Gegenbegriff, dem Glatten, wird das Raue vorwiegend als etwas Unbehandeltes, Naturbelassenes oder Urwüchsiges wahrgenommen. Die glatte Oberfläche scheint wiederum dadurch charakterisiert, dass sie behandelt oder auf irgendeine Weise bearbeitet – wenn nicht sogar veredelt – wurde. Der Begriff und das Verfahren der „Oberflächenveredelung" deuten dies an. Obwohl eine glatte Oberfläche auch auf ganz natürliche Weise zustande kommen kann, so ist sie in vielen Fällen doch erst das Ergebnis von Fertigungsverfahren wie dem Schleifen, Beizen oder Polieren. Selbst Objekte der Natur erhalten ihre glatten Oberflächen mitunter erst durch gewisse Formen der Bearbeitung, so wie etwa ein Kieselstein nur durch den ununterbrochenen Strom des Wassers seine glatte Form erhält. Was wir an glatten Oberflächen also schätzen – sprich: ihre besondere Haptik und ebenmäßige Struktur, die unsere Hände und Finger bei der Berührung störungsfrei dahingleiten lassen – ist in vielen Fällen das Ergebnis einer gewissen Art der Behandlung.

Die raue Oberfläche, so scheint es, bedarf dieser Behandlung noch, weshalb die Begriffe „rau" und „unbehandelt" häufig synonym verwendet werden. Ihre heterogene Struktur widersetzt sich unseren Berührungsversuchen, indem sie die streichenden Bewegungen unserer Hände verlangsamt und unsere Haut bisweilen sogar verletzt. Wir versuchen den Kontakt mit rauen Oberflächen in der Regel daher eher zu meiden. Die raue Oberfläche – und dies wäre die erste Eigenschaft – löst in uns ein gewisses Unbehagen aus. Ihre widerspenstige und störrische Materialität flößt uns Respekt ein oder ruft in einzelnen Fällen sogar Widerwillen oder Ekel hervor. In jedem Fall sind viele unserer Berührungen mit rauen Oberflächen keine beiläufigen Wahrnehmungen, die wir schnell vergessen. So sind die Stürze unserer Kindheit auf Asphalt oder Schotter, bei denen wir uns die Haut unserer Knie oder Ellenbogen aufgeschürft haben, meist noch in lebhafter Erinnerung und prägen unser Verhältnis zu rauen Oberflächen bis heute. Der Kontakt mit rauen Oberflächen geht also nicht immer spurlos an uns vorbei.

Noch einmal etwas deutlicher wird dies anhand des Gleitens, jener Fortbewegungsart, die erst durch glatte Oberflächen ermöglicht wird. Jean-Paul Sartre widmet dem Gleiten in *Das Sein und das Nichts* einen ganzen Abschnitt und verwendet den Begriff als Metapher für eine besondere Weise, der Welt zu begegnen. „Beim Gleiten", schreibt Sartre, „[…] bleibe ich auf der Oberfläche […] Aber ich realisiere gleichwohl eine Tiefensynthese."[13] Es sichere unsere Herrschaft über die Materie, ohne dass wir in diese Materie einsinken und in ihr verkleben müssten. Gleiten sei das Gegenteil von Verwurzeln. Der gleitenden Bewegung stellt Sartre somit das Klebrige gegenüber, bei dessen Berührung wir Gefahr laufen, uns im Klebrigen zu verfangen.[14]

Wenngleich raue Oberflächen nun auch nicht (oder nur selten) klebrig sind, so können sich ihre kratzige Struktur und scharfkantigen Erhebungen doch bisweilen als Widerhaken entpuppen, die ein Stück von dem, was mit ihnen in Berührung kommt, einbehalten. Neben den bereits erwähnten Hautabschürfungen können dazu zum Beispiel auch Abreibungen von Plastik zählen oder Fäden, die sich in der rauen Materialität verfangen und hängenbleiben. Ebenso können sich in den kleinen Nischen winzige Partikel ablagern oder es kann sich Feuchtigkeit ansammeln und aufstauen. Raue Oberflächen, und dies wäre eine zweite Eigenschaft, sind Orte für verschiedenste Arten von Ansammlungen oder Ablagerungen. Mehr als andere Oberflächen machen sie uns bewusst, dass Oberflächen auch als Träger fungieren können und zum Habitat für jene Ablagerungen werden.

Besonders anschaulich macht dies ein Gebäude der Schweizer Architekten Herzog & de Meuron. In den Jahren zwischen 1995 und 1997 entwarfen sie für den Schweizer Künstler Rémy Zaugg ein Ateliergebäude, dessen Außenwände eine ganze Mikroflora beherbergen. So bepflanzte man die Wasserspuren des Ateliergebäudes mit Flechten und Algen, die sich allmählich durch niedergehendes Regenwasser in die rauen Oberflächen der Betonwände einnisteten. Im Laufe der Zeit entstand so ein Film von mineralischen Ablagerungen, sogenannten Depositionen oder Stoffeinträgen, die durch das Regenwasser die gesamte Fassade entlanggespült wurden und sich von Jahr zu Jahr weiter ausbreiteten.[15] Herzog & de Meuron machen hier auf besondere Art und Weise anschaulich, wie raue Oberflächen zum Lebens- und Schutzraum für Ablagerungen werden können, die sich im Laufe der Zeit wandeln und das Erscheinungsbild der Oberflächen mitbestimmen.

Eine weitere, dritte Eigenschaft, die erwähnt werden soll, ist die, dass raue Oberflächen uns in besonderem Maße das wechselvolle Verhältnis von Oberfläche und Tiefe bewusst machen. Anders als gemeinhin angenommen wird, handelt es sich bei der Oberfläche nämlich keineswegs nur um die äußerste Schicht eines Objekts, die deutlich nach innen – also zur Substanz – abzugrenzen wäre. Wie die Naturwissenschaftler Martin Henzler und Wolfgang Göpel beschreiben, weist die Oberfläche vielmehr eine endliche Dicke auf, innerhalb derer der Übergang zum Festkörpervolumen sukzessive erfolgt. „Diese Schicht", so die Autoren, „kann sich über viele Atomlagen erstrecken, wenn sie nicht nur die oberste, sondern auch die zweite und weiter innen liegenden Atomlagen noch meßbar vom ‚Inneren' des Festkörpers unterscheiden."[16] Was im allgemeinen Sprachgebrauch als die Oberfläche eines Körpers bezeichnet werde, sei häufig die Randschicht mit einer typischen Dicke zwischen 1 µm und 1 mm, welche die Farbe, die Griffigkeit und den Glanz von Objekten bestimme.[17]

Betrachten wir nun gerade die raue Oberfläche einmal genauer, so wird uns bewusst, dass die Oberfläche kein flächenhaftes Gebilde ist, sondern vielmehr durch ein ständiges Auf und Ab gekennzeichnet ist. Ihre Materialität präsentiert sich uns wie eine kleine Landschaft oder ein Gebirge, bei dem höher und niedriger gelegene Punkte ständig wechseln. Was uns eben noch als höchstgelegene oder äußerste Stelle erschien, kann im Verhältnis zu einer anderen Stelle wiederum tieferliegend erscheinen. Raue Oberflächen veranschaulichen somit noch einmal jene bereits erwähnte These, wonach Oberfläche und Tiefe in einem relationalen Verhältnis zueinander stehen. Sie sind keine deutlich voneinander zu unterscheidenden Größen, sondern müssen bis tief in die Mikrostrukturen hinein immer wieder neu definiert und bestimmt werden. Selbst wenn wir die Unebenheiten der Oberfläche durch eine der eben beschriebenen Bearbeitungsverfahren zu glätten oder einzuebnen versuchen, wird uns bewusst, dass wir dabei zwar die höher gelegenen Schichten abtragen, am Ende aber nur wieder eine weitere Oberfläche unter der Oberfläche freilegen.

Eine weitere, vierte Eigenschaft von rauen Oberflächen ist, dass ihre abwechslungsreiche Struktur uns wiederholt zu imaginativen Wahrnehmungen verleitet. In derartigen Fällen erkennen wir in der Materialität der Oberfläche plötzlich Formen und Gestalten, die unsere Vorstellungskraft animieren. Selbst kleinste Erhebungen, Risse, Schattenwürfe oder eine auffällige Textur können dann Erinnerungen wecken und Bilder heraufbeschwören, die unsere Wahrnehmungen erweitern. Unser Blick richtet sich dabei nicht mehr nur auf die Oberfläche, sondern reichert das Gesehene zugleich mit den Bildern unserer Vorstellung und Fantasie an. Wie im ersten Teil erwähnt, wird die materielle Opazität der Oberfläche hier – im Sinne der Semiotik – transparent und stellt Beziehungen zu Sinngehalten her, die jenseits der Oberfläche liegen. Wie genau raue Oberflächen uns zu imaginativen Erweiterungen verleiten können, kann eine kurze Passage aus den Erinnerungen von Elias Canetti verdeutlichen, die er in seiner Autobiografie *Die gerettete Zunge* schildert. Canetti beschreibt darin, wie er sich als kleiner Junge in seinem Kinderzimmer die Muster und Strukturen der Tapete als Spielkameraden, sogenannte „Tapetenleute", imaginierte. Er schreibt:

> „Zuhause im Kinderzimmer spielte ich meist allein. Eigentlich spielte ich wenig, ich sprach zu den Tapeten. Die vielen dunklen Kreise im Tapetenmuster erschienen mir als Leute. Ich erfand Geschichten, in denen sie vorkamen, teils erzählte ich ihnen, teils spielten sie mit, ich hatte nie genug von den Tapetenleuten und konnte mich stundenlang mit ihnen unterhalten. […] Ich munterte sie auf, ich beschimpfte sie, allein hatte ich immer ein wenig Angst, und was ich selber empfand, schrieb ich ihnen zu, sie waren die Feigen. Aber sie spielten auch mit und gaben einige Sätze von sich. Ein Kreis an einer besonders auffälligen Stelle widersetzte sich mir mit eigener Beredsamkeit, und es war ein kleiner Triumph, wenn es mir gelang, ihn zu überreden. […] Nur die Gouvernante, die es sich zur Aufgabe gemacht hatte, mir diese ungesunden Neigungen ganz abzugewöhnen, lähmte mich, in ihrer Gegenwart verstummten die Tapeten."[18]

Wenngleich Elias Canetti in dieser kurzen Episode keine weiteren Erläuterungen zum Muster der Tapete macht, so steht zu vermuten, dass es sich Anfang des 20. Jahrhunderts im Hause einer wohlhabenden Kaufmannsfamilie nun vielleicht nicht um eine Raufasertapete, sondern vermutlich eher um eine ornamental verzierte Tapete im Stil des Jugendstils handelte. Nichtsdestotrotz kann dieses kurze Zitat eine Ahnung davon geben, wie nun auch das Muster und die Struktur einer rauen Oberfläche zu imaginativen Erweiterungen verleiten.

Wenn uns raue Oberflächen nun einmal aber nicht, wie eben erwähnt, mit Unbehagen erfüllen, da sie etwa unsere Hautoberfläche verletzen, dann verleiten sie uns wiederum in einem ganz besonderen Maße dazu, sie zu berühren. Raue Oberflächen, und dies wäre der fünfte und letzte Punkt, wecken unser Interesse, das Gesehene haptisch zu erkunden. Während wir glatte Oberflächen in erster Linie als sogenannte „Handschmeichler" wahrnehmen, da sie in uns ein Wohlgefühl auslösen, so berühren wir raue Oberflächen hauptsächlich, um etwas über ihre Materialität und Struktur in Erfahrung zu bringen. Von Neugierde und Interesse geleitet, versuchen wir ihre textuellen Eigenschaften zu erfühlen und den verschiedenen Erhebungen und Rissen buchstäblich nachzu*spüren* – nicht zuletzt auch, um unsere visuellen Eindrücke zu ergänzen oder zu korrigieren. Mitunter ist dies auch mit einem gewissen Nervenkitzel verbunden, wenn wir etwa um die Rauheit der Oberfläche wissen, gleichzeitig aber nicht sicher sind, wie scharfkantig ihre Struktur tatsächlich ist. Im Zusammenspiel mit unseren Sinnen versuchen wir dann den Grad ihrer Rauheit zu verifizieren und durch genaue Betrachtung und vorsichtiges Abtasten zu überprüfen.

Raue Oberflächen, so lässt sich abschließend feststellen, sind weder harmlos noch unverfänglich. Ihre Erscheinungen sind nicht harmonisch, und der Kontakt mit ihnen löst kein Wohlgefallen in uns aus. Raue Oberflächen sind vielmehr unbequem. Ihre ungleichmäßigen Strukturen erscheinen irritierend, ihre scharfkantigen Erhebungen wirken abweisend und ihre porösen und rissigen Erscheinungen machen uns die Brüchigkeit und Endlichkeit von allen Dingen bewusst. Gleichzeitig können raue Oberflächen aber auch Reibungen erzeugen, die weniger verletzend als erhellend sind. In der Auseinandersetzung mit rauen Oberflächen können wir dann kontrastierende Erfahrungen machen, die uns die Komplexität der Welt und ihrer Objekte vor Augen führen bzw. begreifbar machen.

---

[1] Vgl. Thomas Rolf: „Tiefe", in: Ralf Konersmann (Hg.): *Wörterbuch der philosophischen Metaphern*, Darmstadt 2011, S. 466.

[2] Vgl. Clemens Rathe: *Die Philosophie der Oberfläche. Medien- und kulturwissenschaftliche Perspektiven auf Äußerlichkeiten und ihre tiefere Bedeutung*, Bielefeld 2020, S. 69 ff.

[3] Vgl. ebd., S. 19 ff.

[4] Vgl. Avrum Stroll: *Surfaces*, Minneapolis 1988, S. 30.

[5] Vgl. Rathe: *Die Philosophie der Oberfläche*, a. a. O., S. 69 ff.

[6] Vgl. Markus Rautzenberg: *Die Gegenwendigkeit der Störung. Aspekte einer postmetaphysischen Präsenztheorie*, Zürich / Berlin 2009, S. 198.

[7] Sybille Krämer: „Medien zwischen Transparenz und Opazität. Reflexionen über eine medienkritische Epistemologie im Ausgang von der Karte", in: Markus Rautzenberg / Andreas Wolfsteiner (Hg.): *Hide and Seek. Das Spiel von Transparenz und Opazität*, München 2010, S. 215–216.

[8] Vgl. Boris Groys: *Unter Verdacht*, München 2000, S. 42.

[9] Ebd., S. 25.
[10] Vgl. ebd., S. 218.
[11] Vgl. Rathe: *Die Philosophie der Oberfläche*, a.a.O., S. 110.
[12] Vgl. Jacob und Wilhelm Grimm: *Deutsches Wörterbuch*, Leipzig 1896, S. 912.
[13] Jean-Paul Sartre: *Das Sein und das Nichts. Versuch einer phänomenologischen Ontologie*, Reinbek 2019, S. 1000. Französische Originalausgabe: Jean-Paul Sartre: *L'être et le néant. Essai d'ontologie phénoménologique*, Paris 1943.
[14] Vgl. ebd., S. 1042–1043.
[15] Vgl. Luis Fernández-Galiano (Hg.): *Herzog & de Meuron (1978–2007)*, Madrid 2007, S. 126.
[16] Martin Henzler / Wolfgang Göpel: *Oberflächenphysik des Festkörpers*, Stuttgart 1994, S. 18.
[17] Vgl. ebd., S. 17.
[18] Elias Canetti: „Die gerettete Zunge. Geschichte einer Jugend", in: ders.: *Werke*, Bd. 7, München / Wien 1994 [erste Auflage 1977], S. 51.

Florian Köhl

Präzise Ungenauigkeit
Eine Hommage an den freien Grundriss

1914 führte der Architekt Le Corbusier den Begriff des „freien Grundrisses" (*plan libre*) ein. Der rasant wachsende Bedarf an Wohnungsbau und die Entwicklung neuer Baustoffe eröffneten der Architektur bisher unbekannte Freiräume. Neuartige Stahl- und Betontragwerke ermöglichten wandfreie Grundrisse mit größeren Spannweiten, gestiegene Ansprüche an Wohnraum forderten und förderten innovative Formen und Nutzungen. Corbusiers vorgeschlagene Idee des freien Grundrisses „verräumlichte" eine neue Freiheit im privaten Lebensalltag. Die Gestaltung des Arbeits- und Lebensraumes wurde das neue Experimentierfeld der Architektur und ein relevanter Baustein der gesellschaftlichen Entwicklung. Mit den heutigen Veränderungen der Lebens- und Arbeitsmodelle verschiebt sich der Fokus vom „freien Grundriss" hin zur „freien Belebbarkeit" des Grundrisses, des Raumes selbst. Während Corbusier den Begriff „frei" mit der Flexibilität von Wänden und der Fassade definierte, beschreibt der Begriff heute vielmehr die Freiheit der Nutzer:innen, ihren eigenen Lebensraum innerhalb der gegebenen Raumsituation und deren Umfeld zu entwickeln und zu beleben. Es stellt sich die Frage, welche Rolle dabei die Gestaltung einnehmen soll, in welcher Form und zu welchem Zeitpunkt Architektur dafür einschränkend oder fördernd sein kann. Präzise Ungenauigkeit beschreibt eine Entwurfsmethodik, die in der genauen Festlegung der räumlichen Bezüge untereinander und der Verbindung zur Außenwelt maximale Freiräume für eine individuelle Besetzung schafft. Die Nutzung befreit sich dabei von den technischen Funktionen, wie z. B. „Schlafen", „Wohnen" oder „Essen", und entwickelt sich zu einem Lebensraum für unvorhersehbare Bezüge und Begegnungen.

Vorhandene Ressourcen transformieren:
Bezüge vom Freiraum in das Gebäude

Diese Entwurfsmethodik beginnt mit einer präzisen Bestandsaufnahme des Ortes. Topografie und Bodenbeschaffenheit, Reste von Bauwerken und Infrastrukturen, umgebende Haustypen und deren Geschichte, Nachbarschaften und deren Lebenswelten, vorhandene Vegetation und Tierwelt – jedes entdeckte Element kann als Erweiterung der Architektur erhalten oder mit dem Entwurf

Abb. 1: Haus auf dem Mauerstreifen, Berlin – Der ursprüngliche Postenweg und die bestehenden Bäume wurden Teil des Gartens.

© fatkoehl architekten

transformiert werden. Ihre Präsenz ermöglicht den Nutzer:innen Raum für eigene Interpretationen, sie werden erlebbare Projektionsflächen der Historie des Ortes. Der Mauerfall bot uns für diese Arbeitsweise realisierbare Chancen, zwei der hier vorgestellten Projekte – Haus auf dem Mauerstreifen und Spreefeld Berlin – befinden sich auf dem ehemaligen Mauerstreifen. Die Wiedervereinigung bot ein vielfältiges Angebot von ungenutzten Räumen an, deren Potenziale der präzisen Ungenauigkeit eine Kultur der offenen „Zwischennutzung" generierten und ermöglichten. Diese Phase der Zwischennutzung einer gesamten Stadt verfeinerte und verstetigte sich an vielen Stellen zu dauerhaften Nutzungen, in denen ökonomische Unabhängigkeit, räumliche Improvisation und Flexibilität erhalten werden sollten. Der Druck der Verwertung zwang und zwingt diese Projekte in eine langfristige Finanzierung; zumeist gehen damit Qualitäten der freien Nutzung verloren. Unser Büro entwickelt seit seiner Gründung ganzheitliche Lösungen, trotz des ökonomischen Drucks, diese Potenziale zu erhalten oder zu erweitern.

Für das erste Projekt auf dem Mauerstreifen wurden wir deshalb selbst zum Entwickler und sicherten 2003 mit dem Kauf das Grundstück. Gebaut werden sollte in Gemeinschaft. Mit einer der ersten Baugemeinschaften Berlins gestalteten die Bewohner:innen ihr zukünftiges Haus mit; die Investitionskosten wur-

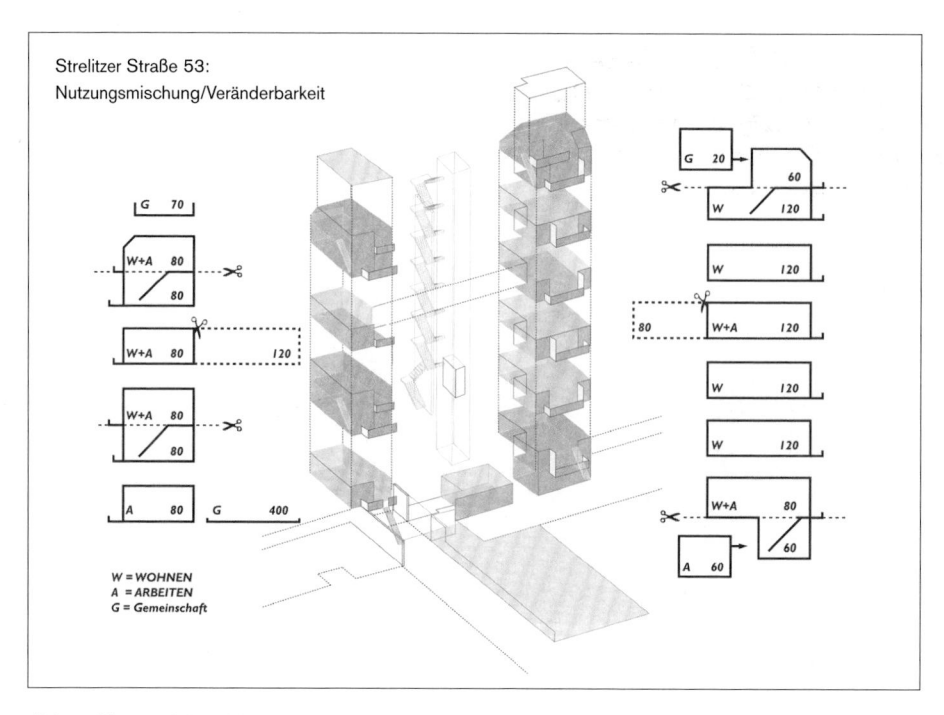

Abb. 2: Haus auf dem Mauerstreifen, Berlin – Präzise Ungenauigkeit: Nutzungs- und Veränderungspotenzial als Grundlage für den Entwurf

© Zeichnung: fatkoehl architekten

den gewinnfrei auf alle zukünftigen Nutzer:innen verteilt. Der Garten entstand aus den vorgefundenen Ressourcen: dem Postenweg, einem gepflasterten Weg für die Wachen des Mauerstreifens, der im neuen Garten weitmöglichst erhalten wird (Abb. 1, Seite 155); den Bäumen aus der Nachwendezeit, die geschützt durch den Bau gebracht wurden. Zusätzlich schafften wir einen alternativen, direkten Zugang auf den Mauerstreifen durch das Haus, um die Relevanz des Ortes weiterhin mit der Öffentlichkeit zu teilen.

Dialogische Architektur: Vom Gebäude in den Freiraum sprechen

Die Idee der „freien Belebbarkeit" war und ist der Ausgangspunkt unserer Entwürfe. Damit ermöglichten wir den zukünftigen Bewohner:innen Nutzungsoffenheit. Die Porosität zwischen dem Innen- und Außenraum erweitert den privaten Rückzugsort und ermöglicht Raum für das Bedürfnis nach Außenbezug (vgl. Abb. 2).

Im Fall des Mauerstreifens waren die historische Bedeutung des Ortes und seine Bezüge zur Umgebung maßgebend. Den Bezug zum Außenraum mit dem

Haus auf dem Mauerstreifen, Berlin

Links, Abb. 3: Blick nach Osten
© fatkoehl architekten

Unten, Abb. 4a–c: Temporäre Balkone öffnen den privaten Raum in den öffentlichen und umgekehrt.
Fotos: © Jan Bitter

FLOORPLAN

GROUND FLOOR

Abb. 5: Spreefeld Berlin – Bezüge zur Nachbarschaft, zum Fluss und zwischen den Gebäuden

© fatkoehl architekten

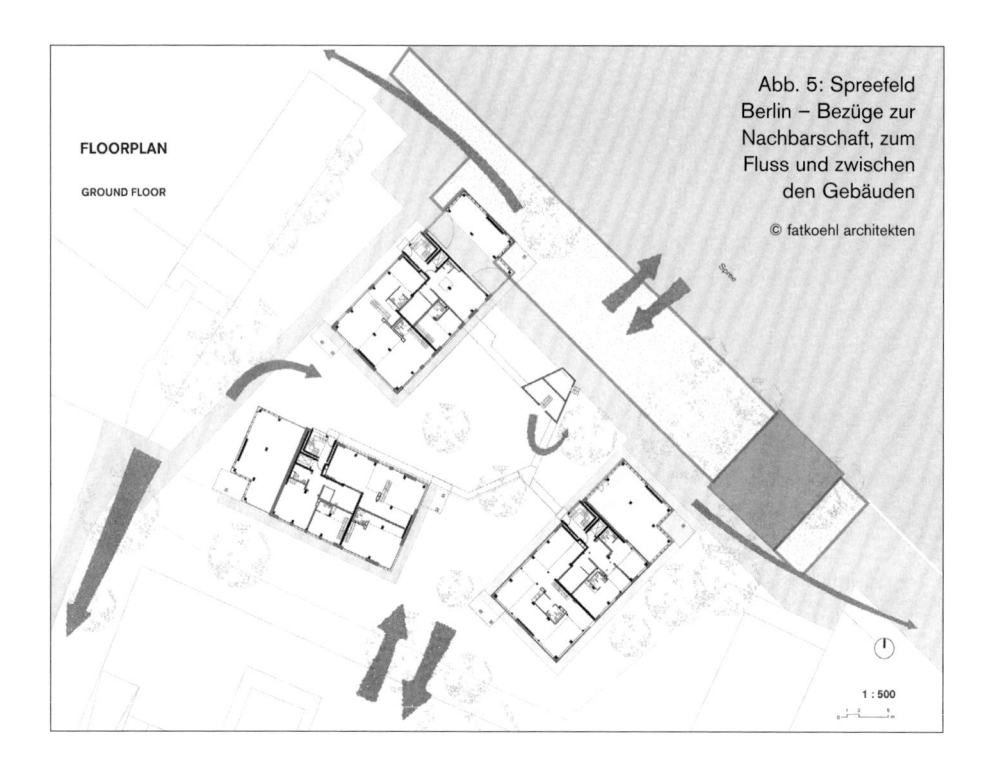

imposanten Blick zum Fernsehturm und das morgendliche Ostlicht wollten wir den Bewohner:innen jenseits eines Fensterelements zugänglich machen (Abb. 3, Seite 157), die Stadtplanung erlaubte jedoch nur eine geschlossene Fassade. Wir entwickelten einen temporären Balkon, der die Wohnung nach außen erweitert und das Haus in die Umgebung und die Nachbarschaft in das Haus sprechen lässt (Abb. 4a, Seite 157). In diesem Fall benötigte die Architektur eine technische und gestalterische Präzision für die sich ständig verändernde Beziehung zur Wohnung und zum Haus. Es entstand Raum für Ungenauigkeit, für Erfahrungen und Überraschungen, ein Projektionsraum für die Sehnsüchte der Bewohner:innen (Abb. 4b–c, Seite 157).

Mit dem zweiten Projekt auf dem ehemaligen Mauerstreifen, Spreefeld Berlin (2013), haben wir den Strand einer legendären Bar an der Spree erhalten und zusätzlich die gesamte Freifläche im Erdgeschoss öffentlich gemacht (Abb. 5 und 6). Die städtebauliche Grundfigur des offenen Hofs verstärkt die Beziehung zur Stadt, zur Spree und zu den Nachbargebäuden. Integriert in den Entwurf wurde der im Schutz des Mauerstreifens entstandene Stauden- und Baumbestand und ein Nachbarschaftsgarten (Abb. 7). Beide wurden sowohl mit einer angepassten Baulogistik erhalten als auch mit der neuen Architektur verbunden

Abb. 6: Spreefeld Berlin – Der legendäre Strand an der Spree bleibt öffentlich, die Optionsräume der angrenzenden Architektur erweitern die Möglichkeiten.

© Thomas Bruns

Abb. 7: Spreefeld Berlin – Raum für alle: Der Garten ist Raum für den bestehenden Baumbestand, die Öffentlichkeit, für die Bewohner und die Kinder der Kita.

© Thomas Bruns

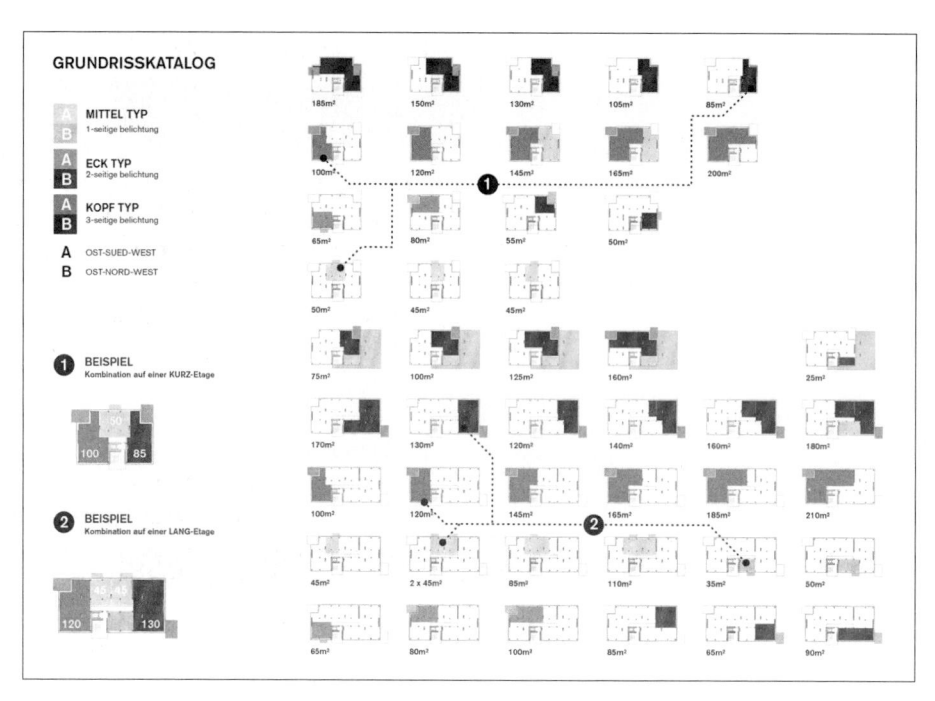

Abb. 8: Spreefeld Berlin – Varianten eines Grundrisses; Zeichnung: carpaneto architekten • fatkoehl architekten • BARarchitekten

© fatkoehl architekten

und verstärkt. Kuratierte Optionsräume im Erdgeschoss jedes Hauses werden je nach ökonomischen Möglichkeiten der Nutzer:innen als öffentlicher Aktionsraum vermietet. Eine Kita und gemischte gewerbliche Nutzungen sichern den öffentlichen Charakter des Erdgeschosses. Der freie Grundriss (Abb. 8) lässt dabei keine Wohnung wie die andere aussehen, obwohl die Hausstruktur in allen Geschossen identisch ist. Vielmehr ermöglicht diese Struktur den Bewohner:innen Flexibilität, unabhängig von ihren ökonomischen Möglichkeiten. Dafür wurde der Ausbaustandard günstig gehalten, Kosten wurden auch hier in relevante Bauteile und Gemeinschaftsflächen investiert. Zusätzliche Ausbauten sind individuelle Erweiterungen nach eigenen Bedürfnissen. (Abb. 9 und 10)

Die Besonderheit: Transformation spezifischer Nutzungen

Transformationen von spezifischen Nutzungen bedürfen besonderer Lösungen, die räumliche Ausprägung ist eng mit der jeweiligen Nutzung verbunden. Ziel für die Transformation einer solchen Nutzung, ein ehemaliges Trambahndepot in Helsinki in ein „Cultural Center" (2012) zu verwandeln, war die Ver-

Abb. 9/10: Haus auf dem Mauerstreifen, Berlin – Offenes Geschoss als Wohnform

Fotos: © Jan Bitter

© Koorjamo Cultural Centre

Abb. 11 (oben) und 12 (unten): Die Räume im Obergeschoss hängen im Kran des ehemaligen Tramdepots: Koorjamo Cultural Centre, Helsinki; oben: Eingangsbereich, unten: Entwurfszeichnung.

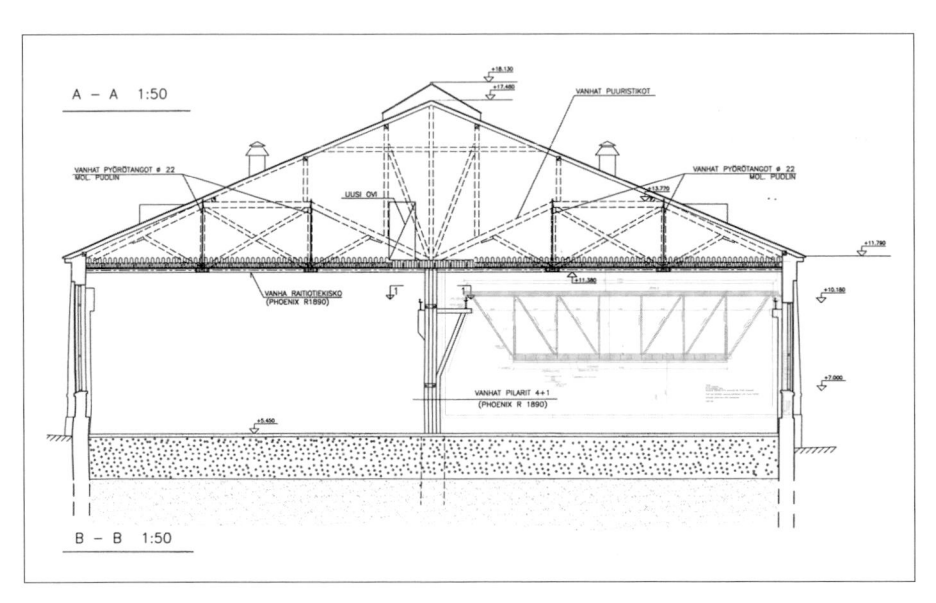

© fatkoehl architekten

162

Abb. 13: Unvorhersehbare Nutzung der Halle: Koorjamo Cultural Centre, Helsinki
© Koorjamo Cultural Centre

bindung kleinteiliger Räume mit der Großartigkeit der Halle. Diese Verbindung ermöglichte eine flexible Nutzung und gab der Konstruktion und Maßstäblichkeit der Halle eine relevante und passende Rolle für die Zukunft. Die Besonderheit hier ist eine Stahlkonstruktion aus zusammengesetzten Trambahnschienen, deren Tragfähigkeit und konstruktive Ästhetik durch von uns entworfenen eingehängten Trägern für das Obergeschoss wieder sichtbar und nachvollziehbar wurde (Abb. 11 und 12).

Die präzise Lage der eingebauten Räume, die Öffnungen und Bezüge zueinander ermöglichten die Zwischenräume, die Halle wurde ein Freiraum für offene Nutzungen.

Das Potenzial der präzisen Ungenauigkeit liegt in dieser erzeugten Offenheit, in der „freien Belebbarkeit". Durch präzise geformte, gebaute und gewachsene, bestehende Bezugswelten wird ein dauerhaftes Interesse an der unvorhersehbaren Nutzung der Räume generiert (Abb. 13). Hier beginnt für uns der *plan libre*, eine Architektur der freien Belebbarkeit.

Wolfgang Rüdiger und Karolin Schmitt-Weidmann

Werden von „Werken" in Spiel und Gespräch
Das Darmstädter Hörlabor

Einleitung

Dass Musikstücke Menschen auffordern, sich mit ihnen zu befassen, und in ihrem Wirken und Fortwirken auf wiederholtes Hören und Handeln in Form „interpretative[r] Aktivitäten" angewiesen sind, um gegebenenfalls neue, über den Alltag hinausgehende Anstöße für Wahrnehmung und In-der-Welt-Sein zu geben,[1] ist eine Einsicht, die fast so alt ist wie Kunst selbst und das Nachdenken über sie. Wie man mit Musikwerken als Angeboten für einen Austausch unter Menschen, bestenfalls mit Auswirkungen auf ihr Leben, über das Spielen und nochmal Spielen, Hören, Lesen, Abhalten „einführender Besprechungen"[2] und Miteinandermusizieren (z. B. bei Konzepten) hinaus konkret umgehen kann, auf dass sie ihre kommunikativen Potenziale entfalten und neue Perspektiven eröffnen, in dieser Frage sind die Spielräume produktiver Rezeptionspraktiken indes bei weitem nicht ausgeschöpft.

Das Hörlabor – Begründung

Als Ort einer solchen Praxis haben wir im Institut für Neue Musik und Musikerziehung Darmstadt (INMM) das Hörlabor entwickelt, in dem ein Stück im Wechsel gespielt und besprochen wird. Alle Beteiligten können hier zu Wort kommen, ihre Eindrücke schildern und sich über die gehörte Musik austauschen. Das Format entspricht dem Wunsch von Mitgliedern des INMM nach mehr aktiver Beteiligung und folgt dem konstruktivistischen Leitgedanken, dass ein „Werk" seinen Sinn und Gehalt nicht „objektiv" in sich trägt, sondern ein Gesprächsangebot und „offenes Möglichkeitsfeld"[3] darstellt, dessen Bedeutung sich intersubjektiv, im Erfahrungsaustausch, immer wieder neu konstituiert.[4] Und wenn man mit Helmut Lachenmann vom Gedanken beseelt ist, dass „Hören meint: anders hören, in sich neue Antennen, neue Sensorien, neue Sensibilitäten entdecken, […] also auch, seine eigene Veränderbarkeit entdecken",[5] so kann man dem existenziellen Wandel durch Hören über die „einsame" innere Verarbeitung der Musik hinaus gewissermaßen auf die Sprünge helfen dadurch, dass Menschen sich über ihre Höreindrücke austauschen und in der gegenseitigen Anteilnahme und Anerkennung anderer Perspektiven, gegebenenfalls auch im produktiven Streit und Widerstreit, „sich selbst neu entdecken, heißt: sich verändern".[6]

Ein Hörlabor als Ort gemeinsamer Verständigung über Musik erfüllt darüber hinaus bestens den Anspruch des INMM, ein „Forum des interdisziplinären Diskurses […] und des Erfahrungsaustausches zwischen Komponist:innen, Interpret:innen, Wissenschaftler:innen, Pädagog:innen und einer musik- und kunstinteressierten Öffentlichkeit"[7] zu sein – eine Selbstverpflichtung, die das In-Bewegung-Versetzen und Öffnen von Menschen und Musiken zueinander impliziert. Dies aber ist im konventionellen Umgang mit Musik in Konzert und Ausbildung eher selten der Fall, dominiert doch hier die Idee von Musik als autonomem „Werk", das eine hinnehmende Hörweise verlangt. Folgt man jedoch der mentalitätshistorischen Erkenntnis, dass Musik als „Werk" ein historisches Konstrukt und Konsequenz der Wandlung einer „Wahrnehmungsdisposition" im späten 18. Jahrhundert ist, dass also nicht das still zu genießende Werk „die entscheidende Kategorie [wäre], sondern die Art und Weise seiner Etablierung in menschlichen Verhaltensweisen und Handlungsdispositionen",[8] so gewinnt das Hörlabor eine zusätzliche kulturpolitische Dimension: den Verlust gesellschaftlich-kommunikativer Formen und Funktionen im Umgang mit Musik auszugleichen und Musik wieder in „menschliche Verhaltensweisen" wie den geselligen Gebrauch und gemeinsamen Austausch über ihre Relevanz für unser (Zusammen-)Leben zu überführen.

Konstituiert sich in diesem Sinne ein Musikstück, um den Begriff „Werk" zu vermeiden, in der „Prozessualität ästhetischer Erfahrung", so haben daran mehrere teil (im Idealfall eine unbegrenzte Hör- und Handlungsgemeinschaft): der bzw. die Komponist:in als Erfinder:in und Mit-Rezipient:in im „potentiell unbeendbaren Verweisungsspiel" des „Werks",[9] das sich von ihm, von ihr gelöst hat; die Musiker:innen, die „ihr" Stück üben, aufführen und zur Diskussion stellen; Hörer:innen, Rezensent:innen, Redakteur:innen, Theoretiker:innen, Wissenschaftlicher:innen, deren ästhetische Erfahrungen und Diskurse die Musik mit „erfinden". Pointiert formuliert: Die Hörer:innen sind das Werk, und alle Genannten sind Hörende, auch die Komponierenden, die ihre Stücke und sich selbst zusammen mit anderen neu entdecken.

Das Hörlabor-Konzept

Vor diesem Horizont haben wir das Hörlabor im INMM konzipiert. Indem alle Beteiligten, mehr als nur zufällig und nebenbei in und nach Konzertveranstaltungen, gezielt ins Gespräch miteinander kommen können, erhalten sie die Möglichkeit, die Hörweisen und Perspektiven anderer Hörer:innen kennenzulernen und gemeinsam am „Werden eines Werkes" teilzuhaben, je nach Persönlichkeit und Präferenz, Vorerfahrung, Befindlichkeit etc.[10] Der Text im Programmheft lautet:

„Im Zentrum der Hörlabore steht jeweils ein Musikstück, das gespielt, gehört und im moderierten Gespräch zwischen Komponist:in, Hörer:innen und Spieler:in erkundet wird, auch mit Blick in die Noten und wiederholtem Spielen und Hören einzelner Teile und/oder des Stückes als Ganzes. Die Teilnehmenden werden aktiv in die Genese der Bedeutung eines Werks einbezogen, nach dem Motto: Ein ‚Werk' als solches gibt es nicht; es ergibt sich vielmehr neu in jedem Spielen und darüber Sprechen."

Entscheidend für das Gelingen des Hörlabors ist eine offene Werkstatt-Atmosphäre: spielen, sich austauschen, noch mal spielen, Eindrücke äußern, Fragen stellen, Informationen erhalten etc. im Wechsel – enthält doch jedes noch so kurze Stück einen reichen Schatz an inneren und äußeren Bezügen, ist kondensierte Zeit und geballter Raum zugleich (Iris ter Schiphorst in einem Vorgespräch), voll temporaler, räumlicher, oraler, biografischer, historischer, sozialer Kontexte und Assoziationsangebote.

Lautet eine der Grundfragen: Warum das Stück?, so beinhaltet dies Aspekte wie Idee, Genese, „Inhalt", Material und Form, Struktur und Ausdruck, Weltbezug und Wirkung. Um dem Hörlabor eine Struktur zu verleihen, die es erlaubt, in der Situationen frei zu agieren und zu improvisieren, je nachdem was kommt, wurde folgende offene Abfolge ins Auge gefasst:
1. Begrüßung durch den bzw. die Moderator:in – Einführung – Vorstellung von Stück, Interpret:in, Komponist:in;
2. Spiel;
3. Ansprache der Hörer:innen: Eindrücke – Assoziationen – Fragen an Komponist:in und Spieler:in – Gespräche;
4. Spiel (Teile, Passagen, Stellen, Motive, Spieltechniken etc.) – Titel – Text und Kontext – Vordergründe – Hintergründe; Spieler:in, Komponist:in, Hörer:innen im Austausch;
5. Noten – Handschrift – Verlagssatz – Übe- und Vortragsexemplar;
6. Werkkommentar – Pressestimmen – Besprechungen – Rezeptionsquellen – Referenzen von Hörer:innen anderer Aufführungen – Analysen;
7. Weitere Kontexte: Musikstücke – andere Kompositionen – Texte, Bilder, Filme etc.;
8. Zum Schluss nochmals spielen.

Zusammengefasst: Spielen und Hören: vorbehaltlos – Spielen und Hören: anders hören und spielen, weiterentwickelt und vertieft durch Austausch und Anregung, Ideen und Informationen.

Die Hörlabore – Durchführung

Hörlabor I
Donnerstag, 13. April 2023, 14 Uhr
Moritz Schneidewendt (Bassklarinette)
„Hi Bill!" (2005) von Iris ter Schiphorst

„Musik entsteht in den Herzen und Hirnen der Hörer:innen, Spieler:innen, Komponist:innen – in Kopf und Körper, Hand und Mund, Spiel, Gehör und Gespräch." Mit diesem Leitgedanken eröffnete Wolfgang Rüdiger moderierend das erste Hörlabor und lud die gut dreißig Teilnehmer:innen ein, den reichen Schatz an inneren und äußeren Bezügen des Stücks *Hi Bill!* (2005) von Iris ter Schiphorst zu ergründen. Nach einer Darbietung durch den Klarinettisten Moritz Schneidewendt tauchten die Hörenden in einen Austausch von Eindrücken, Assoziationen und Empfindungen ein. Die Komponistin – selbst Hörende in diesem Kontext – gab Informationen zu den Hintergründen, die die Eindrücke bestätigten, ergänzten und bisweilen auch kontrastierten: Während zunächst Bezüge zur Rockband Queen angenommen worden waren, informierte Iris ter Schiphorst darüber, dass sie maßgeblich von dem E-Bassisten und Mitgründer der Band „Material", Bill Laswell, beeinflusst worden sei, dem sie auch mit dem Titel *Hi Bill!* ihre Reverenz erweist. Ausführlich wurde die Frage diskutiert, ob es sich um improvisierte oder durchkomponierte Musik handele und wodurch beide beim Publikum vorhandenen Höreindrücke hervorgerufen und befördert werden. Während die Komponistin einerseits Assoziationen zu improvisierter Musik wie der von Eric Dolphy[11] durchaus nachvollziehen kann, legt sie andererseits dar, dass das Stück nicht aus einer Improvisationsidee heraus entstanden ist. Vielmehr dient das initiale E-Bassriff als Ausgangspunkt einer komplexen kompositorischen Artikulation, deren Umsetzung eine Balance zwischen Genauigkeit und Groove erfordert, was einen improvisatorischen Charakter ergibt und aufzeigt, dass sich beide Hörweisen – das Stück als Improvisation oder als durchkomponiertes Werk wahrzunehmen – gleichermaßen anbieten und durchaus berechtigt sind.

Ausgehend von der Demonstration des Bassriffs folgt sodann eine musikalische und spieltechnische Analyse. Moritz Schneidewendt knüpft in diesem Zusammenhang an die vorherige Diskussion an, weist auf die hochkomplexen Spieltechniken hin, die nie „die einfachste Lösung" darstellen und sich trotz ihrer Fixierung dennoch zeitweise wie improvisiert anfühlen. Vom E-Bass-Register ausgehend erfolgt eine Erweiterung der Klangräume in die Mehrstimmigkeit. Die auf diese Weise durchgearbeitete Permutation eines begrenzten Materialvorrats wird als Erfahrungsangebot identifiziert, das mit Erwartungshaltungen zwischen Erfüllung und Überraschung spielt. Ein Hauptfokus der Komponistin liegt in der Simulation einer ganzen Band: Schlagzeug über Slaps etc., Saxofon im hohen Register, E-Gitarre über Multiphonics. „Das ist genau das, was mich dabei beschäftigt hat", berichtet ter Schiphorst und ergänzt zur Genese des Werks die Bitte eines Bassklarinettisten um ein Rockstück für ihn und seine Band, was die Komponistin schließlich auf die Idee brachte, „dass er alleine eine ganze Band sein kann". Die Struktur des Stücks bzw. der „formale Container", in dem sich die Band bewegt, i. e. Bassriff – Bridge – Melodie – Bassriff, leitet sich folgerichtig aus dem Rock ab. Im Ausgang von diesem populären „Behälter" öffnet sich ein hochvirtuoser komplexer Raum, in dem auch der orale Kontext der Bezugsquellen aufscheint.

„Es passiert einem leicht, zu übersteuern, zu viel zu geben", erläutert Moritz Schneidewendt und schlägt den Bogen zurück zum bereits angerissenen Spannungsfeld zwischen Strenge der genauen Notation und dem improvisatorischen Timing: „Es muss grooven!" Diese Anmerkung führt sodann unmittelbar zu einer weiteren zentralen Facette des Stücks: dem Bewegungsdrang, der in den Wahrnehmenden aufkommt. Alternative Konzertsituationen werden imaginiert. „Was passiert eigentlich, wenn das Publikum nicht brav auf den Stühlen sitzen bleibt?", fragt eine Teilnehmerin. Interessanterweise erfolgte die Kontextverschiebung eines den klassischen Aufführungspraktiken fernen Genres in den Konzertsaal – anstelle einer Aufführung in einer Bar z. B. – unbeabsichtigt: „Die ursprüngliche Bestimmung des Stücks war eine Rock-CD und nicht die Bühne. Inzwischen wird es jedoch vorwiegend im klassischen Konzertkontext aufgeführt – auch als beliebtes Abschlussprüfungsstück an Musikhochschulen, was wiederum zu einer stilistischen Weitung der Ausbildungskultur und Etablierung neuer genreübergreifender Musiker:innenbilder beiträgt", erläutert ter Schiphorst. Das Aufeinanderprallen von Genres mitsamt den daran anhaftenden Aufführungskonventionen, Traditionen, Erwartungshaltungen, Proben- und Aufführungskulturen wird von der Komponistin als reizvolle und inspirierende Reibung erfahren: Die eigene biografisch bedingte klassische Sozialisierung in Verbindung mit der Hinwendung zu experimentellen Rockmusikrichtungen führte dabei – als logische Konsequenz – zu einer künstlerischen Identitätssuche bzw. einem „Zurechtfinden in den vielen Welten". „Wie halte ich das aus, was macht das in mir?", fragt ter Schiphorst und fordert dabei implizit auch die Zuhörenden auf, die eigenen Hörgewohnheiten und -widerstände zu be- und hinterfragen. Die Darbietung des Werks in Verbindung mit der Diskussion über Hörgewohnheiten und Wahrnehmungsmuster weckt ein Interesse an dem Einfühlen in divergierende Kraftfelder, an der Untersuchung subjektiver Kategorien und oszillierender Wahrnehmungsmuster, die sowohl künstlerischer Ausgangspunkt der kompositorischen Arbeit als auch ein zentrales Gravitationszentrum der Wirkung des Werks auf die Rezipient:innen darstellen.

Die physikalischen Begriffe „Kraft" und „Energie" prägen den Abschluss der Diskussion und bilden die Brücke zum Tagungsthema: das Hineingeraten in ein Energiefeld in Verbindung mit dem Verlust der eigenen Autonomie, das

Gefühl des Überwältigt-Werdens, Kraft, Energie, Widerstände als elementare Kategorien des Ästhetischen und innerpsychischer Vorgänge,[12] Oberfläche und energiegeladene Untergründe,[13] körperliche Anstrengung, (Atem-) Stütze der Aufführenden. Diese Facetten öffneten das weite Assoziationsfeld, das die Teilnehmenden in einem sich gegenseitig bereichernden Austausch gemeinsam entwickeln und aus der Veranstaltung mitnehmen konnten.

Das Stück hat sich psychologisch, physiologisch und ästhetisch für alle Teilnehmenden – inklusive Komponistin und Interpret – mit neuem Leben angereichert, ohne sein Geheimnis zu verlieren. Auf die Frage, was das Innovativste und Schwierigste an dem Stück sei, antwortet Moritz Schneidewendt: „Die Tatsache, dass es so unüblich ist, Genres zu mixen, erstaunt mich immer wieder, aber egal welches Genre, es fordert von mir, mich darauf einzustellen. Die Energie ist für mich eine ähnliche wie bei dem Stück heute Abend von Milica Djordjević.[14] Ich empfinde es als ehrliche, individuelle Stimme, wobei die Frage nach den Genres letztendlich irrelevant erscheint." Zum Abschluss wird die Inspirationsquelle von Bill Laswell (geboren 1955) per Video eingespielt und dem Beginn des Stücks live durch Moritz Schneidewendt gegenübergestellt, was zwei Teilnehmerinnen dazu nutzen, von den Stühlen aufzustehen und sich zur Musik zu bewegen. Damit durchbrechen sie – ermutigt durch das experimentelle Setting des Hörlabors – Publikumskonventionen, folgerichtig und passend zu dem genreübergreifenden Ausgangspunkt der Musik und den Gesprächen.

Hörlabor II
Freitag, 14. April 2023, 14 Uhr
Wolfgang Rudiger (Fagott)
„Nailing Clouds" (2019) von Milica Djordjević

Nach Begrüßung durch den Moderator Wolfgang Lessing und Darbietung des Stücks durch Wolfgang Rüdiger am Fagott gingen die Zuhörer:innen zuerst auf die Erfahrung unmittelbarer körperlicher Präsenz des Interpreten ein: „Man konnte genau sehen, welche Muskeln gebraucht werden, um den Klang zu formen und zu verschieben", beschrieb ein Teilnehmer, während andere von der faszinierenden Wirkung der Mimik, einer „intensiven Zuwendung", der Verspieltheit und der „Lust auf Klang" des Interpreten berichteten. Die Neugierde, Leidenschaft, Verspieltheit, die Wolfgang Rüdiger als Interpret ausstrahlte, entsprach der Intention der Komponistin, die ihre Freude über diese ersten Höreindrücke kundgab. Dabei erwuchs das Werk zunächst aus einem weniger inspirierenden, da äußeren Anlass: dem Auftrag, für den Internationalen Musikwettbewerb der ARD ein Fagott-Solostück zu schreiben. Djordjević stellte sich der Herausforderung und hatte glücklicherweise die Chance, direkt mit einem Interpreten zusammenzuarbeiten, was ihr sehr wichtig ist: „Ich will die Interpret:innen feiern, das Instrument als Teil des Körpers, als Teil der Seele, als Verlängerung der Person erfahrbar machen." Anlässlich des Wettbewerbs dachte Djordjević darüber nach, was für sie persönlich Virtuosität ausmacht, wie sie in einem Wettbewerbskontext die Interpret:innen und das Instrument Fagott „zelebrieren" kann, und komponierte einen „Versuch, die Musiker:innen, die Virtuosität und das Können zu feiern". Die Darbietung in großen öffentlichen Wettbewerbszusammenhängen und -sälen im direkten Vergleich zu der räumlich beengten Umgebung beim Hörlabor führte der Komponistin den besonderen Einfluss und die Rolle von Aufführungsräumen direkt vor Augen. „Es kommt einem vor wie ein anderes Stück!", beschreibt Djordjević ihre Erfahrung der räumlichen Nähe bei der Darmstädter Aufführung.

Anknüpfend an die Themen des ersten Hörlabors kamen sodann Aspekte der Notation von Klangprozessen sowie des Spannungsfeldes zwischen Determiniertheit und Improvisation bzw. Freiheit der Gestaltung zur Sprache – abermals mit dem Gefühl der ständigen Suche, die auch Risiko und Wagnis beinhaltet. „Als Musiker muss man alles geben, alles wagen. In das göttliche Nichts, aus dem das Stück entsteht, mischen sich als menschliche Regungen ein zunächst kaum wahrnehmbares Vibrato und ein zarter Seufzer (plus Slapton), der sich in Dauer und Dynamik intensiviert und die Keimzelle des weiteren Verlaufs bildet", beschreibt der Interpret den Beginn des Stücks. „Verlebendigung, Erhöhung, Spannung, Vibrato, Dynamik, kleine Stiche (*Nailing Clouds*): Die Art und Weise, wie ich mit dem Material spiele, es aushorche, um mich dann von ihm zu lösen, hat improvisatorische Momente", ergänzt Wolfgang Rüdiger im Hinblick auf die weitere Entwicklung gestisch-expressiver Klangverläufe.

Einen typischen Bläsertopos bildet die Entstehung eines Tons aus dem Nichts mit dynamischen Steigerungen, Abweichungen, In-Bewegung-Geraten, Verwandlung ins eruptive Gegenteil etc., was eine Parallele zu Berios *Sequenza* für Oboe nahezulegen scheint. Dies stellte für Djordjević jedoch keine Bezugsgröße dar: „Der Ausgangspunkt war ein rein körperlicher, eine untrennbare Einheit von psychischen und physiologischen Aspekten und vor allem: Atmung." Dabei geht *Nailing Clouds* schließlich den entgegengesetzten Weg des am Abend zuvor aufgeführten *Rdja* für Ensemble (2015): Bei *Rdja* (Rost) „war die Idee umgekehrt: ausgehend von etwas, was klar und stark, hart und glatt war, das sich in etwas, was sehr zerbrechlich, gestört, verrostet ist, wandelt". Eine Kurzanalyse ausgewählter Stellen, fundiert vom Blick in die Noten, veranschaulicht die Idee der Entwicklung von Fragilität zum Furioso, vom Aufblühen zur attackierenden Virtuosität, vom Atemvibrato des Beginns zum Aufwärtsjubeln am Ende in *Nailing Clouds* auf der Basis einer alle Teile verbindenden Keimzelle.

Auf Nachfrage deutet die Komponistin ein zugrundeliegendes kompositorisches System an, um es sogleich zu mystifizieren: „Das bleibt geheim. Viel wichtiger ist, was die Hörer:innen daran entdecken." Auf diese Weise unterstreicht sie implizit den Ansatz des Hörlabors im Sinne eines sozialen Konstruktivismus,[15] der das Werk nicht als objektive Größe, sondern vielmehr als ein Gesprächsangebot und offenes Möglichkeitsfeld auffasst, dessen Bedeutung sich intersubjektiv im Erfahrungsaustausch immer wieder neu konstituiert (siehe oben).

Kurz vor Ende der Veranstaltung kommt auch der Titel *Nailing Clouds* eingehender zur Sprache. Als wahrnehmungsprägender Aspekt weist dieser Titel einen besonders hohen Assoziationsgehalt auf, auf dessen Dialektik auch die Kinder des tagungsbegleitenden Workshops während eines Probenbesuchs reagierten und eine „Nageleinschlagmaschine" assoziierten. Auch die grammatikalische Ambivalenz von *nailing* als substantiviertes Partizip und als Adjektiv kommt zur Sprache und findet sich in den Höreindrücken wieder („Nageln von Wolken" – „Nagelnde Wolken" im Sinne von Hagel oder Ähnlichem). Eine Teilnehmerin ergänzt diese Bilder während des Hörlabors durch das des Werwolfs (in russischer Kultur), das sie auf Nachfrage in einer Email später wie folgt erläutert:

> „Das Stück ‚Nailing Clouds' hat mich von Anfang an etwas verwirrt wegen des Titels, und zwar wegen der Frage, ob diese ‚Clouds' ein Subjekt oder ein Objekt sind. Nachdem ich das Stück gehört habe, dachte ich sofort an eine (eher typisch romantische) Idee des Werwolfs, und zwar an ein Wesen, das schön und sogar gefahrlos ist, aber die nicht sofort erkennbaren Verwandlungsmöglichkeiten in sich trägt. Die Verwandlung muss nicht unbedingt in etwas Böses passieren. Es kann auch ungewöhnlich und daher unheimlich sein. So habe ich den Wechsel von diatonischen und für Windblasinstrumente traditionellen Intonationen zu den harten melodischen Sprüngen, bissigen Akzenten, zu dem Überblasen etc. wahrgenommen. Und die schönen Melodien, die immer wiederkehren, sind die zweite Seite dieses Wesens."[16]

Kritik und Ausblick

Wo könnten Hörende auf solche Assoziationen und Aktivitäten wie Bewegen zur Musik und Aufrufen eigener kultureller Codes kommen, wenn nicht in einem offenen Hörlabor, das ein Stück im Hier und Jetzt gemeinsam neu entstehen lässt, ohne den Kompass seiner strukturell-expressiven Bezüge zu verlieren? Fand das Format gemeinsamen Hörens und Verhandelns von „Werk-Sein durch Diskurs"[17] vor Ort viel Zuspruch, ja füllte eine lang ersehnte Lücke – „das war richtig klasse, diese Vorgehensweise hat mir irgendwie immer in der klassischen Musikwissenschaft gefehlt"[18] –, so meldeten sich naturgemäß auch kritische Stimmen. Äußerte eine Hörerin, die gleichwohl gerne mit dabei war, anderntags, sie wolle gar nicht unbedingt wissen, was die anderen denken, sondern ihre Höreindrücke für sich verarbeiten, so wünschten andere mehr notengestützte Analyse, worauf im zweiten Labor eingegangen wurde.

Einen diskussionswürdigen Einwand formulierte Rezensentin Hanna Fink in ihrer Besprechung der Tagung in der Zeitschrift *MusikTexte*:

„Die Bedeutung des Materials liege in seinem Gebrauch, Komponieren brauche nicht zwangsläufig eine Botschaft, so Djordjević. In diesem Sinne gelingt auch das analysierende Sprechen über jeweils ein konkretes Werk der beiden Komponistinnen im Format des offenen Hörlabors, fern von aufsuchenden Zuschreibungsversuchen – wenngleich die Anwesenheit der Urheberinnen ein freies Sprechen über das Gehörte mit dem Interpreten im Grunde torpediert."[19]

Diese Äußerung ist höchst aufschlussreich, stößt sie doch ins Herz unseres Verständnisses von Musik und von uns selbst. Die Annahme einer „Unfreiheit" im Sprechen über Kunst in Präsenz von Komponist:innen basiert auf nichts anderem als einer historisch gewachsenen und alles andere als selbstverständlichen Zuschreibung, der das Hörlabor gerade entgegenwirken möchte: der einer Wissens- und Verfügungsmacht von Autor:innen über ihr Werk, vor der die Hörenden den Mut zu unbefangenen Äußerungen verlieren.

Hier handelt es sich indes mehr um einen persönlichen Eindruck, der weder unter produktions- und rezeptionsästhetischen noch unter konstruktivistischen Gesichtspunkten verallgemeinerbar ist. Im Hörlabor war diese Unfreiheit auch nicht zu spüren, haben sich die disputierenden Hörer:innen von der Anwesenheit der Komponistinnen nicht erkennbar einschüchtern lassen, wie die Protokolle der Hörlabore belegen. Liegt die unterstellte „Urheberinnen"-Hörigkeit jedoch durchaus im Bereich des Möglichen, so wäre dem vorzubeugen durch gemeinsame Überlegungen zum Verhältnis von Autor:in, „Werk", Ausführenden und Hörenden bzw. Rezipierenden. Ausgehend von dem hermeneutischen Grundgedanken, dass andere eine:n Autor:in besser zu verstehen vermögen, als diese:r sich selbst versteht,[20] könnte man eine Neubestimmung der Position von Komponist:innen vornehmen, die sich nicht allein durch einen Wissensvorsprung, sondern ebenso durch ein Nicht-Wissen darüber auszeichnen, was ihr Werk ist und alles sein kann.[21] Denn wie jedes künstlerische Schaffen vollzieht sich Komponieren in einem Geflecht von bewussten *und* vor- oder unbewussten Impulsen bzw. Antworten auf zeitgebundene Gegebenheiten, Geschehnisse, Ansprüche, die nie vollends transparent gemacht werden können. In diesem Sinne ist jede kompositorische Tätigkeit durchwirkt von Fremdheit, Vielstimmigkeit und implizitem, nicht in Worte zu fassendem Wissen. Ist aber jedes Werkschaffen über bewusstes Formen hinaus auch ein Widerfahren und jedes Erfinden ein Empfangen, so wissen Komponierende einerseits alles über ihre Werke, andererseits, als E*rfinder:innen*, sehr wenig, sodass sie bzw. ihre Musik der Stimmen anderer geradezu bedürfen.

Für unser Format und den zitierten Einwand bedeutet dies, dass die Komponistin im Konzert der Stimmen, die den „imaginäre(n) Fluchtpunkt" des Werks[22] in die reale Gegenwart holen, eine nicht unwesentliche, aber eben nur eine Rolle unter vielen spielt. Selbstverständlich kann sie allein über den Inspirations- und Auftragsimpuls, über Idee und Intention, Entstehung und Erarbeitung etc. berichten. Das ist nicht wenig, aber eben auch nicht alles. Denn das Werk hat sich von ihr gelöst und kehrt zurück als eigenständiges, eigenes und fremdes zugleich. Im Zentrum von Spiel und Gespräch stehen demnach nicht die Komponierenden, sondern die Eindrücke und Äußerungen der Spielenden und Hörenden – dies gilt es den Beteiligten zu kommunizieren. Wichtig sind der Klang und die Herzen der Hörer:innen und die Wirkung auf ihr Leben, das durch Kunst bereichert und zu neuen Formen im Reden und Tun angeregt wird. Jedes Stück Musik ist ein Anfang: Anstoß und Aufruf zur selbstbestimmten Auseinandersetzung mit Kunst und Leben – man könnte auch sagen: eine Bitte um Beachtung und Besprechung seiner musikalischen Angebote im menschlichen Miteinander[23] – um unserer selbst und unserer Freiheit willen (nach Georg W. Bertram).

In diesem Sinne lässt sich das praktizierte Format des Hörlabors als Ort des freien Austauschs über Musik und Leben begründen und vielfältig ausbauen. Der Stimulation von Erlebensmöglichkeiten und Erkenntnisvermögen in Spiel und Gespräch ist kein Ende gesetzt: Wie wäre es zum Beispiel, wenn die beiden in zwei Hörlaboren vorgestellten und verhandelten Stücke zusammen in einem gehört und besprochen würden, im direkten ästhetischen Vergleich und im Beisein beider Komponist:innen? Würden auf diese Weise nicht noch mehr Fragen, Facetten, Verknüpfungen entstehen? Und würde dadurch nicht das „agonale Moment" von Kunst – i. e. der „Leistungsdruck" des einzelnen Werks oder Ereignisses, sich als Kunst zu beweisen, in seinem Gelingen zu bewähren und mit anderen Stücken zu konkurrieren (geschweige denn, einander „Todfeind" zu sein, nach Adorno[24]) – herausgenommen (oder umgekehrt erhöht)? Es käme auf einen Versuch an, verschiedene Werke miteinander in ein Gespräch unter Spielenden und Hörenden zu bringen, ihre inneren und äußeren Konstellationen zu erkunden, Werkstrukturen und Weltbezüge aneinander zu messen bzw. neu entstehen zu lassen und ihre Angebote oder Anstöße in ein dialogisches Wechselspiel zu versetzen – auch dies wiederum um des Menschen und seines freien, lebendigen Miteinanders willen.

Gehen wir noch einen Schritt weiter: Vielleicht liegt die Bedeutsamkeit eines Musikstücks als Fokus und Fluchtpunkt von fortwährendem Spiel und Gespräch gerade darin, dass es Menschen dazu bewegt, über ihr Leben nachzudenken, ihr Reden und Tun neu zu bestimmen und gemeinsam Fragen zu Kunst und Welt, Leben und Zusammenleben zu erörtern.

Die Relevanz von Kunst würde sich dann von der spezifischen Werkgestalt – als Interpretant von „Wirklichkeit" in Form einer Komposition – zur Teilhabe an der Kommunikation über Kunst verschieben, zu der offene und nachdenkliche, emotionale und gern auch metaphorisch geführte Diskurse als Weisen des Verstehens von Selbst und Welt wesentlich gehören. Und dies im Sinne einer Kultur freier Geselligkeit und friedlichen Austauschs, die Friedrich Schleiermacher bereits um 1800 vorschwebte[25] und die heute als Modell eines gelingenden Zusammenlebens notwendiger ist denn je.

[1] Vgl. Georg W. Bertram: *Kunst als menschliche Praxis. Eine Ästhetik*, 3. Auflage Berlin 2022 (1. Auflage 2014), S. 121 ff., S. 190 f. et passim.
[2] Alban Berg: „Prospekt des Vereins für musikalische Privataufführungen (1919)", in: Heinz-Klaus Metzger / Rainer Riehn (Hg.): *Schönbergs Verein für musikalische Privataufführungen*, München 1984 (= Musik-Konzepte 36), S. 4–7, hier S. 4 f. In der Exaktheit der Wiedergaben wie Exklusivität seiner Mitglieder („Die Aufführungen selbst sind dem korrumpierenden Einflusse der Öffentlichkeit entrückt", ebd., S. 5) ist der Verein, dem Anspruch nach „ausschließlich für das Publikum" (ebd., S. 4), Qualitätssiegel und Sündenfall der neuen Musik zugleich.
[3] Dieter Birnbacher: „Das musikalische Werk als offener Imperativ. Ingardens Ontologie des Musikwerks aus Wittgensteinscher Perspektive", in: Corinna Herr / Wolfgang Rüdiger (Hg.): *Mensch – Musik – Wissenschaft. Festschrift für Volker Kalisch*, Paderborn 2024, S. 1–17, hier S. 1.
[4] Vgl. Ludwig Wittgenstein: *Philosophische Untersuchungen* (PU, 1936–1946, veröffentlicht 1953), § 43: „Die Bedeutung eines Wortes ist sein Gebrauch in der Sprache." Siehe auch Martina Krause: *Bedeutung und Bedeutsamkeit. Interpretation von Musik in musikpädagogischer Dimensionierung*, Hildesheim 2008, S. 86: „Bedeutung hat immer eine kollektiv-soziale Dimension und wird damit trotz ihrer prinzipiellen Subjektabhängigkeit durch Verständigung erzeugt."
[5] Helmut Lachenmann: „Hören ist wehrlos – ohne Hören. Über Möglichkeiten und Schwierigkeiten", in: ders.: *Musik als existenzielle Erfahrung. Schriften 1966–1995*, hg. und mit einem Vorwort versehen von Josef Häusler, Wiesbaden 1996, S. 116–135, hier S. 117.
[6] Ebd., S. 118. Vgl. auch Christian Rolle / Christopher Wallbaum: „Ästhetischer Streit im Musikunterricht. Didaktische und methodische Überlegungen zu Unterrichtsgesprächen über Musik", in: Johannes Kirschenmann / Christoph Richter / Kaspar H. Spinner (Hg.): *Reden über Kunst. Fachdidaktisches Forschungssymposium in Literatur, Kunst und Musik*, München 2011, S. 507–535, online: https://www.researchgate.net/publication/257384988_ (zuletzt aufgerufen am 19.9.2023), S. 1–22. Folgende Merkmale kennzeichnen den ästhetischen Streit in pädagogischen Kontexten und können auf das Miteinander-Sprechen im Hörlabor übertragen werden:
– Äußern, Anknüpfen und Eingehen auf verschiedene persönliche Höreindrücke;
– Miteinander reden und aufeinander sowie auf die Musik Bezug nehmen;
– Geltungsansprüche erheben, bestreiten, begründen, argumentieren – Zustimmung und/oder Widerspruch;
– Hintergrundwissen zur Musik einbeziehen, um Auffassungen nachvollziehbar zu machen;
– Charakterisierungen der Musik und interpretierende Äußerungen mit wahrnehmungs- und erfahrungsleitender Funktion. – Der Wert des Ansatzes liegt darin, dass es im offenen Austausch vielleicht „den anderen gelingt, uns etwas wahrnehmbar zu machen, was wir bis dahin nicht hören, sehen, spüren konnten", sodass sich im Ausgang vom gemeinsamen Gehörten und gegebenenfalls heterogen Erfahrenen neue Sichtweisen und vielleicht gar „neue kulturelle Welten erschließen" (ebd., S. 10, 14 und 20).
[7] https://www.neue-musik.org/institut_fuer_neue_musik.html (zuletzt aufgerufen am 18.9.2023).
[8] Karsten Mackensen: „Musik als ‚Werk'. Überlegungen zu einer Theorie der Entstehung einer Wahrnehmungsdisposition", in: Peter Dinzelbacher / Friedrich Harrer (Hg.): *Wandlungsprozesse der Mentalitätsgeschichte*, Baden-Baden 2015, S. 171–197, hier S. 180.

[9] Albrecht Wellmer: „Das musikalische Kunstwerk", in: Andrea Kern / Ruth Sonderegger (Hg.): *Falsche Gegensätze. Zeitgenössische Positionen zur philosophischen Ästhetik*, Frankfurt am Main 2002, S. 133–175, hier S. 152 f. und S. 143; ausführlich in Albrecht Wellmer: *Versuch über Musik und Sprache*, München 2009.

[10] Begründung und Entwurf ausführlich in Wolfgang Rüdiger: „So hört ein jeder Mensch auf seine Weise oder Die Bedeutung eines Werks ist sein Gebrauch", in: Markus Brenk / Bernd Englbrecht (Hg.): *Handlung – Gestaltung – Bildung. Festschrift für Ortwin Nimczik,* Paderborn 2022, S. 243–274. Den Ansatz von Spiel und Gespräch als Gebrauchsformen von Musik, aus denen Bedeutungen allererst entstehen, unterstützt auch die von Matthias Flämig sprachanalytisch begründete These, dass Verstehen von Musik immer Verstehen von Sätzen über Musik bedeutet. Zur kritischen Diskussion vgl. Christian Rolle: „Sprechen über Musikpädagogik. Vom Nutzen der Sprachanalyse für das musikpädagogische Nachdenken. Überlegungen im Anschluss an Matthias Flämig: Verstehen, Hören, Handeln. Destruktion und Rekonstruktion der Begriffe. Augsburg (Wißner) 1998" https://www.zfkm.org/03-rolle.pdf, (zuletzt aufgerufen am 3.10.2023).

[11] Dass *Hi Bill!* an Improvisationen von Eric Dolphy erinnert, befindet Juliane Bally in ihrer CD-Rezension: „Bass Clarinet. Werke von Iris ter Shiphorst, Bernhard Lang, Michael Gordy, Daniel Smutny u. a.", in: *Das Orchester* 11/2006, S. 99, https://dasorchester.de/artikel/bass-clarinet/ (zuletzt aufgerufen am 20.9.2023).

[12] Siehe zur Unterscheidung zwischen den Begriffen „Energie" und „Kraft" Christoph Menke: *Kraft. Ein Grundbegriff ästhetischer Anthropologie,* Frankfurt am Main 2017; sowie ders.: *Die Kraft der Kunst,* Frankfurt am Main 2013. Zur Kritik an Menkes Konzept der Kraft siehe Bertram: *Kunst als menschliche Praxis,* a. a. O., S. 33 ff.

[13] In diesem Zusammenhang erfolgte ein Hinweis auf Luitgard Schader: *Ernst Kurths Grundlagen des linearen Kontrapunkts: Ursprung und Wirkung eines musikpsychologischen Standardwerkes,* Stuttgart/Weimar 2001 (M & P Schriftenreihe für Wissenschaft und Forschung).

[14] Gemeint ist *Rdja* für Ensemble (2015).

[15] Vgl. Lew Wygotski: *Denken und Sprechen,* Berlin 1964, sowie ders.: *Mind in Society. The Development of Higher Psychological Processes,* Cambridge 1978.

[16] Email der Teilnehmerin Lidiia Krier an Wolfgang Rüdiger vom 17.4.2023.

[17] So der treffende Titel der Besprechung von Albrecht Wellmers *Versuch über Musik und Sprache* von Johannes Picht: „Werk-Sein durch Diskurs?", in: *Musik & Ästhetik* 14 (53, Januar 2010), S. 61–72.

[18] Email der Teilnehmerin Lidiia Krier an Wolfgang Rüdiger vom 17.4.2023.

[19] Hanna Fink: „Glattgeschliffene Reibung. Interdisziplinäre Rauheit auf der 76. Darmstädter Frühjahrstagung", in: *MusikTexte* 177/178 (2023), S 154–155.

[20] Dies geht zurück auf Immanuel Kant: *Kritik der reinen Vernunft,* Zweite, hin und wieder verbesserte Auflage (1787), S. 370, findet sich bei Friedrich Daniel Ernst Schleiermacher: „einen Autor besser zu verstehen, als er selbst von sich Rechenschaft geben könne" (*Hermeneutik und Kritik. Mit einem Anhang sprachphilosophischer Texte Schleiermachers,* hg. von Manfred Frank, Frankfurt am Main 1977, S. 94), durchzieht das 19. und 20. Jahrhundert und radikalisiert sich in Roland Barthes' wirkungsmächtigem Text „Der Tod des Autors" (1967/68).

[21] Vgl. dazu ausführlich den entsprechenden Abschnitt in Wolfgang Rüdiger: „So hört ein jeder Mensch auf seine Weise …", a. a. O., S. 255–259.

[22] Albrecht Wellmer: „Das musikalische Kunstwerk", a. a. O., S. 143.

[23] Und darin vielleicht, nach Jean Paul, Vorschein einer „verklärten Welt", wo alle Bitten der Musik

„so viel gelten und geben, und wo der Geber früher dankt als der Empfänger". Jean Paul: *Flegeljahre*, Viertes Bändchen, Nr. 59. Notenschnecke.

[24] Vgl. Bertram: *Kunst als menschliche Praxis*, a.a.O., S. 184 f.

[25] Friedrich Schleiermacher: „Versuch einer Theorie des geselligen Betragens" (1799); vgl. Andreas Arndt: „Geselligkeit und Gesellschaft. Schleiermachers ‚Versuch einer Theorie des geselligen Betragens' ", in: ders.: *Friedrich Schleiermacher als Philosoph*, Berlin 2013, S. 51–63.

Astrid Schmeling

Der Spaziergang

Bericht über eine Fundsache

Gerne folgte ich der Einladung, im Rahmen der 76. Frühjahrstagung des Instituts für Neue Musik und Musikerziehung Darmstadt einen Kompositionsworkshop für Kinder und Jugendliche zu leiten. Es ist eine aufregende Arbeit, die weit über den pädagogischen Bereich der Musikerfindung hinausgeht. So ist die Arbeit ein Abenteuer für alle Beteiligten. Ich wusste, dass es eine Abschlusspräsentation geben würde, und bin doch generell von einer ergebnisoffenen Arbeitsweise überzeugt. Das heißt, dass ich nicht im Voraus weiß, mit welchen Bausteinen und Kompositionsspielen wir zu einer gemeinsamen Komposition gelangen oder ob mehrere kleine Stücke entwickelt werden. Ein Zeitfenster von drei Tagen erfordert eine straffere Lenkung der Unterrichtsverläufe, als ich sie im Rahmen der Entwicklung über einen mehrmonatigen Zeitraum hinweg zu planen gewohnt bin.

Fast alle Menschen haben eine Vorstellung von dem Begriff „Komponieren". Es braucht nicht betont zu werden, wie sehr sich diese Vorstellungen je nach Erfahrungs- und Wissenshorizont der Kursteilnehmer:innen voneinander unterscheiden. Die Entstehung von Musikstücken in einer solch kurzen Zeit, als Erst-Erfahrung mit dem Komponieren, ereignet sich für mich eher als ein sich zufällig ergebendes Produkt aus meiner pädagogischen Arbeit heraus, die auf Wahrnehmungsschulung und die Kommunikation darüber ausgerichtet ist. Ich bin von der Idee einer Sozialität im Musik-Finden und Musik-Machen überzeugt. Der Sozialität liegt eine Sehnsucht nach gelingender Kommunikation zugrunde. Aber was ist das bloß?

Vordergründig zufrieden macht eine Form der Kommunikation, die Positionen und Antworten bestätigt, denen man sich überall in der Gesellschaft vergewissert: Meinungen, „Wahrheiten", Einstellungen, Bewertungen, die sich aus öffentlichen Diskursen, aus sozialen Netzwerken speisen, die unter Freund:innen geteilt, in den Familien, in den Schulen und im Instrumentalunterricht erlernt werden. Prallen die erlernten oder übernommenen Positionen wie überall in der Gesellschaft aufeinander, ist das Freund:innen- und das Feind:innen-Bild sofort klar. Schön ist das nicht, aber diese Echokammern geben Orientierung und Sicherheit. Merkwürdigerweise wird es in diesen Blasen und Schachteln irgendwann langweilig, ein Gefühl, das sehr oft nicht bis ins Bewusstsein gelangt, so dass sich die unausgefüllte Energie und das Gespür davon, dass sich die Konflikte dieser Welt leider nicht auf diese Weise erklären lassen, unverhofft Bahn brechen können. In dieser Situation befindet sich die Welt in „rauen Zeiten". Wir sind in eine Lebenswelt eingebunden (Geografie, Kulturgeschichte, Klima, Wirtschaftssystem, Politik …), von ihr beeinflusst – gleichgültig, ob in stärkendem oder zehrendem Sinne – und gehen mit ihr tagtäglich um. Wir haben uns mit Machtstrukturen unterschiedlicher Art auseinanderzusetzen und uns darin zu positionieren. Wir können lernen zu erkennen, wann eine Umgebung als zunächst gegeben angesehen werden muss, wann und auf welche Weise sie zu einer Inspirationsquelle wird, die uns zur Entwicklung verhilft.

Wir können daraus schlussfolgern, wann und auf welche Weise wir die Möglichkeit haben, unsere Umgebung zu gestalten oder zu verändern.

Musik zu finden und zu gestalten geht in meiner Vorstellung damit einher, zu lernen, dass Verunsicherung und Verwunderung nicht als Scheitern und Gefährdung begriffen werden, sondern als zwar fragiler, aber geöffneter Ideenraum zu neuen Erfahrungen und persönlichem Wachstum beitragen. Auch ich als Workshop-Leiterin durchlaufe diese empfindlichen Phasen, wenn auch auf anderen Ebenen als die Kinder und Jugendlichen. Interaktionen dieser Art sind lebenslange Prozesse und führen dann zu einer gelingenden Kommunikation, wenn zu Beginn einer jeden Begegnung die unvoreingenommene, klare Wahrnehmung steht.

Hier setzt für mich die kompositionspädagogische Arbeit an. Bevor Musik geformt wird, muss sie gefunden werden, und das geschieht durch Zuhören. Um die Echoräume zu umgehen, entscheide ich mich für eine außermusikalische Annäherung. Wie klingt unser Arbeitsraum, wie klingt ein Instrument, ein Tischtennisball, ein Haus, ein Plastikbecher, der Kühlschrank, ein Reißverschluss, eine Stimme, ein Stuhl …? Wir hören zu und beschreiben, was die Dinge uns vorsingen. Wir versuchen herauszufinden, ob sie Melodiehaftes enthalten, rhythmische Elemente aufweisen, welches Tempo sie haben, welche Klangfarbe. Nach der Bestandsaufnahme kommen subjektive Bezüge ins Spiel: Fragen nach dem Charakter der Situation. Wir fragen nach der Atmosphäre: Wie spricht die Situation / das Ding zu uns? Wir begeben uns in die Kommunikation, indem wir uns fragen, wie wir antworten können und wie die Antwort die Gegebenheit verändert: Füge dem Raum im schönsten Moment der Zeit einen eigenen Klang hinzu.[1]

Das ist der Anfang einer Formdebatte. Unendlich modifizierbar kann so die Arbeit an einem Musikstück beginnen. Im Umkehrschluss heißt dies: Die Realität erhält eine weitere Wirklichkeit.

Es ist Dienstagnachmittag in der Akademie für Tonkunst in Darmstadt. Zwölf Kinder und Jugendliche im Alter von 7 bis 16 Jahren sitzen im Raum. Auch unabhängig von der Altersspanne ist eine große Bandbreite an denkbaren Gegensätzen vertreten, bezüglich musikalischer Voraussetzungen, der Temperamente und des Sozialverhaltens. Dreieinhalb Tage – dann soll die Präsentation eines

Arbeitsergebnisses stattfinden. Weil klar ist, dass in der Situation keinem Bedürfnis, keiner Erwartung (falls vorhanden) entsprochen werden kann, entscheide ich mich für die (positive) Ent-Täuschung: die Umgehung der ästhetischen Gewohnheiten. Selbstverständlich ist dieser Weg ein illusorischer; zwar werden die Echokammern ebenso vermieden wie die Verwendung von musikalischen Presets und das Versinken in die vertraute musikalische Familie; alle, unabhängig von musikalischen Vorerfahrungen, stehen auf demselben Startpunkt und werden gebeten, zuhörend zu der gemeinsamen Umgebung in Kontakt zu treten, darin Material zu finden, aus dem sich Musik gestalten ließe. Die Verwunderung, die anfangs von allen geteilt wird, erfährt im Verlauf jedoch nicht gleichermaßen eine positive Bewertung. Jugendliche fragen sich: „Wann kommt denn das ‚Eigentliche', was ist das für ein Kinderkram, werden wir hier überhaupt ernst genommen?" Jüngere kämpfen mit Ausdauer, Konzentrationsvermögen, Abwechslungsbedürfnis und Bewegungsdrang. Es scheint für eine solche heterogene Gruppe keine allen entsprechende Antwort zu geben.

Ich denke weiter über den Begriff des Zuhörens nach und entscheide, eine Rahmung zu setzen, innerhalb derer die ganze Gruppe herausgefordert wird, sich unabhängig von Alter und Interessenlagen miteinander auseinanderzusetzen. Zugleich, so dachte ich, würden sich kleine Gruppen von Gleichgesinnten zur Detailarbeit zusammenfinden. So ergäben sich innerhalb der widerständigen Heterogenität (die ein zu akzeptierendes Faktum ist, in dem Interessen ausgehandelt werden müssen) zumindest bis zu einem gewissen Grad Schutzräume von Teilnehmer:innen, die einander schon kennen, sich sympathisch sind und / oder gut gemeinsam Ideen entwickeln können.

Wir machen einen Spaziergang, der um die Akademie herumführt. Was hört und sieht man nicht alles während eines Spaziergangs? Eine komplexe klanglich-rhythmische Struktur mit visuellen Eindrücken aus Farbe und Form, mit charakteristischen haptischen Erfahrungen wie Bodenbeschaffenheiten, Nässe, Ebenen und Steigungen. Dringen diese Eigenschaften in eine bewusste Wahrnehmung ein? Vielleicht. Vor allem dann, wenn der Weg als „schön" oder „hässlich" bezeichnet wird. Können die Eindrücke „Musik" genannt werden? Im ersten Zuge: ausgeschlossen. Na gut, die Vögel haben gezwitschert. Ist wirklich gut zugehört worden, wenn diese Laute dann in Dreiklangsbrechungen, Triller und Vorschläge gefasst werden, aus einer Sehnsucht heraus, endlich Musik gefunden zu haben? Ich stelle die Aufgaben: Zuhören, was diese Außenwelt zu erzählen hat, auf Schritte hören, verfolgen, wie sich durch den Weg die Ereignisse verändern. Nicht sprechen, Stationen wahrnehmen, sich am Ende für einen Lieblingsklang entscheiden.[2]

Nach dem anschließenden Austausch darüber breite ich die Instrumente aus, die ich mitgebracht habe. Wir sprechen darüber, dass keine Musik in der Welt von ihrer Umgebung loszulösen sei. Begehrliche Blicke auf den Flügel im Raum – er bleibt geschlossen. Wie soll ich in der kurzen Zeit des Kurses die Macht der jahrhundertealten Kulturgeschichte dieses Instruments begreiflich machen …? Im Erkunden der Objekte und Instrumente entwickelt sich die Idee eines Raumklangs, der von allen gestaltet werden soll. Im Umhergehen im Saal verändern sich die Distanzen zwischen Nähe und Ferne. Es entstehen verschiedene Verdichtungen, von jeder Person im Publikum je nach Sitzposition anders wahrgenommen. Der Raumklang würde die in Gruppenarbeit zu findenden Einzelstücke (basierend auf dem Lieblingsklang) einbetten und umfassen. Die Stücke würden aus ihm herauswachsen oder wie ein bunter Klecks im Kontrast zu ihm stehen.

Einige Teilnehmer:innen bleiben mit ihren Stücken dicht am Vorbild des Spaziergangs, andere werden von der Charakteristik der ausgewählten Instrumente ganz woanders hingeführt. Mit der Entwicklung der Ideen wächst die Begeisterung und die Identifikation mit den Stücken; einige üben unermüdlich, andere können das Potenzial der Veränderungen und des Ausprobierens sowie der Verinnerlichung durch Wiederholung noch nicht so recht erkennen und langweilen sich ein wenig.

Die Einbettung der Stücke in den Raumklang kann erst in der Generalprobe im Saal erfahren werden. Die Dramaturgie war zuvor festgelegt worden, die Verläufe der Wanderungen ebenso wie die Orte der Instrumentalaufbauten. Aber wie fühlt sich das jetzt an? Die Kinder und Jugendlichen spielen den Raumklang in derselben Emphase, wie ihre erarbeiteten Stücke es erfordern. Es entsteht ein Heidenlärm, der zum Untergang der Kompositionsinseln führt. Große Aufregung und Verunsicherung; es gelingt doch, an das Zuhören zu erinnern, Dichte und Dynamik der Raummusik an die Erfordernisse der Stücke anzupassen. Die Ensembles müssen sich auf ihren Spaziergängen im Blick behalten und spüren, wann das nächste Stück gespielt werden soll. Es gibt keine Stoppuhren, keine verabredeten Zeiten. „Füge dem Raum im schönsten Moment der Zeit einen eigenen Klang hinzu."[3]

Nach der dramatischen Generalprobe ist nicht ganz abzusehen, was wir am Abend erleben werden. Schließlich spielen alle so konzentriert hörend und schön, wie es angesichts einer solchen musikalischen Erstbegegnung nur irgend möglich ist. Eine kleine Nachlese-Runde nach der Aufführung ermöglicht noch einmal einen Austausch über das gemeinsam Erlebte und beschließt das Projekt. Wir sprechen nie über Rauheit. Sie ist der Arbeit eingeschrieben.

---

[1] Vgl. Astrid Schmeling & Matthias Kaul: *Minutenspiele*; siehe dies: „Musikerfindung in Beziehung zur Welt. Die Kompositionsklasse für Kinder und Jugendliche in Winsen", in: Philipp Vandré / Benjamin Lang (Hg.): *Komponieren mit Schülern. Konzepte – Förderung – Ausbildung*, Regensburg 2011, S. 53–73.

[2] Vgl. Astrid Schmeling & Matthias Kaul: *Hörspaziergänge*; siehe dies: „Musikerfindung in Beziehung zur Welt", a. a. O., S. 58–60.

[3] Astrid Schmeling: „Musik-Erfindung in Beziehung zum Raum", in: Wolfgang Rüdiger: *Lust auf Neues?!*, Augsburg 2020, S. 99–113.

Autor:innen und Herausgeberinnen

Christa Brüstle ist Senior Scientist für Musikwissenschaft am Institut 14 Musikästhetik und seit 2012 Leiterin des Zentrums für Genderforschung und Diversität der Kunstuniversität Graz, Österreich. Sie promovierte 1996 über die Rezeptionsgeschichte Anton Bruckners. 1999–2005 und 2008 war sie Mitarbeiterin des Sonderforschungsbereichs „Kulturen des Performativen" an der Freien Universität Berlin, wo sie sich 2007 mit der Arbeit *Konzert-Szenen: Bewegung – Performance – Medien. Musik zwischen performativer Expansion und medialer Integration 1950–2000* habilitierte (Publikation 2013). Sie war Lehrbeauftragte an der Hochschule für Musik „Hanns Eisler", an der TU Berlin sowie an der Universität Wien. 2008–2011 war sie Gastprofessorin an der Universität der Künste Berlin und 2014 Gastprofessorin für Musikwissenschaft an der Universität Heidelberg. 2016–2021 §99-Professorin für Musikwissenschaft, Frauen- und Genderforschung an der Kunstuniversität Graz. Publikationen u. a. *Klang und Bewegung. Beiträge zu einer Grundkonstellation* (2004), *Jahrbuch der Berliner Gesellschaft für Neue Musik 2002: „Musik und Politik"* (= Musik im Dialog V); *Music as a Bridge. Musikalische Beziehungen zwischen Großbritannien und Deutschland 1920–1950* (2005); *Aus dem Takt. Rhythmus in Kunst, Kultur und Natur* (2005); *Jahrbuch der Berliner Gesellschaft für Neue Musik 2003/2004: „Reflexzonen / Migration"* (= Musik im Dialog VI); *Macht. Ohnmacht. Zufall. Aufführungspraxis, Interpretation und Rezeption im Musiktheater* (2011); *Jacqueline Fontyn – Nulla dies sine nota. Autobiographie, Gespräche, Werke* (2013); *Music and Landscape / Soundscape and Sonic Art* (2019).

Egbert Hiller studierte nach langjähriger Aktivität als Jazz- und Theatermusiker 1991–1997 Musikwissenschaft, Theater-, Film- und Fernsehwissenschaft sowie Kunstgeschichte in Köln; Promotionsstipendiat der Universität zu Köln. Seine Dissertation erschien 2002 als „Publikation der Internationalen Schönberg-Gesellschaft". Seit 1996 arbeitet er als Musikwissenschaftler und Musikjournalist mit den Schwerpunkten zeitgenössische Musik und frühe „Moderne": Features und Porträts für DLF, DLF Kultur und SWR, Vorträge, Moderationen, Beiträge für wissenschaftliche Publikationen, Fachzeitschriften, Programmhefte und CD-Booklets. 2006–2012 Vorstandsmitglied der Kölner Gesellschaft für Neue Musik (KGNM). 2022 Kurator beim Aktivierungsprogramm Musik des Landesmusikrats NRW.

Ariane Jeßulat studierte Schulmusik und Musiktheorie an der UdK Berlin. Sie promovierte 1999 an der UdK Berlin und habilitierte sich 2011 an der Humboldt-Universität zu Berlin. Seit 2015 ist sie Professorin für Musiktheorie an der Universität der Künste Berlin. Ihre Forschungsschwerpunkte sind die Musik des 19. Jahrhunderts und die historische Improvisation ab dem 16. Jahrhundert. Von 2015 bis 2021 arbeitete sie im Redaktionsteam der *Zeitschrift der Gesellschaft für Musiktheorie* und ist derzeit Mitglied des Redaktionsteams von *Musurgia*. Seit 2020 ist sie PI im DFG-Graduiertenkolleg 2638 Normativität, Kritik, Wandel, seit 2021 leitet sie ein Teilprojekt im DFG-Sonderforschungsbereich 1512 Intervenierende Künste. Seit 1989 arbeitet sie als Komponistin und Performerin im Ensemble für zeitgenössische und experimentelle Musik die maulwerker.

Martin Kaltenecker studierte Musikwissenschaft und Romanistik an der Sorbonne. Mitherausgeber der Zeitschrift für neue Musik *Entretemps* (1986–1992) und Arbeit am Rundfunk. 2006/07 Fellow des Wissenschaftskollegs zu Berlin, 2009 Habilitation an der Sorbonne, seit 2011 Professor (maître de conférences) an der Universität Paris Cité. Veröffentlichungen: *La Rumeur des Batailles* (Paris 2000), *Avec Helmut Lachenmann* (Paris 2001), *L'Oreille divisée. Les discours sur l'écoute musicale aux XVIIIIe et XIXe siècles* (Paris 2011) und *L'expérience mélodique au XXe siècle* (Genf, 2024). Mitherausgeber von *Pierre Schaeffer. Les Constructions impatientes* (Paris 2012), *Théodore Gouvy. Recherches récentes* (Paris 2022) und *L'Ecoute. Anthologie de l'Antiquité au XIXe siècle* (Paris 2024).

Florian Köhl ist Architekt und Stadtplaner. Nach seinem Studium an der Technischen Universität München und der Bartlett School of Architecture in London arbeitete er bei Studio Libeskind und unterrichtete in London und Berlin. 2002 gründete er sein Büro fatkoehl architekten und war maßgeblich an der Entwicklung von Baugruppenmodellen für das Wohnen und Arbeiten in Berlin beteiligt. Eigener Erwerb der Grundstücke bzw. die Beteiligung in der Entwicklung sind das Auswahlkriterium für seine Projekte, maximale Nutzungsmöglichkeiten, Flexibilität und Veränderbarkeit bei möglichst geringen Baukosten generieren die nachhaltige Logik und Ästhetik seiner Architektur. Entstanden sind dabei sowohl gebaute und preisgekrönte Projekte wie z. B. das Projekt Spreefeld und das Gründerzentrum der TU Berlin als auch zahlreiche urbane Entwicklungskonzepte, Ausstellungen und Konferenzen. 2009 gewann er den Berliner Architekturpreis, 2015 wurde er für den Mies van der Rohe-Preis für europäische Architektur nominiert und 2019 mit dem Berliner Holzbaupreis ausgezeichnet. Der heutige Schwerpunkt des Büros liegt in der Entwicklung kooperativer Architekturmodelle sowohl für bezahlbares Wohnen und Arbeiten als auch für Bildung und Gewerbe. Mit der neu gegründeten Plattform *Quest* erweitert Florian Köhl seine Aktivitäten vom Gebäude in die geteilte Nutzung von öffentlichen Räumen in der Stadt. Dafür erarbeitet er zusammen mit diversen Berliner Aktivistengruppen alternative Modelle zu den bestehenden Stadtentwicklungsverfahren. 2020 bis 2022 war er Vertretungsprofessor für Bauökonomie an der Uni Kassel, er ist Mitbegründer und Aktivist in zahlreichen Netzwerken und Vereinen.

Marie-Anne Kohl studierte Musikwissenschaft, Gender Studies, Publizistik- und Kommunikationswissenschaften in Berlin und promovierte über das künstlerische Kräftefeld Downtown New York der 1960/70er Jahre und die Vokale Performancekunst als feministische Praxis am Beispiel Meredith Monks. Für ihre Archivrecherchen verbrachte sie einige aufregende Monate als Visiting Scholar der New York University in der nordamerikanischen Metropole, parallel arbeitete sie als Kuratorin und Geschäftsführerin des feministischen Kunstraums alpha nova & galerie futura in Berlin. Darauf wechselte sie als wissenschaftliche Mitarbeiterin und Geschäftsführerin des Forschungsinstituts für Musiktheater an die Universität Bayreuth, im Herbst 2023 auf eine Tenure Track Stelle für Historische Musikwissenschaft mit besonderer Berücksichtigung von Mobilität, (erzwungener) Migration, Exil und Kulturtransfer an die Universität für Musik und darstellende Kunst Wien. Regie- und Dramaturgie-Assistenzen führten sie an die Deutsche Oper Berlin, das Staatstheater Darmstadt und das Belcanto Opera Festival Rossini in Wildbad. Mit einem Hintergrund im klassischen Gesang war sie an diversen internationalen Uraufführungen sowie an Kollaborationen mit der Freien Szene beteiligt. Angeleitet von einem grundlegenden Interesse für die Schnittstellen von künstlerischer, wissenschaftlicher und sozial engagierter Praxis arbeitet sie stark interdisziplinär u.a. zu den Bereichen Musik und Gender, Dekolonialisierung, Performance und Stimme. Aktuell entwickelt sie in ihrem Habilitationsprojekt ein Verständnis von Castingshows als glokalem Musiktheater.

Rainer Nonnenmann studierte Musikwissenschaft, Philosophie und Germanistik an den Universitäten Tübingen, Köln und Wien. 1. Preis als Hornist bei Jugend musiziert 1987, Mitarbeiter der Universal Edition Wien 1994/95, Promotion 1999, Honorarprofessor 2012. Er war Dozent an den Musikhochschulen in Freiburg und Düsseldorf, unterrichtet seit 2005 an der Hochschule für Musik und Tanz Köln und seit 2018 bei der Internationale Ensemble Modern Akademie in Frankfurt am Main. Er ist Herausgeber der Zeitschrift *MusikTexte* und Kolumnist der *neuen musikzeitung*, freier Mitarbeiter von Rundfunkanstalten, Referent bei internationalen Symposien sowie Autor zahlreicher Aufsätze und mehrerer Bücher zur Musik, Ästhetik, Kultur- und Sozialgeschichte des 19., 20. und 21. Jahrhunderts.

Clemens Rathe hat Medien- und Kulturwissenschaft an der Heinrich-Heine-Universität in Düsseldorf studiert. Seine Promotion zum Phänomen der Oberfläche wurde im Jahr 2020 unter dem Titel *Die Philosophie der Oberfläche. Medien- und kulturwissenschaftliche Perspektiven auf Äußerlichkeiten und ihre tiefere Bedeu-*

tung im transcript Verlag veröffentlicht. Seither forscht er zu den Erscheinungsformen der Oberfläche in unterschiedlichen Bereichen wie der Philosophie, Literatur, Kunst, Mode und Architektur. Zusätzlich verfasst er regelmäßig Beiträge für Kunstausstellungen und -kataloge.

Wolfgang Rüdiger, geboren 1957, Studium der Schulmusik (Klavier und Fagott, Analyse und Komposition bei Nicolaus A. Huber), Philosophie und Pädagogik in Essen; Künstlerischer Hochschulabschluss Fagott bei Karl-Otto Hartmann und Promotion Musikwissenschaft bei Hans Heinrich Eggebrecht in Freiburg; Mitgründer, Fagottist und von 1986 bis 2022 Künstlerischer Leiter des Ensemble Aventure Freiburg, eigene Konzertreihe und internationale Konzerttätigkeit, auch als Solist; zahlreiche Uraufführungen und Rundfunkproduktionen, Konzeption von und Mitwirkung bei mehr als dreißig CDs. 1995–96 Ausbildung zum Atempädagogen nach Parow. 1998–2001 Professor an der Hochschule für Künste Bremen, seit 2001 Professor für Musikpädagogik/Künstlerisch-pädagogische Ausbildung an der Robert Schumann Hochschule Düsseldorf. Ständiger Mitarbeiter der Zeitschrift *üben & musizieren*, Vorstandsmitglied im Institut für Neue Musik und Musikerziehung e.V. Darmstadt und Mitglied des Leitungsteams des VdM-Lehrgangs „Führung und Leitung einer Musikschule" an der Bundesakademie für musikalische Jugendbildung Trossingen; Autor zahlreicher Aufsätze und Bücher zu Themen wie Musik und Körper, Ensemblespiel & Improvisation, Interpretation, Neue Musik, Musikvermittlung und Community Music.

Astrid Schmeling studierte Flöte und Klavier in Freiburg. Gründungsmitglied des Ensembles L'ART POUR L'ART, enge Zusammenarbeit mit den wichtigsten Komponisten unserer Zeit. Gemeinsam mit Matthias Kaul Leitung der Kompositionsklasse L'ART POUR L'ART für Kinder und Jugendliche und der Konzertreihe für zeitgenössische Kammermusik „ZuHören" in Winsen. Seit 2006 im Vorstand des Netzwerks Musik 21 Niedersachsen NGfNM e.V. Lehrauftrag für Kompositionspädagogik an der Hochschule Osnabrück. Zahlreiche hochgelobte CD-Einspielungen (Echo Klassik, Preis der Deutschen Schallplattenkritik), methodische und kompositionspädagogische Publikationen, internationale Konzerttätigkeit im Ensemble sowie als Solistin im Bereich der zeitgenössischen Musik.

Karolin Schmitt-Weidmann ist Professorin für Instrumental- und Gesangspädagogik an der Hochschule für Musik und Darstellende Kunst Stuttgart. Sie studierte Musikerziehung Flöte und Klavier, Neue Musik und Konzertreife Klavier in Saarbrücken sowie – als ERP-Stipendiatin – Musicology an der University of North Carolina at Chapel Hill (USA). Nach einem Forschungsjahr am Max-Planck-Institut für Bildungsforschung in Berlin wurde sie an der Univer-

sität Kassel zum Thema „Der Körper als Vermittler zwischen Musik und (all)-
täglicher Lebenswelt – Distanzauslotungen am Beispiel ausgewählter Werke
der Neuen Musik" promoviert. Anschließend war sie als Wissenschaftliche Mitarbeiterin an der Hochschule für Musik Detmold, Lehrbeauftragte an der Universität Kassel und an der Hochschule für Musik und Darstellende Kunst
Mannheim tätig. Sie ist stellvertretende Vorsitzende des Instituts für Neue Musik und Musikerziehung Darmstadt. Künstlerisch, pädagogisch als auch wissenschaftlich engagiert sie sich vor allem für transdisziplinäre Vernetzungen,
fächerübergreifende Austauschformate sowie Konzepte für Lehren und Lernen
in der Zukunft. Aktuell arbeitet sie an ihrer Habilitationsschrift zum Thema
„Musikhochschulen als Resonanzkörper der Gesellschaft: Spannungsfelder
nutzen – Vernetzung leben – Transfer gestalten". Ihre Forschungsschwerpunkte
beinhalten u. a. transdisziplinäre Lehr- und Lernforschung, kollaborative Unterrichtsformate, Artistic Citizenship, Artistic Research, Performativität, Körper, interaktive Konzertformate sowie die Vermittlung Neuer Musik.

Mart*in Schüttler, geboren 1974 in Kassel, arbeitet als Komponist*in, Performer*in und Medienkünstler*in mit einem ästhetischen Schwerpunkt auf der
Rekontextualisierung sozialer, medialer, performativer, biografischer oder körperlicher Gegebenheiten von Musik. Dafür setzt Schüttler gezielt auf eine disparate Klanglichkeit, auf strukturelle Unwuchten und sonische Diversität, vielfach durchsetzt mit popkulturellen Bezügen. Häufig entstehen Schüttlers Arbeiten in Kollaboration mit ausgewählten Verbündeten, zum Beispiel dem Nadar
Ensemble, asamisimasa, hand werk, Ictus, dem Ensemble Mosaik oder dem Trio
Catch. Darüber hinaus ist Schüttlers Musik mit zahlreichen renommierten Klangkörpern (SWR Vokalensemble, Musikfabrik, hr-Sinfonieorchester, SWR Sinfonieorchester, Ensemble Modern, KNM Berlin, Ascolta, Contrechamps) und
auf internationalen Festivals (Warschauer Herbst, musica Strasbourg, Donaueschinger Musiktage, ECLAT Stuttgart, Darmstädter Ferienkurse, Wien Modern)
zu hören. Hinzu kommen Publikationen, Radiosendungen, Vorträge, Kurse,
Performances, Ausstellungen und Konzerte weltweit. Nach Studien in Komposition und Musiktheorie an der Folkwang Universität der Künste bei Nicolaus
A. Huber und Ludger Brümmer war Schüttler Stipendiat*in u.a. am ZKM Karlsruhe und in der Villa Serpentara und unterrichtete an der Hochschule für Musik
und Darstellende Kunst Frankfurt am Main und an der Philipps-Universität
Marburg. Seit 2014 ist Mart*in Schüttler Professor*in für Komposition an der
Hochschule für Musik und Darstellende Kunst Stuttgart und derzeit Fellow am
Wissenschaftskolleg zu Berlin.

Martina Seeber ist Musikwissenschaftlerin und Journalistin. Seit dem Studium
in Köln und der Ausbildung an der Deutschen Hörfunkakademie in Dortmund
spricht und schreibt sie vor allem über zeitgenössische Musik: als Autorin und

Moderatorin für den WDR, SWR und andere öffentlich-rechtliche Sender, als Verfasserin von Texten für Zeitschriften, Bücher und Programmhefte und als Einführungsrednerin vor Konzerten. Seit 2022 ist sie auch Redakteurin für Neue Musik beim SWR in Stuttgart.

Charlotte Seither, geboren 1965 in Landau, ist mit ihren Werken auf internationalen Festivals zu Gast wie Wien Modern, ISCM Weltmusiktage Tongyeong oder BBC Proms. Sie erhielt den 1. Preis im Internationalen Kompositionswettbewerb Prager Frühling (1995) sowie den Rom-Preis für die Deutsche Akademie Villa Massimo (2009). Weitere Stipendien führten sie in die Cité des Arts Paris (1999) und in die Villa Aurora Los Angeles (2000). Studium in den Fächern Komposition, Klavier, Schulmusik, Germanistik und Musikwissenschaft in Hannover und Berlin, Promotion bei Rudolf Stephan an der FU. Sie ist Mitglied im GEMA-Aufsichtsrat, im Vorstand des Deutschen Komponistenverbands und im Präsidium des Deutschen Musikrats. Auszeichnung mit dem Praetorius Musikpreis (2010), dem Deutschen Musikautorenpreis (2014) sowie 2020 durch Kulturstaatsministerin Grütters mit dem Bundesverdienstkreuz am Bande. Sie ist Mitglied der Europäischen Akademie der Wissenschaft und Künste Salzburg.

Lieferbare Bände der Reihe

Veröffentlichungen des Instituts für Neue Musik und Musikerziehung, Darmstadt

Band 11   ED 6390
Über Musik und Kritik
Hg. von Rudolf Stephan, mit Beiträgen von Carl Dahlhaus, Reinhold Brinkmann, Ernst Ludwig Waeltner und Erhard Karkoschka

Band 14   ED 5728
Über Musik und Sprache
Hg. von Rudolf Nykrin, mit Beiträgen von Elmar Budde, Tibor Kneif, László Somfai, Klaus Kropfinger, Paul Op de Coul, Reinhard Gerlach und Jürg Stenzl

Band 15   ED 5729
Avantgarde und Volkstümlichkeit
Hg. von Rudolf Stephan, mit Beiträgen von Carl Dahlhaus, Károly Csipák, Wolfgang Burde, Rudolf Stephan und Hellmut Kühn

Band 16   ED 5730
Schulfach Musik
Hg. von Rudolf Stephan, mit Beiträgen von Arno Forchert, Hans Heinrich Eggebrecht, Elmar Budde, Carl Dahlhaus, Jürgen Uhde, Johannes Fritsch, Lars Ulrich Abraham, Hellmut Kühn, Helga de la Motte-Haber, Hans-Christian Schmidt und Hermann Battenberg

Band 18   ED 6774
Avantgarde – Jazz – Pop
Tendenzen zwischen Tonalität und Atonalität
Hg. von Reinhold Brinkmann, mit Beiträgen von Dieter Schnebel, Ernstalbrecht Stiebler, Clytus Gottwald, Johannes Fritsch, Diether de la Motte, Ekkehard Jost, Niels Frédéric Hoffmann, Hans-Christian Schmidt und Sieghart Döhring

Band 19   ED 6810
Die Neue Musik und die Tradition
Hg. von Reinhold Brinkmann, mit Beiträgen von Carl Dahlhaus, Hermann Danuser, Ekkehard Jost, Ulrich Dibelius, Jürg Stenzl, Werner Klüppelholz und Peter Andraschke

Band 20   ED 6886
Improvisation und Neue Musik
Hg. von Reinhold Brinkmann, mit Beiträgen von Carl Dahlhaus, Vinko Globokar, Diether de la Motte, Ekkehard Jost, Fred Ritzel, Erhard Karkoschka, Johannes Fritsch und Niels Frédéric Hoffmann

Band 21   ED 6957
Musik im Alltag
Hg. von Reinhold Brinkmann, mit Beiträgen von Kurt Blaukopf, Hellmut Kühn, Leo Karl Gerhartz, Klaus-Ernst Behne, Johannes Fritsch, Reinhard Fehling, Manfred Becker, Niels Frédéric Hoffmann, Rudolf Frisius und Alexander Schwan

Band 22   ED 7102
Musiktheater heute
Hg. von Hellmut Kühn, mit Beiträgen von Hellmut Kühn, Carl Dahlhaus, Wilfried Gruhn, Hartmut Kahnt, Peter Becker und Georg Quander

Band 25   ED 7313
Musik zwischen E und U
Hg. von Ekkehard Jost, mit Beiträgen von Diether de la Motte, Carl Dahlhaus, Wolfgang Sandner, Artur Simon, Thomas Rothschild, Hans-Christian Schmidt, Klaus Angermann und Barbara Barthelmes

Band 26   ED 7395
Die Musik der fünfziger Jahre. Versuch einer Revision
Hg. von Carl Dahlhaus, mit Beiträgen von Carl Dahlhaus, Hermann Danuser, Friedrich Hommel, Gieselher Schubert, Rudolf Stephan und Clemens Kühn

Band 27   ED 7436
Neue Musik und ihre Vermittlung
Hg. von Hans-Christian Schmidt, mit Beiträgen von Hans-Christian Schmidt, Hansjörg Pauli, Carl Dahlhaus, Ulrich Dibelius, Detlef Gojowy, Diether de la Motte, Volker Bernius, Kjell Keller und Werner Klüppelholz

Band 28   ED 7586
Musik und Theorie
Hg. von Rudolf Stephan, mit Beiträgen von Albrecht Riethmüller, Helga de la Motte-Haber, Rudolf Frisius, Giselher Schubert und Klaus-Ernst Behne

Band 29   ED 7691
Musikszene heute
Hg. von Ekkehard Jost, mit Beiträgen von Hansjörg Pauli, Reinhard Oehlschlägel, Andreas Wiesand, Ekkehard Jost, Helmut Rösing und Hans Günther Bastian

Band 30   ED 7761
Musik und Raum
Hg. von Marietta Morawska-Büngeler, mit Beiträgen von Ernst Lichtenhahn, Jürgen Meyer, Ivanka Stoianova, Klaus-Ernst Behne und Marietta Morawska-Büngeler

Band 31   ED 7835
Die Musik der achtziger Jahre
Hg. von Ekkehard Jost, mit Beiträgen von Hans Zender, Hermann Danuser, Christoph von Blumröder, Ekkehard Jost, Peter Niklas Wilson, Helga de la Motte-Haber, Bert Noglik und Marietta Morawska-Büngeler

Band 32   ED 7960
Neue Musik im politischen Wandel
Hg. von Hermann Danuser, mit Beiträgen von Detlef Gojowy, Grigori Pantijelew, Andrzej Chlopecki, Frank Schneider, Hermann Danuser und Rudolf Frisius

Band 35   ED 8388
Neue Musik und Interpretation
Hg. von Hermann Danuser und Siegfried Mauser, mit Beiträgen von Ulrich Mosch, Siegfried Mauser, Hermann Danuser, Hans Zender, Hans-Klaus Jungheinrich, Rudolf Frisius, Wilfried Gruhn und Sigfried Schibli

Band 36   ED 8518
Musik und Technik
Hg. von Helga de la Motte-Haber und Rudolf Frisius, mit Beiträgen von Gottfried Michael Koenig, Rudolf Frisius, Diedrich Diedrichsen, Klaus Schöning, Helga de la Motte-Haber, Alexander Schwan, Elena Ungeheuer/Pascal Decroupet, Johannes Goebel und Jean-Claude Risset

Band 37   ED 8763
Improvisation – Performance – Szene
Hg. von Barbara Barthelmes und Johannes Fritsch, mit Beiträgen von Barbara Barthelmes, Johannes Fritsch, Elisabeth Jappe, Nicolas Collins und Karl-Heinz Zarius

Band 38   ED 8905
Alternativen
Hg. von Johannes Fritsch, mit Beiträgen von Veit Erlmann, Martha Brech, Ekkehard Jost, Helga de la Motte-Haber, Gertrud Meyer-Denkmann und Ansgar Jerrentrup

Band 39   ED 9149
Musik und Ritual
Hg. von Barbara Barthelmes und Helga de la Motte-Haber, mit Beiträgen von Dieter Schnebel, Heinz-Klaus Metzger, Marion Saxer, Wolfgang Gratzer, Karlheinz Stockhausen, Rudolf Frisius, Hans Neuhoff und Martha Brech

Band 40   ED 9270
Neue Musik 1999: Bilanz und Perspektiven
Hg. von Rudolf Frisius, mit Beiträgen von Günter Mayer, Herman Sabbe, Josef Häusler, Jean-Yves Bosseur, Peter W. Schatt und Stephan Froleyks

Band 41   ED 9379
Klang und Wahrnehmung. Komponist – Interpret – Hörer
Hg. vom Institut für Neue Musik und Musikerziehung Darmstadt, mit Beiträgen von Klaus Zehelein, Gernot Böhme, Sabine Sanio, Winrich Hopp, Hans Georg Nicklaus, Peter W. Schatt, Hans Schneider, Stefan Orgass, Ortwin Nimczik, Bernd Riede, Matthias Kontarsky, Juan Maria Solare und Lydia Jeschke

Band 42   ED 9499
Konzert – Klangkunst – Computer
Hg. vom Institut für Neue Musik und Musikerziehung Darmstadt, mit Beiträgen von Rudolf Frisius, Peter Weibel, Golo Föllmer, Helga de la Motte-Haber, Christoph Metzger, Peter W. Schatt, Josef Kloppenburg, Wolf-Dieter Trüstedt, Niels Knolle, Bert Gerhardt, François Förstel, Bernhard König, Helmut Bieler-Wendt, Judy Dunaway, Ferdinand Richard, François Delalande, Pascal Decroupet, Peter Hoffmann, Hans Tutschku, Ludger Brümmer und Alexander Schwan

Band 43   ED 9580
Stimme
Stimmen – (Kon)Texte. Stimme – Sprache – Klang. Stimmen der Kulturen. Stimme und Medien. Stimme in (Inter)Aktion
Hg. vom Institut für Neue Musik und Musikerziehung Darmstadt, mit Beiträgen von Eckhard Tramsen, Petra Leutner, Jan Reichow, Hans Zitko, Michael Lenz, Ute Büchter-Römer, Rudolf Frisius, Wilfried Jentzsch, Alexander Schwan, Moritz Malsch, Nicola Heine, Peter W. Schatt, Stefan Orgass, Josef Kloppenburg, François Förstel, Marion Saxer, Karl-Heinz Zarius, Dieter Schnebel, François Bayle, Ludger Brümmer und Michael Reudenbach

Band 44   ED 9675
Welt@Musik
Schlaglichter. Aufbruch – Umbruch. Zeiten – Räume. Modelle. Nähe – Ferne
Hg. vom Institut für Neue Musik und Musikerziehung Darmstadt, mit Beiträgen von Sandeep Bhagwati, Marion Saxer, Peter W. Schatt, Ingrid Fritsch, Christian Utz, Rainer Dollase, Jan Reichow, Rudolf Frisius, Makis Solomos, Beatriz Ferreyra, Yu-jen Sung, Juan Maria Solare, Alexander Schwan, Helmut Bieler-Wendt, Wolfram Knauer, Daniel Koglin, Jürgen Vogt, Irmgard Merkt, Karl-Heinz Zarius, François Förstel, Margarete Bastian, Xiaoyong Chen und Pei-Yu Shi

Band 45   ED 9835
Hören und Sehen – Musik audiovisuell
Wahrnehmung im Wandel. Produktion – Rezeption – Analyse – Vermittlung
Hg. vom Institut für Neue Musik und Musikerziehung Darmstadt, mit Beiträgen von Rudolf Frisius, Marion Saxer, Karl-Heinz Zarius, Janina Klassen, Tatjana Böhme-Mehner, Oliver Hisecke, Nicolaus A. Huber, Achim Wollscheid, Ludger Brümmer, Ulrich Mosch,

Makis Solomos, Peter W. Schatt, Olaf A. Schmitt, Nina Polaschegg, Helmut Bieler-Wendt, Peter Niklas Wilson, Alexander Schwan, Gregor Skowronek, Ingo Fricke, Helmut Hesse, Christopher Wallbaum, Eckart Altenmüller, Jaap Blonk, Reinhard Gagel und François Förstel

Band 46   ED 9928
Musik inszeniert
Präsentation und Vermittlung zeitgenössischer Musik heute
Hg. von Jörn Peter Hiekel, mit Beiträgen von Jörn Peter Hiekel, Ulrich Mosch, Martin Kaltenecker, Hans-Peter Jahn, Wolfgang Lessing, François Förstel, Helmut Lachenmann, Jörg Widmann, Peter Ausländer, Burkhard Friedrich und Alexander Schwan

Band 47   ED 20086
Orientierungen
Wege im Pluralismus der Gegenwartsmusik
Hg. von Jörn Peter Hiekel, mit Beiträgen von Jörn Peter Hiekel, Harry Lehmann, Claus-Steffen Mahnkopf, Christian Utz, Rolf Eberfeld, Siegfried Mauser, Johannes Fritsch, Georg Friedrich Haas, Frank Gerhardt, Dörte Schmidt, Jörg Mainka, Markus Hechtle, Christian Scheib, Kai Stefan Lothwesen, Nina Polaschegg und Alexander Schwan

Band 48   ED 20391
Sinnbildungen
Spiritualität in der Musik heute
Hg. von Jörn Peter Hiekel, mit Beiträgen von Jörn Peter Hiekel, Hans Zender, Helga de la Motte-Haber, Dieter Mersch, Wolfgang Lessing, Thomas Ulrich, Dieter Schnebel, Karl Heinrich Pröpsting, Mark Andre, Andreas Wagner, Heinz-Klaus Metzger, Volker Staub, Ernstalbrecht Stiebler, Philipp Schäffler, Martin Lehnert, Nils Günther, Kjell Keller, Max Nyffeler, Harry Halbreich, Robin Hoffmann und Alexander Schwan

Band 49   ED 20603
Vernetzungen
Neue Musik im Spannungsfeld von Wissenschaft und Technik
Hg. von Jörn Peter Hiekel, mit Beiträgen von Jörn Peter Hiekel, Gerhard Gamm, Harry Lehmann, Gerhard E. Winkler, Orn Finnendahl, Hartmut Möller, Martha Brech, Wolfgang Lessing, Peter W. Schatt, Matthias Handschick, Martina Krause, Peter Hoffmann, Oliver Schneller, Roland Pfrengle und Volker Staub

Band 50   ED 20766
Neue Musik und andere Künste
Hg. von Jörn Peter Hiekel, mit Beiträgen von Jörn Peter Hiekel, Albrecht Wellmer, Wolfgang Lessing, Peter W. Schatt, Marion Saxer, Clemens Gadenstätter / Lisa Spalt, Dieter M. Gräf, Franz Mon, Robert Bonsmann, Christa Brüstle, Hans Ulrich Reck, Matthias

Handschick, Ursula Brandstätter, Nicolaus A. Huber, Peter Ablinger, Julia Cloot, Wolfgang Rüdiger, Wolfgang Hofer und Beat Furrer

Band 51   ED 21058
Neue Musik in Bewegung
Musik- und Tanztheater heute
Hg. von Jörn Peter Hiekel, mit Beiträgen von Jörn Peter Hiekel, Albrecht Wellmer, Julia Spinola, Regine Elzenheimer, Christa Brüstle, José M. Sánchez-Verdú, Manos Tsangaris, Carola Bauckholt, Stephanie Schroedter, Angie Hiesl, Ursula Brandstätter, Jörg Mainka und Peter W. Schatt

Band 52   ED 21376
Berührungen
Über das (Nicht-)Verstehen von Neuer Musik
Hg. von Jörn Peter Hiekel, mit Beiträgen von Simone Mahrenholz, Wolfgang Lessing, Gernot Böhme, Georg Klein, Christopher Wallbaum, Jan Kopp, Wolfgang Gratzer, Hans-Klaus Jungheinrich, Markus Hechtle, Rainer Nonnenmann, Marion Saxer, Jörn Peter Hiekel und Dietrich Eichmann

Band 53   ED 21785
Ans Licht gebracht
Zur Interpretation Neuer Musik
Hg. von Jörn Peter Hiekel, mit Beiträgen von Wolfgang Lessing, Christian Utz, Stefan Drees, Wolfgang Gratzer, Klaus Lippe, Jörg Mainka, Jürgen Arndt, Nina Polaschegg, Johannes Schöllhorn, Jörn Peter Hiekel, Wolfgang Rüdiger und Yuval Shaked

Band 54   ED 22003
Ins Offene
Neue Musik und Natur
Hg. von Jörn Peter Hiekel, mit Beiträgen von Wolfgang Welsch, Jörn Peter Hiekel, Wolfgang Lessing, Helga de la Motte-Haber, Ursula Brandstätter, Rainer Nonnenmann, Matthias Lewy, Walter-Wolfgang Sparrer, Elena Ungeheuer, Stefan Drees, Wolfgang Rüdiger, und Olga Neuwirth

Band 55   ED 22346
Zurück zur Gegenwart?
Weltbezüge in Neuer Musik
Hg. von Jörn Peter Hiekel, mit Beiträgen von Dieter Mersch, Brigitta Muntendorf, Annesley Black, Martin Schüttler, Trond Reinoldtsen, Hannes Seidl, Lydia Jeschke, Patrick Frank, Mesias Maiguashca, Jörn Peter Hiekel, Wolfgang Rüdiger, Rainer Nonnenmann, Barbara Balba Weber, Wolfgang Lessing, Raoul Mörchen und Manos Tsangaris

Band 56   ED 22673
Überblendungen
Neue Musik mit Film / Video
Hg. von Jörn Peter Hiekel, mit Beiträgen von Dieter Mersch, Wolfgang Heiniger, Edgar Reitz, Jörn Peter Hiekel, Henry Keazor, Carola Bauckholt, Cornelius Schwehr, Rainer Nonnenmann, Johannes Kreidler, Simon Steen-Andersen, Marion Saxer, Matthias Handschick und Jürg Stenzl

Band 57   ED 22818
Body sounds
Aspekte des Körperlichen in der Musik der Gegenwart
Hg. von Jörn Peter Hiekel, mit Beiträgen von Jörn Peter Hiekel, Bernhard Waldenfels, Stefan Drees, Wolfgang Lessing / Wolfgang Rüdiger, Lars Oberhaus, Gerhard Stäbler, Uwe Rasch, Nicolaus A. Huber, Martin Zenck, Wilfried Gruhn, Jennifer Walshe, Pavlos Antoniadis, Robin Hoffmann, Karolin Schmitt-Weidmann sowie einem Gespräch von Wolfgang Rüdiger mit Heinz Holliger

Band 58   ED 22974
Clash!
Generationen – Kulturen – Identitäten in der Gegenwartsmusik
Hg. von Jörn Peter Hiekel, mit Beiträgen von Joanna Bailie, Michael Dartsch, Christian Grüny, Jörn Peter Hiekel, Johannes Kreidler, Wolfgang Lessing, Sarah Nemtsov, Sergej Newski, Rainer Nonnenmann und Amila Ramovic

Band 59   ED 23173
Erkundungen
Gegenwartsmusik als Forschung und Experiment
Hg. von Jörn Peter Hiekel, mit Beiträgen von Dieter Mersch, Peter Ablinger, Judith Siegmund, Hannes Seidl, Marko Ciciliani, Caspar Johannes Walter, Roman Brotbeck, Philipp Schäffler, Wolfgang Lessing und Hans Schneider

Band 60   ED 23328
ÖFFENTLICHprivat
(Zwischen)Räume in der Gegenwartsmusik
Hg. von Jörn Peter Hiekel, mit Beiträgen von Jörg Bochow, Matthias Handschick / Wolfgang Lessing, Jörn Peter Hiekel, Julia Mihály, Stefan Prins, Trond Reinholdtsen, Peter Röbke, Martin Schüttler, Yuval Shaked und Manos Tsangaris

Band 61 ED 23583
Verflechtungen
Musik und Sprache in der Gegenwart
Hg. von Wolfgang Lessing und Karolin Schmitt-Weidmann, mit Beiträgen von Christa Brüstle, Christian Grüny, Adam Czirak, Ole Hübner, Theda Weber-Lucks:, Lauren Redhead, Thierry Tidrow, Daniel Ott, Isabel Klaus, Sarah Maria Sun, Matthias Handschick, Gianna De Fazio und Wolfgang Lessing sowie Susanne Köszeghy

Band 62 ED 23717
Aufs Spiel gesetzt
Interpretation im Fokus
Hg. von Christa Brüstle und Karolin Schmitt-Weidmann, mit Beiträgen von Clemens K. Thomas, Michael Acker, Thomas R. Moore, Wolfgang Lessing / Wolfgang Rüdiger, Seth Brodsky, Helga de la Motte-Haber, Timo Hoyer, Nina Polaschegg, Tim Rutherford-Johnson, Michael Kunkel, Julia H. Schröder und Jörn Peter Hiekel

Sonderband ED 23586
Performance – Interaktion – Vermittlung
75 Tagungen des Instituts für Neue Musik und Musikerziehung Darmstadt 1948–2022
Hg. von Matthias Handschick und Karolin Schmitt-Weidmann, mit zahlreichen Grußworten und mit Beiträgen von Karolin Schmitt-Weidmann, Peter Ausländer, Karl H. Pröpsting, Timo Maul, Helmut Bieler-Wendt, Peter W. Schatt, Jürgen Oberschmidt sowie einem Gespräch mit Jörn Peter Hiekel und einer Dokumentation der Frühjahrstagungen 1996–2021